한국
문화의
몰락

대반전을 위한
마지막 고언

최준식 지음

한국
문화의
몰락

대반전을 위한
마지막 고언

최준식 지음

주류성

목차

1. 경박하고 무(無)문화적인 한국의 사회문화　64
더 열악해져만 가는 언어문화를 중심으로

3. 그 외 무문화적인 현상이 판치는 한국 사회의 여러 단면들   185

종교계와 교육계에 나타나는 양상을 중심으로

저자 서문

I

  이 책의 시작은 본문에서도 썼지만 거창한 생각에서 비롯된 것이 아니었다. 그동안 내가 여러 번의 기회를 통해 문화의 중요성에 대해 그토록 역설했지만 주위로부터 별 반응이 없어서 이번이 마지막이라는 심정으로 문화에 대해 말하려고 한 것뿐이었다. 그동안 경험한 것을 통해 보면 거개의 한국인들은 문화를 '있어도 그만, 없어도 그만'인 것처럼 생각하는 것 같았다. 그래서 문화에 대해 이야기 하면 '먹고 살기도 바쁜데 무슨 문화냐?' 라는 식의 반응이 돌아오기 일쑤였다. 많은 한국인들이 이렇게 생각하는 것은 전혀 이상한 일이 아니다. 그들은 문화를 공연 문화 같은 예술 문화에만 국한해서 생각했기 때문이다. 그래서 문화란 자신들의 일상생활과는 다른 별도의 공간에서 특별한 시간에 향유하는 것이라고 생각했다. 이것도 문화가 아닌 것은 아니지만 이것은 매우 제한된 의미에서의 문화이다.

  문화란 한 마디로 인간 삶 전체이다. 인간은 태어나는 순간부터 그가 속한 사회의 문화 속으로 들어간다. 인간이 하는 모든 것은 문화가 아닌 것이 없다. 머릿속에 생각하는 것은 가치관적인 문화이고, 사는 것은 거주 문화이고. 입는 것은 복식 문화이고, 먹는 것은 음식 문화이고, 말하는 것은 언어문화이고 하는 등등으로 얼마든지 문화에 대해 나열할 수 있다. 이밖에도 종교 문화, 사회 문화(가정이나 사회의 조직 문화 등), 정치 문화, 교육 문화, 예술 문화, 여가 문화 등등 문화의 행진은 끝이 없을 게다.

이렇듯 우리 인간은 문화에 파묻혀 살고 있다. 그래서 나는 틈만 나면 인간은 종교에 의해 구원받는 것이 아니라 문화에 의해 '구원' 받는다고 역설했다. 우리에게 좋은 문화가 있으면 행복한 삶을 사는 것이고 그렇지 못하면 불행한 삶을 산다는 의미에서 그렇게 말한 것이다. 인간이 인간답게 살려면 좋은 문화가 있어야 하는데 지금 한국에는 불행하게도 좋은 문화가 없거나 아주 많이 부족하다. 그런데 이보다 더 큰 문제는 대부분의 한국인들이 이 사실을 모른다는 것이다. 한국인들은 그동안 워낙 좋은 문화를 멀리 하고 살았던 탓인지 좋은 문화 속에서 행복하게 산다는 것이 무엇인지 모르는 지경이 되었다. 그래서 자신들은 '뭐 빠지게' 열심히 살았는데 행복과는 자꾸 멀어지는 세태가 되니 도대체 무엇을 어떻게 할지 모르는 국면으로 빠져들었다.

II

대체로 이런 내용으로 가볍게 쓰려고 원고를 시작했는데 쓰다 보니 자꾸 이야기가 커졌다. 그런 끝에 이러한 문화적 난국을 타개하려면 진정한 의미에서의 국책 연구소가 필요하다는 다소 이상하게 보이는, 혹은 꽤 관변적인 결론으로 끝나버리고 말았다. 이같은 결론의 실현은 나 같은 일개 학인이 할 수 있는 능력의 범위를 넘어도 한참을 넘은 것이다. 자신의 주변도 제대로 건사하지 못하며 살고 있는 내가 이런 거국적인 제의를 하고 있으니 그렇게 하고 있는 나도 이상할 지경이었다. 그러나 일백 번 고쳐 생각해도 그 결론밖에 나오지 않으니 어쩔 수 없는 일이었다.

이렇게 해서 원고를 끝내 놓고 보니 이 책은 내가 지난 1997년에 낸

『한국인에게 문화는 있는가』라는 책의 후편 정도가 될 것이라는 느낌이 강하게 들었다. 이 책은 내가 출간한 책 가운데 유일한 베스트셀러인데 사정이 그렇게 된 것은 책을 잘 써서 그런 것이 아니라 주변의 상황 때문이었다. 이 책이 출간되고 한두 달 뒤에 해방 후 최대 국가 위기라고 하는 속칭 'IMF(금융위기)'가 터진 것이다. 이 전대미문의 국가부도 사태가 터지면서 한국은 국가적으로 총체적인 반성 모드로 들어갔는데 이게 내 책의 취지와 부합되었던 것이다. 그 책에서 나는 한국 문화를 신랄하게 꼬집었는데 이것이 '우리 모두 다함께 반성합시다'라는 당시의 슬로건과 맞아 떨어진 것이다. 이 때문에 나는 TV 방송국에서 하는 심야토론인가 뭔가 하는 데도 나가는 등 이른바 '매스컴'이라는 것을 꽤 탔다. 그 덕에 책도 다른 저자의 베스트셀러와는 비교할 수 없지만 조금은 나갔다.

그런데 이번에는 이 책을 쓰는 중간에 또 전대미문의 희유(稀有) 혹은 초유(初有)의 '최순실 게이트'라는 기이한 사건이 터졌다. IMF는 바깥으로부터 온 위기였다면 최순실 사태는 우리 사회 안에서 터진 일이다. 이 사태를 보고 많은 한국인들은 우리 사회가 갈 데까지 갔다는 느낌을 받았을 것이다. 그래서 '이건 나라도 아니다' 같은 표어가 우후죽순 격으로 등장했던 것이다. 이번 사태를 보면서 나는 지난 20년 동안 우리 사회가 그 근본은 바뀌지 않았다는 느낌을 강하게 받았다. 사회가 외양적으로는 많이 발전한 것 같지만 사회를 받쳐주는 문화는 제자리걸음을 하고 있다는 것이다. 우리가 우리에게 적합한 좋은 문화를 아직도 만들어내지 못해 20년 전과 똑같은 실수를 범하고 있는 것이다.

지난 세월에 있었던 세월호 사태나 메르스 사태, 또 이번 최순실 게이트 등과 같이 있어서는 안 될, 아니 정상적인 사회라면 있을 수 없는 엄청난 일이 벌어진 것은 모두 우리가 좋은 문화를 가지지 못한 때문이다. 우리는 그동안 인의(仁義)까지는 아니더라도 염치(廉恥)를 가르치지 않았고 개개인과 더불어 공동체가 중요하다는, 패거리주의를 넘어서는 새로운 사회정신을 가르치지 않았다. 아니 이런 것들을 세우려고 노력하지도 않았다. 그저 물질적인 성장만이 전부인 것으로 생각하고 정신적인 가치는 등한시 했으며 우리 조상들이 가졌을 법한 고귀한 사상과 문화를 발전시키지 않았던 것이다.

앞으로 한국이 거듭 태어나려면 문화에 대한 근본적인 수술이 없이는 불가능하다. 삶의 얼개인 문화가 혁신적으로 바뀌지 않으면 어떤 제도적인 개선도 한국 사회를 근본적으로 바꿀 수 없을 것이다. 이런 것은 정치인들이 할 수 있는 것이 아니다. 그들 역시 거개의 한국인들처럼 문화맹자(文化盲者), 즉 문화에 대해 무지한 사람들이라 이런 일을 할 수 없다. 결국 이 일의 해결은 국민 전체가 들고 일어나야 한다. 그렇지 않으면 해법이 없다. 이 일은 그렇게 위중한 것이다.

이 책의 원고를 쓰다 보니 대체로 이런 방향으로 논지가 흘러갔다. 그래서 마지막에 연구소 설립에 대해 이야기한 것인데 그렇다고 이 연구소가 모든 일을 해결해준다고 생각하면 큰 오산이다. 이 연구소가 해야 할 일은 국민들의 집단적 지성을 각성시키는 일만 해야 한다. 지금 한국인들이 처한 엄청난 문제의 해결은 국민이 주체가 되었을 때만이 가능한 것이다. 한국 사회의 어느 개인도, 어떤 집단도 홀로 이 일을 행할 수 없다. 이 문제는 우리 모두의 문제이기 때문에 우리 모두가 달라붙어야 한다. 그렇게 해도 문제가 해결될지는 미지수이다. 그러나 그렇다고 손을 놓고 있을 수도 없다. 우리는 우리가 집단적으로 갖고 있는 지성과 능력이 다시 한 번 발휘할 수 있도록 전력을 다해야 할 것이다.

III

이렇게 쓰다 보니 이 책의 내용이 '마지막 고언'이 되어 버렸다. 마지막 고언이라고 한 것은 일단 내가 한국 사회에 대해서는 더 이상 드릴 말이 없어서였다. 내 일천한 지식과 경험으로 드릴 말씀은 다 한 것 같은 느낌이 들기 때문이다. 그러나 굳이 또 다른 이유를 찾는다면 이제 한국 사회는 정말로 전체적인 각성을 하지 않으면 더 큰 파국으로 갈 것이라는 느낌 때문이라고 하겠다. 지금 한국 사회는 몸은 자꾸 커지는데 정신은 아직도 유아적인 혹은 전근대적인 수준에 머물러 있다. 진정한 성인이 되려면 빨리 이 정신적인 수준을 끌어올려야 한다. 그렇지 않으면 앞으로 최순실 사태보다 더 큰 것이 생길 수 있다. 이런 일이 자꾸 생기면 국민들이, 그것도 별 가진 것 없는 서민들이 제일 괴로운 법이다. 나는 나름대로 이렇게 절박한 마음으로 이 책을 썼는데 그 반향은 두고 볼 일이다.

마지막으로 이 책을 내면서 또 감사할 분들이 있어 지면으로 그 고마움을 표하고 싶다. 우선 무엇보다도 그다지 무게가 있어 보이지 않은 이 원고를 책으로 내준 주류성출판사의 최병식 사장께 감사를 드려야 할 것이다. 번번이 이런 졸고를 출간해주어서 고마운 마음과 송구한 마음을 동시에 느낀다. 그 다음으로 지난 번 책과 마찬가지로 이 책의 실질적인 편집자인 이준 이사께도 감사드린다. 또 사진을 비롯한 자료 수집을 해준 송혜나 교수와 직접 사진을 찍어 제공한 제자 유영 씨에게도 감사의 뜻을 전한다.

마지막으로 큰 감사를 드리고 싶은 분이 또 있다. 나는 그 분들을 세세하게 기억하지 못하지만 바로 이번 책에 들어갈 내용들을 내게 전해준 분들이 그들이다. 이 책에 나오는 내용은 물론 내가 책을 보고 공부한 것도 있지만 다른 분들로부터 들은 내용도 꽤 있다. 그 분들로부터 들은 지식으로 내가 깨우치지 않았다면 이 책은 애당초 가능하지 않았을 게다. 그런데 이런 식의 교류는 오랫동안 불특정 다수와 해왔기 때문에 누구와 어떤 이야기를 나누었는지 그 정확한 기원을 알지 못한다. 다시 말해 내가 어떤 이야기를 누구에게 들었는지 정확히 기억나지 않는다는 것이다. 그래서 통칭해서 그 분들께 모두 감사하다는 이야기를 전하는 것이다. 이 가운데에는 선생님도 있었을 게고 동료도 있었을 게고 학생들도 있었을 것이다. 이 분들이 모두 내게 스승이 되어 큰 깨우침을 주신 것이다. 그러니 이 분들께 감사를 드리지 않을 수 없는 것이다.

이처럼 이 책은 내 개인의 알량하고 얕팍한 지식으로 만들어진 것이 아니라 주변의 많은 선지식(善知識)들로부터 받은 지혜를 종합한 것이다. 나는 그것을 그저 정리한 것뿐이다. 부디 바라건대 이 책이 지금(2016년 하반기) 우리 한국인이 처한 미증유의 위기를 성공적으로 벗어나고 새로운 차원의 신문화를 만드는 데에 작은 벽돌 하나의 역할만이라도 했으면 하는 바람으로 저자 서문을 마쳐야겠다.

2016년 초겨울에
지은이 삼가 씀

책을 시작하며

왜 이 책을 써야만 했을까?

일반 문화, 그리고 한국 문화에 대한 이야기는 항상 내가 생각하고 사는 주제이다. 그동안 나는 한국 문화의 정체성에 대해서도 많이 고심했지만 한국 문화의 천박성에 대해서도 수없이 고발했다. 그렇게 한 끝에 내가 지금까지 생각했던 것들을 정리하고 싶은 마음이 컸다. 그러나 문화라는 것은 막연한 주제라 어떻게 풀어나가야 좋을지 묘안이 서지 않아 그동안 글을 쓰는 것을 미루고 있었다. 그런데 더 이상은 가만히 있을 수 없어 앞으로 내용이 어떻게 진행될지 모르면서 무조건 글을 시작하기로 하였다. 나를 이렇게 만든 것은 얼마 전에 있었던 작은 사건 때문이다. 이 사건에 대해서는 곧 소상하게 밝힐 것이다.

내가 처음에 이 글을 쓰려고 했던 의도는 독자들에게 문화라는 개념에 대해서만 소개하려는 것이었다. 사람들이 하도 문화를 작은 개념으로만 생각하고 있어 그렇지 않다는 것을 보여주려고 이 글을 시작했던 것이다. 글을 쓰면서 조직적으로 쓰기보다는 내 생각이 가는 대로 맡겨

놓았는데 글이 처음 생각과는 다른 방향으로 가는 것을 목격할 수 있었다. 나는 그런 움직임에 제동을 걸지 않고 그대로 두었다.

그렇게 해서 서론에서 문화에 대한 설명을 일단 끝냈다. 그런데 원래 의도는 아니었는데 자연스럽게 본론에서 요즘의 한국 문화가 얼마나 천박해졌는지에 대해 쓰기 시작했다. 여기서 나는 '중병에 걸린 한국 문화'라는 표현을 썼고 그리고 한국인들은 무문화, 혹은 몰문화적인 데에 빠져있다고 주장했다. 한국 문화가 이렇다는 것을 보여주기 위해 한국인들의 일상생활에 나타난 무문화적인 현상을 소개하고 그것을 분석해 보았다. 이 주제는 내가 평소에 항상 생각하던 것들이어서 비교적 쉽게 서술할 수 있었다. 나는 여기에서 우리의 언어문화, 그리고 결혼식 같은 한국인의 생활문화에 나타나고 있는 조야함이나 천박성에 대해 설명했다.

이 주제에 대해서는 다른 책에서도 다룬 적이 있는데 이번 책에서는 그런 무문화적인 현실을 비판하는 데에 그치지 않고 나름의 해결책을 제시한 점이 다른 책들과 다르다고 하겠다. 20년 전에 내가 출간한 『한국인에게 문화는 있는가』와 같은 책이나 최근(2015년)에 낸 『행복은 가능한가』와 같은 책에서는 한국 사회를 비판만 했지 대안은 제시하지 않았는데 이번에는 그 대안이 좋든 나쁘든 개선해 나아가야 할 방향에 대해 부분적으로라도 제시하려고 노력했다.

그러다 나도 예측하지 못했는데 결론 격인 마지막 부분에서 총체적인 대안을 하나 제시하게 되었다. 이런 대안이나 개선책을 제시하려고 이 책을 쓰기 시작한 게 아닌데 자연스럽게 그쪽으로 수렴된 것이다. 여기서 나는, 한국은 지금 선진국으로 진입하는 마지막 고개에 와 있는데 이

고개를 넘지 못하고 계속해서 '깔딱깔딱'거리고 있다고 표현했다. 이 시점에서 한국은 도약이 필요한데 그 도약은 새로운 문화의 창출로 가능하다고 했다. 우리의 사회 문화가 전폭적으로 바뀌지 않으면 한국은 계속해서 이 상태에서 힘들어하면서 갈 것이라고 본 것이다. 그래서 그 대안으로 전혀 새로운 개념의 국책 연구소가 만들어져 이 문제를 완전히 새로운 방식으로 조명해야 한다고 주장했다.

이 대안이 좋은 아닌지는 아직 판단하기 이르지만 어떻든 대안을 제시한 것이다. 내 생각의 흐름이 그렇게 진행되어 이 책의 결론이 연구소 재단의 설립으로 끝나게 되었다. 이 정도면 내가 평소에 생각하고 동료들과 나누던 논의를 다 쏟아낸 셈이다. 이제 그 흐름을 따라 떠나보는데 우선 나로 하여금 이 책을 쓰게 만든 아주 작은 사건으로부터 이 글을 시작해보자.

경복궁 옆 송현동 이야기 - 미 대사관 직원 숙소였던 곳

이야기의 시작은 생뚱맞게 송현동 이야기이다. 이곳과 내가 간접적으로나마 얽히면서 이 책이 시작됐으니 이 지역에 대한 설명으로 장을 열어 볼까 한다.

어느 날, 조금 있다 설명하게 될 문화융성위원회 활동을 하다 알게 된 '난타'의 송승환 대표가 내게 작은 권유를 했다. 한진그룹에서 기획하는 송현동 문화융합센터 공간 건설을 위해 자문회의를 하니 한 번 와보라는 것이었다. 이 송현동, 그러니까 북촌 입구면서 풍문여고 건너편에 있는 이 부지는 내가 개인으로 운영하는 문화공간(한국문화중심) 바로 옆이라 노상 지나다니는 곳이다. 이곳을 지나다니면서 이 지역에 생소한 동행이 있으면 그들에게 항상 두 가지 질문을 던지곤 했다.

첫 번째 질문은 이곳이 원래 어떤 곳이었는지 아느냐는 것이었다. 요즘은 답을 아는 사람이 조금 생겼지만 예전엔 답을 아는 사람이 하나도 없었다. 하기야 지금은 정독도서관으로 바뀐 그 중고교를 1968년부터 1973년까지 6년 동안 다니느라 이 앞을 뻔질나게 다녔던 나도 이곳이 어떤 곳이었는지 몰랐으니 다른 사람에게서 대답이 나올 것이라고 기대하는 것 자체가 무리겠다. 학교에 가려면 이 터에 있는 높은 돌담을 지나가야 했는데 그때는 그곳이 무엇인지에 대해 아무 관심이 없었다.

이곳이 미국 대사관 직원들 숙소였다는 것을 안 것은 최근의 일로서 서울의 유적을 소개하는 책을 쓰면서였다. 그때 이 사실을 발견하고 꽤나 망연자실했던 기억이 난다. 왜냐하면 어떻게 일개 외국의 대사관 직원 숙소가 수도 중심부에 있을 수 있겠느냐는 것 때문이었다. 이런 금싸라기 땅을 어떻게 외국 대사관 직원숙소로 내줄 수 있었느냐는 것이다.

우리나라가 얼마나 힘이 없으면 이런 엄청난 땅을 미국 대사관 직원들에게 양도했을까 하는 생각도 들었다. 게다가 이 부지에는 아주 높은 돌담이 설치되어 있어 위화감을 여간 많이 주는 게 아니다. 미국인들이 살면서 안전 등을 고려해 주위의 한국인들의 공간들과 차단하려는 목적으로 높은 담을 친 모양이다. 이것은 주위와의 소통을 전혀 고려하지 않은 오만한 태도가 분명하지만 한국인들이 뭐라고 안 했으니 그들이 그렇게 한들 어쩔 수 없는 일이었다.

그렇게 보니까 미국과 관련해 어이없는 것이 이것만이 아니었다. 광화문 거리 한복판에 있는 미대사관의 위치도 말이 안 되는 것은 마찬가지였다. 어떻게 외국의 대사관이 우리나라 최고 중심부에 자리 잡을 수

❶ 미 대사관 직원 숙소의 높은 담
❷ 광화문 거리 한복판에 있는 미대사관
❸ 밖에서는 잘 보이지 않는 프랑스 대사관

있느냐는 것이다. 대관절 미국이 우리에게 어떤 나라이기에 이렇게 파격적인 우대를 할 수 있을까?

영국이고 프랑스고 일본이고, 중국이고 이들 나라의 대사관은 대로변에 있지 않다. 그래서 큰 길에서 보면 이들 나라의 대사관 건물이 전혀 보이지 않는다. 미 대사관과 가장 가까운 데에 있는 일본 대사관은 경복궁 앞에 있는 트윈 빌딩에 가려 아예 보이지 않는다. 이게 정상 아니겠는가? 대사관이 그 나라를 대표한다고는 하지만 한 나라 수도 중심부를 차지하고 있는 것은 말이 안 된다.

그런데 미국 대사관은 서울의 최중심 대로에 자리 잡고 있으니 어이가 없는 것이다. 그리고 이 앞에는 항상 경찰 버스들이 서 있어 큰 길인

데도 길이 수시로 막힌다. 차선 하나를 이 경찰 버스가 차지하고 있어 교통체증이 생기는 것이다. 그리고 대사관 정문에는 노상 노란 야광 옷을 입은 어린 전경들이 수두룩하게 지키고 있어 볼썽사납다.

다시 우리의 이야기로 돌아가서, 그 자리가 미 대사관 직원들 숙소였다는 이야기를 하면 사람들은 대개 놀라는 눈치이다. 그런데 이곳이 미 대사관 숙소로 쓰이기까지에는 사연이 있다. 일단은 일제기까지 거슬러 올라가야 한다. 미국인들이 이 자리를 점유하기 이전 왜정시대에는 이곳이 일본이 세운 조선 식산은행의 직원 숙소였다고 한다. 당시에는 이 은행이 식민지인 조선에서 끗발을 날렸다고 하니 직원들도 이런 노른자위 땅에서 살 수 있었던 모양이다.

그러다 한국이 해방되었는데 그때에 바로 우리 정부가 들어선 게 아니라 미군정이 시작되었다는 것은 잘 알려진 사실이다. 따라서 우리의 강토를 우리가 마음대로 할 수 없었다. 사정이 그렇게 되어 이 기막힌

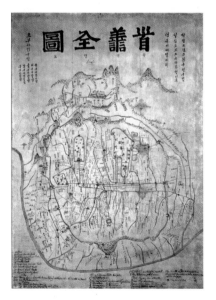
수선전도

땅이 미국인들 손에 들어간 것이다. 하기야 그때는 미군이 한국을 지배하고 있었으니 어찌할 도리가 없었을 것이다.

그런데 일제 전에는 이곳이 어떤 곳이었을까? 그것은 이 지역의 이름과 관계된다. 이 지역은 현재 송현동이라고 불리는데, 이 이름에 나오는 송현(松峴)은 그대로 풀면 '소나무 고개'가 된다. 이전에는 고유어로 '솔재'라 불렸다는 이야기도 있다. 경복궁 동십자각에서 인사동으로 가는 길은 지금도 아주 나지막한 비탈길로 되어 있는데

한국 문화의 몰락

이전, 즉 조선시대에는 꽤 높은 고갯길이었다고 한다. 그리고 좋은 소나무들이 많이 있었기 때문에 솔재라고 불렸다는 것이다(사실 엄밀히 말하면 이 지역은 송현동이 아니라 벽동(壁洞)이다. 이것은 1840년대에 만들어진 '수선전도(首善全圖)'를 보면 알 수 있다. 송현동은 벽동의 건너편, 즉 지금 트윈트리 건물과 서머셋팰리스 건물 등이 있는 자리를 말한다.)

여기에 최근까지 미 대사관 직원 숙소가 있었는데 어떤 과정을 거쳤는지 모르겠지만 2000년에 삼성생명 등이 이 부지를 미 대사관으로부터 매입했다고 한다. 당시 이 회사는 이곳에 복합문화시설을 세우려고 했는데 주위의 반대가 심해 2008년 한진그룹에 팔게 된다. 그런데 이번에 이 글을 쓰면서 알게 된 것은 이곳이 2008년 이전까지는 사진에서 보이는 것처럼 울창한 숲이었다는 것이다.

내가 당시에 그곳을 많이 지나다녔어도 담이 너무 높아 그 안을 전혀 볼 수 없어 그 사실을 알지 못했던 것이다. 그랬던 게 한진그룹에서 여

한진그룹이 바꾸기 전에는 이렇게 울창하고 아름다운 숲이었다. (사진=서울 종로 송현동 49-1번지 일원 문화재 발굴(시굴) 조사 지도위원회 자료집) 왼쪽 구석에 있는 작은 건물이 종로문화원이다

황량하게 변해버린 미대사관 직원 숙소

기에 최고급 호텔을 짓겠다고 터를 닦기 시작해 그 숲을 다 없애버렸다
고 한다. 그 결과 지금은 황량한 벌판처럼 변해버렸다. 그런데 호텔을
짓지 못한다는 대법원 판결이 나오고 여론도 좋지 않자 한진그룹은 한
국문화가 가미된 문화융합센터를 만드는 것으로 계획을 선회하게 된다.
　내가 송승환 대표의 권유로 이 기획에 얼굴을 내밀게 된 것은 이렇게
사전 계획이 완전히 바뀐 다음이었다. 이 프로젝트에 한국의 전통적인
요소들이 꽤 들어가니 그에 대해 자문을 구하겠다고 나를 초치한 것이
었다. 나는 여기에서 이 기획에 한국의 전통적 요소가 어떻게 들어가고
말고를 논하려는 것이 아니다. 내가 감히 이 글을 써야겠다고 마음먹은
것은 다른 데에서 촉발되었다.

문화에 대한 너무나 좁은 이해들

내가 문제 삼고 싶은 것은 이 공간을 어떻게 쓰겠다는 한진그룹 측의 기획 중의 한 부분이었다. 이 기획의 청사진에는 나름 매우 복잡하고 화려한 콘셉트가 있었지만 그건 내가 관여할 바가 아니다. 문제는 그 계획 중에 있는 공연장 건설이었다. 그 계획에 따르면 이 부지에는 공연장이 두 개나 들어가는 것으로 되어 있다. 하나는 천오백 석이 되는 꽤 큰 것인데 이 안을 듣더니 송 감독이 곧 이의를 제시했다. '지금 시내에서 천 명 이상 되는 관객을 모을 수 있는 공연을 올리는 일은 거의 불가능하다, 있다면 뮤지컬밖에 없는데 뮤지컬 극장은 이미 포화 상태다, 따라서 여기에 이런 공연장을 짓는 것은 무리다'라는 의견이었다. 그는 공연 문화에 대해서는 어느 누구보다도 잘 알고 있을 터이니 나는 그의 진단이 정확하리라 믿는다.

내가 이때 문제 삼은 바는 다른 것이었다. 그것은 보통의 한국인들이 문화에 대해 갖는 생각이었다. 대부분의 우리들은 문화 하면 꼭 공연장이나 전시장 같은 데에 가서 무엇을 보는 것과 관계되는 것이라고만 생각한다. 그래서 지자체고 어디고 문화 시설을 만들면 문화예술회관 같은 것부터 만든다. 그렇게 무리해서 만들어놓고 그 다음에는 그 공간을 채우지 못해 허덕인다. 하드웨어만 깔아놓고 그것을 채울 소프트웨어에 대해서는 별 관심이 없는 것이다. 한국인들은 아무 생각 없이 그런 회관 혹은 공연장을 만들어 놓고 그곳에 가서 무엇이든 보면 자신이 문화인이 된다고 생각하는 듯하다. 이렇게 예술회관은 번듯하게 만들어 놓고 어찌할 줄 몰라 하는 지자체가 수두룩하다.

이처럼 공연 보는 것을 문화적인 행동이라고 생각하는 것이 틀렸다는 것은 아니다. 예술회관을 세워놓고 그곳에서 공연을 감상하는 것 역시 일종의 문화 활동임에 틀림없다. 문제는 문화에 대한 이러한 생각은 너무 협소하다는 데에 있다. 어떻게 협소하다는 것일까? 보통의 한국인들이 생각하는 문화는 대체로 다음과 같이 요약될 수 있다. '문화란 특정한 시간에 특정한 장소에 가서, 어떤 때에는 특별한 옷(정장?)을 입고 가서 즐기는 것'이라고 생각하는 것이 그것이다.

여기서 말하는 문화는 바로 공연이나 영화 관람, 예술품 관람 같은 것을 뜻한다. 우리는 이런 종류의 것을 관람하기 위해서 시간을 내야하고 특정한 장소에 가야하며 게다가 일정한 돈을 지불해야 한다. 우리에게 문화라는 것은 '여기'가 아니라 '저기'에 있어서 우리가 다가가서 향유해야 하는 객체가 된 것이다. 나중에 상세하게 부연 설명하겠지만 문화는 절대로 이런 것이 아니다.

문화는 결코 저 멀리에 있는 것이 아니다. 문화는 지금 내가 있는 바로 여기에 있다. 내가 지금 입고 있는 옷이 문화이고 쓰는 언어가 문화이며 생각하는 것 자체가 문화이다. 엄밀히 말해 우리 존재 자체가 문화인 것이다. 이런 것에 비해 공연처럼 특정한 장소에 가서 즐기는 것은 아주 작은 문화에 불과하다. 그런데 우리들 대부분은 이 아주 작은 부분을 전체로 생각하고 있다. 그래서 그 부분적인 문화 행위만 하면 자신이 문화인이 된 줄 안다. 직접 공연장에 가서 오페라라도 감상하면 본인이 아주 교양있는 사람이라고 착각하기 일쑤다. 한진그룹이 이 금싸라기 같은 땅에 공연장을 짓겠다는 것은 바로 이러한 생각을 전적으로 드러낸 것이다.

이 회의가 있던 날 나는 더 이상은 안 되겠다는 생각이 불현듯 들었다. 거개의 사람들이 문화에 대해 갖는 생각이 너무 협소하다는 것과 그 릇되었다는 것을 더 이상 묵과하고만 있을 수 없다는 생각이 치솟은 것 이다. 이런 상태가 지속되면 한국의 문화는 엄청난 돈을 쏟아 붓는 것에 비해 결과가 너무 빈약해 노상 제자리걸음만 할 것이라는 우려가 커져 가만있으면 안 되겠다는 객기가 발동했다.

그래서 이 사실을 알리고 사람들과 같이 논의 해야겠다는 마음이 쳐 올라와 참을 수 없었다. 이를 위해 내가 할 수 있는 일은 글을 써서 책으 로 알리는 것밖에는 없었다. 이것이 이번 글을 쓰기 시작하게 된 배경인 데 이런 생각이 요즘에 들어와 갑자기 생긴 것은 아니다. 이 생각은 진 작부터 해왔지만 주위에 대고 아무리 말을 해도 먹히지 않으니 나는 그 동안 거의 자포자기 상태에 있었다.

이른바 대통령 직속 '문화융성위원회'라는 단체의 한계

내가 자포자기의 상태가 될 수밖에 없었던 데에는 박근혜 정권이 내 세운 4대 기조 가운데 하나인 '문화융성'을 실현하기 위해 만든 문화융 성위원회에서 2년 간 활동한 탓도 있었다. 박근혜 정권은 지금까지의 정권 가운데 거의 처음으로 문화를 중시한 정권이라 할 수 있다. 역대 정권의 정책들을 보면 문화는 항상 '뒷켠'이었다. 그들에게는 정치나 경 제가 전부였지 문화는 사치 비슷한 것으로 보였던 것 같다. 지금 한국인 들에게 문화 이야기를 하면 '먹고 살기도 바쁜데 무슨 문화냐? 문화 같 은 소리 하고 있네'라는 반응이 제일 많다. 그러니까 이들에게 문화란 한가할 때 하는 취미 활동 같은, 해도 그만 안 해도 그만인 것처럼 보이 는 대상이다.

문화융성위원회가 내세운 문화가 있는 날 현수막이 걸린 대한민국역사박물관

그래서 그런지 역대 문화부 장관들을 보면 문화와는 전혀 상관이 없는 정치인인 경우가 많았다. 실명을 거론할 수 있지만 참기로 하고 정말로 문화에는 문외한인 사람들이 장관이라고 앉아 있었다. 예외가 있다면 노무현 정권 때인데 그때는 그래도 문화를 담당했던 사람(이창동 감독이나 김명곤 씨 등)들이 장관으로 있었다. 그러나 이들도 영화나 공연 쪽만을 전공한 사람들로 문화 전체를 아우를 수 있었는 지는 잘 모르겠다. 그러니 장관을 통해 한국의 문화가 발전하는 것은 기대하기 힘들었다.

그러던 차에 박근혜 정부가 들어서면서 문화가 융성하는 사회를 만들겠다는 것을 정권의 4대 기조 중 하나로 삼았던 것이다. 이렇게 기본 정책에 문화가 들어간 것은 처음 있는 일로 이 점에서 박 정권은 앞 정권에 비해 한걸음 더 나아갔다고 할 수 있다. 그래서 박 정권은 문화융성위원회라는 것을 만들었고 나도 얼떨결에 그 위원으로 선정되었다. 초기에는 정부가 이 위원회의 구성에 신경을 많이 써서 인선부터 아주 신중하게 하는 것 같았다.

그 위원들의 면모를 보면, 우리나라 문화계에서 내로라하는 사람들은 다 모아놓은 것 같은 인상을 받았다. 위원장에 부산영화제의 산파였던 김동호 선생을 비롯해 앞에서 거론한 송승환 씨, 배우 안성기 씨, 서양 고전음악의 정경화 씨, YG 기획의 양민석 씨(양현석 씨의 동생), 한국 음식의 한복려 씨, 대중음악의 설운도 씨, 먼나라 이웃나라의 이원복 교수 등등이 참여했으니 그럴 만 했다. 그런데 그런 분들 가운데 내가 왜 끼게 됐는지는 아직도 잘 모르겠다. 지명도에서 나는 이 분들에게 상대가 안 되니 말이다.

그래서 위원이 되라는 제의가 왔을 때 이상하다고 생각했지만 다른 것보다 이 유명한 분들을 만나고 싶다는 생각으로 얼른 하겠다고 승낙을 했다. 그래서 팔자에 없는 청와대 본관에 가서 대통령으로부터 위촉장도 직접 받고 작은 방에서 대통령과 회의도 해보았다. 또 영빈관에서 열렸던 이른바 '청와대 회의'라는 데에도 가보았다. 이 회의장은 노상 TV에서 보던 것이었는데 실제로 가서 볼 수 있는 기회를 얻은 것이다.

이때 느낀 청와대 회의 문화의 실태나 청와대 인테리어 문제에 대해서도 쓰려면 한참을 쓸 수 있는데 그것까지 쓰면 배가 산으로 갈 것 같아 참는 것이 낫겠다. 그러나 아주 간략하게만 말한다면, 청와대의 회의 문화는 한 마디로 연출된 쇼(show)에 불과했고 청와대 인테리어는 아무리 후하게 점수를 주어도 'C' 이상은 줄 수 없다는 것이다.

우선 회의하는 꼴부터 보면, 백 명도 더 되는 사람들을 불러놓고 하는 회의였는데 10시에 시작하는 회의에 우리는 9시부터 대기하고 있었다. 회의 '리허설'을 해야 되기 때문에 그렇게 일찍 불러 모은 것이다. 발표하는 사람들은 이미 정해져 있었다. 이 사람들이 리허설을 하는 동안 나는 할 일이 없어 빈둥대기만 했다. 이윽고 대통령이 들어오고 회의가 시작됐는데 회의의 철칙이 가관이었다. 자유발언은 대통령만 하고 질문은 일절 받지 않겠다고 했으니 말이다. 발표하는 사람들도 그저 원고만 읽을 뿐이지 다른 개인적인 발언은 하지 못하게 되어 있었다. 회의는 12시에 끝났는데 나나 발언하는 순서가 없는 다른 사람들은 3시간 동안 아무 것도 못 하고 그저 꾸어다 놓은 보릿자루처럼 우두커니 앉아 있다가 나왔다.

나는 회의장을 빠져 나오면서 도대체 이 바쁜 사람들을 불러다 놓고 뭐하자는 것이냐고 불평을 마구 쏟아냈다. 그리고 앞으로 청와대 회의에는 절대로 오지 않겠다고 공언을 했다. 물론 나의 이런 발언에 아무도 관심을 가지지 않았지만 말이다(또 나를 청와대 회의에 다시 부르지도 않을

청와대 내부 대통령의 집무실(실제 크기의 68%로 축소하여 제작된 합천영상테마파크의 청와대 세트장)

테지만). 저런 식으로 발표를 시키니 대통령은 자신이 듣기 좋은 것만 듣게 되어 모든 것이 잘 돌아간다고 착각할 것 같았다. 대통령이 되어 청와대 들어가서 3년만 지나면 눈과 귀가 다 막힌다고 하더니 그 이야기를 십분 이해할 수 있었다.

각설하고 청와대 인테리어에 대해 잠깐 말해보자. 내가 청와대 인테리어에 관심을 갖는 이유는 간단하다. 청와대는 수많은 전 세계의 VIP들이 오는 곳이라 이 나라의 어떤 곳보다 인테리어가 잘 되어 있어야 한다. 이를테면 청와대는 한국의 이미지를 반영하는 거울이라고나 할까? 그래서 나는 청와대 회의에 갔을 때 내가 볼 수 있는 범위에서 본관과 영빈관의 인테리어를 꼼꼼히 살펴보았다. 그런데 안타깝게도 그곳에서는 도대체 3천 년 이상의 유구한 역사와 높은 문화를 가진 나라의 격이 느껴지지 않았다. 내 눈에 이 두 건물의 인테리어는 전통의 깊은 맛을 느낄 수 없는 날탕처럼만 보였다. 자세한 것은 생략하겠지만 도대체 누가 어떤 콘셉트로 만들었는지 비루(鄙陋)하기 짝이 없었다.

각종 기자회견과 발표를 하는 집현실(실제 크기의 68%로 축소하여 제작된 합천영상테마파크의 청와대 세트장)

그래서 나는 문화융성위원회에서 회의를 할 때에 정색을 하고 청와대의 실내 인테리어를 바꾸어보자는 제의를 했다. 융성위원들이 건의하면 청와대에서도 받아들이지 않겠느냐는 의견과 함께 말이다. 그랬더니 내 의견에 관심이 없어서 그랬는지 대부분의 위원들은 못 들은 체했다. 응대한 사람이 한두 사람 있었는데 그들의 답은 예산 때문에 안 될 것이라는 것이었다. 역대 정권에서도 그런 의견이 있었는데 예산 문제 때문에 모두 성공하지 못했다는 것이다. 그래서 나도 하는 수 없이 생각을 접었지만 다시금 한국인들의 예의 문화 경시 현상을 보는 것 같아 매우 씁쓸했다. 나라의 격이 달린 문제를 예산이 부족하다고 해결하지 않고 미룬다니 참으로 어불성설이었다. 한국인들이 갖고 있는 문화관(文化觀)이 워낙 얄팍하다 보니 이런 일이 생기는 것 같았다.

이른바 '문화의 날'이라는 날의 문제점

다시 우리의 주제로 돌아가자. 지난 2년 동안 이 위원회가 한 일 가운데 가장 잘 알려진 것은 '문화의 날'의 제정이다. 이 정책의 취지는 간단하다. 매달 마지막 주 수요일에 국민들로 하여금 문화를 향유하게 하자는 것이다. 그래서 그 날은 각종 공연이나 전시장의 입장료를 무료 내지는 대폭 할인하는 정책을 내놓았다. 공연이나 전시회를 많이들 구경 가라는 것이다. 그런데 재미있는 것은 이 날을 제정할 때에 매우 비민주적인 절차를 거쳤다는 것이다.

정부는 이 날의 제정을 문화융성위원회에서 결정한 것이라 발표했는데 우리 위원들은 그런 일을 한 적이 없었다. 나는 신문으로 그 소식을 먼저 알았는데 회의에 가니까 그렇게 결정되었다고 통보를 해주었다.

문화가 있는 날 홈페이지

도대체 어디서 누가 만들었는지 모르지만 이 제도는 우리와 상관없이 결정된 것이었다. 그때부터 낌새가 이상했는데 그 뒤로도 위원회의 회의는 민주적인 절차와는 별 관계없이 진행되었다.

더 문제 되었던 것은 이 날의 성격이었다. 이 날이 되면 초기에는 대통령도 어김없이 공연장을 찾았다. 이것은 '내가 이렇게 문화를 향유하고 있으니 국민들도 어서 공연장을 찾아 정부의 배려로 아주 싸게 문화를 즐기라'는 의도로 행한 행동일 것이다. 앞에서 누누이 이야기했지만 바로 이것이 현재 한국인들이 갖고 있는 문화관이다. 대통령도 이 견해에서 한 발자국도 더 나아가지 못했다. 대통령도 무엇인가 특정한 날에 특별한 일을 해야 문화를 향유하는 것이라고 생각한 것이다.

이 날의 제정이 발표되자 곧 사람들로부터 비난이 날아왔다. 이 날을 문화의 날로 정한 것 자체가 문제라는 것이다. 가장 큰 문제는 이런 것이다. '마지막 주 수요일을 문화가 있는 날로 정했다면 그러면 다른 날은 문화가 없다는 것이냐'는 반론인데 이것은 매우 적확한 지적이다. 인간은 문화를 떠나서는 생존할 수 없는데 그 문화를 마지막 주 수요일이라는 한 날 저녁에만 한정시켰기 때문에 이런 말이 나오는 것이다.

굳이 이런 날을 만들고 싶었으면 '문화가 있는 날'이 아니라 '문화가 풍성한 날' 혹은 '문화 나들이 날'처럼 하면 될 것이라는 주문도 있었다. 추측컨대 이런 제도가 생긴 것은 아마 몇 사람이 모여서 충분한 의견 수렴을 거치지 않고 졸속으로 결정한 결과일 것이다. 만일 여러 사람들에게 의견을 물었다면 분명 앞에서 말한 문제점을 지적하는 사람이 나왔을 것이다. 좋은 문화적 환경을 만들자는 문화의 날 제정이 이렇게 함으로써 비문화적이 되어버리는 아이러니가 되었다.

어떻든 나는 이 위원회 활동을 2년 정도 했는데 활동한 지 1년 반 정도의 세월이 지난 뒤 다음과 같은 발표를 위원들 앞에서 하게 되었다. 위원회를 돌아보자는 취지 아래 2015년 초(1월 4일~15일) 원주에 있는 토지문학관에서 1박 2일로 워크숍을 할 때 발표한 내용이다. 이 토지문학관은 융성위원으로 있었던 김영주 선생이 운영하는 것으로 선생은 박경리 선생의 따님이자 김지하 시인의 아내이기도 하다. 이 발표문에는 내가 평소에 생각하고 주장하던 문화에 대한 이야기가 나와 있다. 그래서 한번 선을 보이는데 전문의 게재는 번거로우니 많이 줄여서 소개해 보자.

우리가 '문화융성위원회'라는 이름으로 만난 지 약 1년 6개월의 세월이 흘렀다. 처음에는 대통령 직속 위원회이라고 해서 굉장한 단체이고 무언가 대단한 일을 할 수 있을 것이라는 기대가 있었던 것이 사실이다. 모인 분들의 면면이 가히 대한민국 최고였으니(필자 빼고) 충분히

토지문학관에서 열린 문화융성위원회 워크숍 참석자들(김동호, 설운도, 김성녀 씨 등이 보인다)

그런 생각을 가질 수 있었다. 그러나 1년 6개월이 지난 지금 돌아보면 우리가 무엇을 했는지 당최 생각이 나지 않는다.

그런 생각을 하게 된 이유를 보면, 우선 위원들은 자기 분야에서 자율적인 행보를 했다고 하기보다는 회의나 참석하는 수동적인 태도를 가질 수밖에 없었다. 그래서 위원들 사이에서는 회의할 때마다 회의가 끝난 뒤 식사하는 자리에서 '우리는 밥값도 못 하고 회의만 한다.' 아니면 '우리가 밥을 못 먹어서 밥을 먹으러 왔는 줄 아는가?'와 같은 자조가 나왔다. 또 융성위가 하는 일을 신문을 통해서나 알게 되는 들러리 신세로 전락한 것 같은 느낌마저 든 적도 있었다(예: "문화가 있는 날"의 제정 등).... (중략)...

따라서 지금은 대통령이 4대 국정 기조 가운데 하나로 당찬 포부를 가지고 시작한 문화융성위원회가 전시 행정 중의 하나로 전락한 것 아닌가 하는 느낌을 지울 수 없다. 예를 들어 청와대 등지에서 하는 회의는 회의가 아니라 대통령 1인을 위한 보고회 같은 것이어서 창조적인 의견이 전혀 개진이 안 되었고 그 전에 여러 위원들로부터 의견을 수렴하는 과정도 그다지 거치지 않은 것으로 보였다. 그 외에도 융성위원들이 하는 일이란 아무 것도 없었다. 따라서 이 위원회에 소속되든지 말든지 자신의 인생에는 아무 변화가 없었다. 더 나아가서 이 위원회의 존재 의미에 대해서도 의문을 갖게 되었다. 문화융성을 한다고 1년여를 보냈지만 한국의 문화적 현실에는 별 변화가 보이지 않았기 때문이다. 위원들도 회의가 있다고 하면 그저 수동적으로 참여하고 보통 때에는 거의 잊고 사는 형세가 되었다.

사정이 이렇게 된 데에는 여러 이유가 있을 것이다. 그 가장 큰 원인은 우리 모임에는 구심점이 없다는 것이다. 문화라는 이름으로 모였지만 분야가 지극히 다양해 어떤 한 점으로 수렴되는 그런 느낌이 없다. 이것은 어쩔 수 없는 일이다. 문화라는 개념이 너무나 광범위하기 때문이다. 사람이 하는 일 가운데 문화가 아닌 것이 없으니 그것을 하나의 방향으로 수렴하는 일이 쉬울 수 없을 것이다.

그런 까닭으로 생각되는데 이 문화를 정의하는 일처럼 어려운 것도 없을 것이다. 우리가 어떤 사안을 이해하려면 그것을 정의하면서 시작해야 하는데 문화 같은 것은 이처럼 정의하는 것 자체가 힘드니 이해하기가 어려울 수밖에 없다. 이처럼 문화를 정의하는 일은 애당초 그른 일인지 모르지만 문화를 바라보는 부적합한 태도에 대해서는 그 문제점을 지적할 수 있다. 예를 들어 문화를 너무 한정된 분야에만 집중해서 바라보는 태도에 대해서 그 한계점을 지적할 수 있다는 것이다.

그 예를 보면, 사람들은 자신들이 문화생활을 한다고 하면 어느 특정한 시간에 특정한 공간에 가서 일상과는 다른 어떤 것을 즐기는 것으로 생각하는 경향이 강하다. 예를 들어 어느 날을 잡아 공연이나 영화를 보러 극장이나 공연장에 가는 것이 그것이다. 그러니까 문화를 향유하는 공간은 우리들의 일상공간과 떨어진 저쪽(예를 들어 대학로나 서초동 등)에 있고 우리가 그 문화를 향유하려면 일부러 마음과 시간, 그리고 돈을 내어 특정한 시간대에 그 특정한 곳으로 가야 한다고 생각하는 것이다.

물론 이처럼 하는 것도 중요한 문화생활 중의 하나이다. 그러나 문화라는 개념은 그보다 훨씬 더 크다. 우리가 생각하고(가치관) 말하고(언어문화) 먹고(음식문화) 입고(복식문화) 거주하고(건축문화) 믿고(종교문화) 하는 것 등등이 모두 문화이니 문화라는 개념이 얼마나 큰지 알 수 있다. 그 큰 문화에 비하면 예술문화는 한 부분에 불과할 뿐이다. 이처럼 인간의 생활에서 문화가 아닌 것을 찾는 일은 불가능할 것이다... (중략)...

가장 원론적인 것은 '문화융성'이라고 할 때 '그 문화는 무엇을 말하는지'와 '융성이란 어떤 상태를 말하는지'에 대한 것일 것이다.... (중략)... 우리가 문화융성을 해보겠다는 취지로 모였는데 이때 가장 중요한 것은 "21세기 초에 사는 한국인들이 문화적으로 행복하게 산다는 게 과연 무슨 의미일까"라는 것 아닐까 하는 생각이다. 이것을 찾아내는 일은 여전히 어려운 일이지만 이런 의견의 수렴을 거치지 않고 일을 추진하겠다는 것은 일을 하지 않겠다는 것과 같은 말로 들린다. 과연 우리 국민들이 매월 마지막 수요일에 공연장을 방문한다든지 미술관 등과 같은 곳에 공짜 혹은 싸게 입장해서 그 내용물을 보면 문화적으로 행복하게 느끼는지, 아니면 그런 데에 전혀 관심이 없는지 등등에 대해 따져보아야 하지 않을까 하는 생각이다.

　나는 평소에 우리 인간은 종교 교리가 아니라 문화에 의해 구원을 받는다고 생각해왔다. 우리가 사는 것을 즐겁게 생각하고 남을 배려하는 것을 당연시하려면 그런 것을 가능하게 하는 문화가 있어야 한다. 그런 문화가 우리 사회에 뿌리내릴 때 국민 개개인이 행복해지는 것인데 그 문화의 정착을 위해 우리가 할 수 있는 일은 무엇일까 생각해보면 좋겠다...(중략)..

이 글에는 내가 앞으로 말하려는 것의 요지가 대체로 포함되어 있다. 여기서 말한 대로 문화라는 것은 엄청난 광폭(廣幅)의 개념이다. 그런데 거의 대부분의 사람들은 그렇게 생각하고 있지 않은데 그것은 아마도 문화가 무엇인지 잘 몰라 나온 현상일 것이다.

그렇다면 도대체 문화란 무엇일까? 그리고 문화적인 삶이란 어떤 것일까?

　우리는 아주 원론적인 문제에 도달했다. 다들 문화적인 삶을 사는 것이 좋다고 하는데 그 문화적인 삶이 무엇이냐는 것이다. 그리고 왜 우리 인간은 문화적인 삶을 살아야 할까? 어떤 생명체가 인간이라면 그는 무조건 문화를 지닌다. 이 문화의 소지 여부야말로 인간과 동물을 가르는 기준이 된다. 동물에게는 문화가 없다. 이유는 간단하다. 동물은 자기의식(自己意識, self-consciousness)이 없기 때문이다.

　동물은 본능만이 있다. 자의식이란 '자신이 존재한다는 것을 아는 의식'을 말한다. 사람에게는 사고할 수 있는 인지능력이 있다는 것이다. 인간만이 자기 자신을 객관적으로 볼 수 있다. 그 능력 덕분에 인간에게는 자기 이미지(self image)라는 것이 생긴다. 문화는 그 이미지를 가지고 만들어내는 것이다. 동물에게는 이 이미지가 없기 때문에 문화가 없다.

독자들의 이해를 돕기 위해 비근한 예를 들어보자. 까치는 집을 지을 때 몇 만 년이고 똑같은 집만 짓는다. 까치마다 다른 집을 짓는 것도 아니고 지역마다 다른 집이 나오는 것도 아니다. 그저 본능에 따라 지을 뿐이다. 그러나 인간은 다르다. 인간은 자기가 집을 짓는 행위를 객관적으로 바라볼 수 있기 때문에 조건에 따라 다른 집을 지을 수 있다. 사람마다 다를 수 있고 지역마다 다를 수 있다. 물론 기후에 따라 달라질 수도 있다. 이렇게 달라지는 것, 이것이 바로 문화이다.

인간은 자기의식이 있기 때문에 가치의 영역으로 들어가게 된다. 가치의 영역에서는 모든 것을 이분법으로 보기 때문에 좋음과 나쁨의 구별이 생긴다. 인간은 항속적으로 좋음의 영역으로 가려고 노력한다. 이유는 아주 간단하다. 좋은 것이 좋기 때문이다. 문화도 마찬가지이다. 좋은 문화가 있고 그렇지 않은 문화가 있다. 인간은 좋은 문화를 추구하게 되어 있다. 그 좋은 문화는 그 안에 살고 있는 사람을 편안하게 만들고 더 나아가서는 구원(?)에 이르는 길을 제시하기도 한다. 인간은 종교로 구원받는 것이 아니라 문화로 구원 받는다. 이것은 결코 과장된 표현이 아니다.

예를 들어보자. 우리가 절이나 교회 같은 종교 기관에 갔을 때 직면하는 것은 종교라는 추상적인 것이 아니라 수많은 종교문화적인 요소들이다. 종교라는 추상적인 개념은 바로 이 눈에 보이는 종교문화적인 요소로 인해 우리에게 다가올 수 있다. 이런 요소가 없으면 우리는 추상적인 종교 개념을 이해할 수 없다. 구체적으로 설명하면, 종교 기관에 갔을 때 일단 우리는 절이나 교회라는 건축 문화를 접하게 된다. 이 건축 문화는 대단히 중요한 것이다.

좋은 종교 건물은 우리에게 깊은 종교심, 즉 외경심이나 경건함, 피조물성, 환희심, 감격 등과 같은 감정을 갖게 해주기 때문이다. 이런 마음이나 감정은 인간으로 하여금 종교적인 심정에 흠뻑 젖게 만든다. 종교 문화적 요소는 이제 시작일 뿐이다. 그런 것들이 하도 많아 에서 다 열거할 수조차 없다. 건축적인 요소 하나만 보아도 종교에서 문화적인 요소가 얼마나 중요한 역할을 하는지 알 수 있지만 그 외에도 미술, 음악, 문학 등의 요소 역시 사람들이 종교심을 갖게 하는 데 대단히 중요한 역할을 한다.

절이나 교회 안에는 훌륭한 종교 그림이 있고 뛰어난 조각이 있다. 또 부처님을 찬양하든 예수님을 찬양하든 음악이 아니면 그 일을 할 수가 없다. 불교의 염불과 그리스도교의 찬송은 대표적인 종교 음악이다. 그런가 하면 경전들은 모두 문학적 표현이다. 그 안에는 수준 높은 비유도 많고 시적인 표현도 많다. 경전이 없으면 종교적인 경험, 그것이 깨달음이든 성령체험이든, 이런 체험이 가능하지 않다. 이 사안을 설명하기 위해서는 더 이상의 예시가 필요 없을 것이다.

사정이 이러하기 때문에 문화가 없이는 종교의 중차대(重且大)한 목표인 구원도 가능하지 않다고 한 것이다. 이런 목적을 달성하는 데에는 좋은 문화가 있고 덜 좋은 문화가 있게 마련이다. 어떤 문화는 인간을 통합시켜주고 안정이나 기쁨을 주며 더 깊은 삶의 영역이나 의식의 영역으로 이끌고 들어가는데, 어떤 문화는 인간이 이런 상태로 들어가는 데 효과적이지 않거나 더 나아가서 방해가 될 수도 있다. 그래서 좋은 문화와 그렇지 않은 문화 혹은 바람직하지 않은 문화가 나뉠 수 있는 것이다.

이런 생각에 동의한다면 우리 인간은 좋은 문화 혹은 바람직한 문화를 지향해야 하는데 이러한 문화가 나오려면 어떤 조건이 충족되어야 할까? 여기에는 여러 조건이 있을 수 있겠지만 가장 중요한 것은 인간이 갖는 자기 이미지와 관계된 것 아닐까 한다. 이게 무슨 말일까? 단도직입적으로 말해 자기 이미지를 좋게 가진 사람이나 집단은 좋은 문화를 만들어낼 수 있다는 것이다. 따라서 자신 혹은 집단에 대해 좋은 이미지를 갖는 것은 자신이나 집단이 생존하는 데 대단히 중요한 요소라 하겠다.

그런데 좋은 이미지를 가지려면 무엇을 어떻게 해야 할까? 좋든 나쁘든 자신이 어떤 이미지를 가지려면 우선 자기 이미지가 어떤 것인지 알아야 한다. 자기 이미지를 정확하게 알아야 한다는 것이다. 자기가 어떤 사람, 혹은 자기 집단이 어떤 집단인지 모르는데 좋은 이미지가 나올 수는 없는 일이다. 일단 자기 이미지를 규정해서 자기가 어떤 사람인지 혹은 어떤 집단에 속해 있는지 정의내리면 그 정의에 따라 방향이 결정되는 것이다. 그러면 그 방향에 따라 문화가 만들어지는데 방향을 제대로 잡았다면 좋은 문화가 나오게 될 것이다.

지금 한국인들은 (격조 있는) 문화가 있는 삶이 어떤 것인지 잘 모른다. 그 이유는 간단하다. 한국인들은 자신이나 한국이라는 집단이 어떤 것인지 모르기 때문이다. 한국이라는 이미지에 대한 자기규정이 없다. 한국 혹은 한국 문화를 잘 모르니 그렇게 될 수밖에 없다. 그래서 내가 평소에 현대 한국인에게는 문화가 없다고 다소 과장된 주장을 한 것이다. 한국인은 적어도 삼국시대부터 조선조 때까지는 높은 문화를 누리며 살았다. 이 시대에는 그래도 사람들이 자기 문화에 대해서 일정한 이미지나 생각을 갖고 있었다. 예를 들어 시대적으로 우리에게 제일 가까운 조선 후기의 사람들, 그 중에서도 양반들은 문제가 많았음에도 불구하고 상당히 교양 있는 삶을 살았다. 그들이 정치를 잘못해서 비록 나라는 빼앗겼지만 그들의 생활은 대단히 격조가 있었다.

양반들만 그런 게 아니다. 평민들도 마찬가지였다. 이것은 그들이 남긴 예술품 등을 보면 알 수 있다. 그들이 살던 집이나 쓰던 그릇, 즐기던 음악들을 보면 가히 세계 최고 수준이라는 것을 알 수 있다. 이에 대한 것은 내가 다른 책(『한 권으로 읽는 우리 예술 문화』)에서 충분히 말했으니 건너뛰어도 되겠다. 그런데 지금은 전혀 그렇지 못하다. 현대의 한국인들은 문화적으로 격조 있게 사는 삶이 어떤 것인지 모른다고 했다. 이렇게 말로만 하면 알아들을 수 없으니 피부에 와 닿는 예를 들어보자.

문화가 없는 삶을 사는 한국인들 - 아마도 전 세계에서 가장 물질중심적인 민족?

현재 한국인들은 그들의 문화가 지난 100여 년 동안 질곡의 세월을 겪으면서 많이 파괴되어 문화적이지 못한 삶을 살고 있다. 문화적 삶이라는 것을 경험해 본 적이 없었기 때문에 어떻게 사는 것이 문화적인 것인지조차 모르고 있다. 그 결과 거개의 국민들은 일차원적인 삶을 살고 있다. 일차원적인 삶이란 본능에 충실한 삶을 말한다. 한국인들은 이런 삶에 함몰되어 있어 그보다 나은 삶이 있는지 모른다. 이런 삶은 정신이나 가치관적인 데에 관심이 없고 물질에만 온 정신을 집중한다.

그래서 그런지 한국인들은 세계에서 가장 물질적인 민족 가운데 하나가 되었다. 그런 능력의 덕분인지 한국인들은 하드웨어적인 것은 세계 최고를 자랑한다. 예를 들어 IT의 하드웨어적인 기술은 한국이 최고다. 이런 예는 부지기수로 댈 수 있다. 하다못해 배달 문화도 한국은 세계 최고를 자랑한다.

더 적나라한 예가 있다. 얼굴과 관계된 것이 그것이다. 한국의 성형수술 기술이 세계에서 최고라는 것은 더 이상 언급할 필요를 느끼지 못한다. 또 화장품은 어떤가? 1970년대까지만 해도 우리나라 화장품은 최악이었다. 한국 화장품은 절대로 쓰면 안 되는 것이었다. 그러던 게 이제 한국의 화장품은 세계적인 명품이 되었다. 그런데 성형이고 화장품이고 모두 겉에 나타난 것을 고치고 덧칠하는 것이다. 이처럼 겉을 고치고 치장하는 데에는 한국인이 세계 최고이다. 그러나 거기까지이다. 그 다음 차원은 아니다. 얼굴을 한 꺼풀 벗겨내고 들어가면 나오는 정신에 대해서 한국인은 당최 관심이 없다. 그들의 두뇌에는 물질에 대한 생각만 있을 뿐이고 그것을 넘어선 가치나 정신에 관한 생각은 존재하지 않는다.

외양을 중시하는 것은 한국인들의 세차정신에서도 발견된다. 한국인들의 차 닦고 광내는 정신은 가히 세계 최고이다. 단순히 차를 세차만 하는 게 아니라 왁스로 닦아 윤이 나게 만든다. 차에 흠 하나라도 나면 큰일 나는 것으로 생각한다. 이렇게 차의 외관에 관심 있는 민족이 또 있을까? 차는 타다 보면 흠도 생길 수 있고 찌그러질 수도 있는 것이다.

그런데 한국인들은 범퍼 같은 데에 작은 흠이라도 하나 생기면 큰일 나는 줄 안다.

그런데 차는 그렇게 소중하게 생각하고 노상 닦으면서 자기의 마음을 닦을 생각은 전혀 없다. 차에 흠이 생기면 큰일인 줄 알 뿐 자신의 마음에 어떤 흠이 나 있는지 혹은 다른 사람 마음에 어떤 흠이 가게 했는지에 대해서는 아무 관심이 없다. 자신의 마음이나 영혼에 비하면 자동차는 물질, 혹은 더 심하게 말하면 쓰레기에 불과한 것인데 관심은 온통 후자에만 가 있다.

이렇듯 한국인들의 정신 영역은 거의 비어 있다. 그래서 한국인들의 모든 에너지는 물질에만 향해 있다. 이 에너지에 관한 한 한국인들은 다른 민족의 추종을 불허한다. 열정이 끓어오르는 민족이다. 그래서 '다이내믹 코리아'라는 말까지 나왔다. 한국인들은 이 에너지를 물질에만 쏟아 부었다. 그러니 물질문화가 엄청나게 발달한 것이다. 한국인들은 교육 수준이 높아 기본적인 두뇌는 되는 사람이다. 아니 한국인의 IQ는 세계에서 제일 높다고 하지않는가? 한국인들이 이런 조건을 갖추고 있었기에 물질에 엄청난 에너지를 쏟으니 물질문화는 세계 최고가 된 것이다.

그러나 거기까지이다. 물질적인 삶은 아주 편안한데 그 이상이 없다. 물질 너머의 세계, 즉 가치관이나 문화처럼 비물질적인 데에는 별 생각이 없다. 그래서 한국은 분명 잘 사는 나라인 것 같은데 국민들은 속이 공허하기 이를 데 없다. 정신이 채워지지 않으니 사는 게 사는 것 같지 않은 것이다.

여기서 다시 한국인들이 생각하는 중산층의 조건에 대해 말할 필요는 없을 것이다. 이 이야기는 많이 알려져 있고 나도 다른 책에서 이미 언급했기 때문이다. 그러나 내용의 전개를 위해 아주 간략하게 본다면, 한국인이 생각하는 중산층의 조건은 다음과 같다. 즉 4년제 대학을 나와야 하고 400만 원 이상의 월급을 받아야 하며 2000cc 이상의 자동차를 타야하고 30평 이상의 아파트에 거주해야 한다. 그런데 이 조건을 살펴보면 정신적인 것은 어떠한 것도 없다는 것을 알 수 있다.

그래서 그런지 TV를 보면 음식 방송이 넘친다. 소위 먹방 혹은 쿡방이다. 국민들이 워낙 문화적인 데에 관심이 없으니 교양 프로그램은 만들어도 잘 보지 않는다. 그러니 이런 프로그램은 더욱더 줄어든다. 정신적인 데에 관심이 없으면 남은 관심은 물질 혹은 본능적인 데에만 쏠리게 된다. 본능적인 것 가운데 가장 대중적인 것은 음식이다. 성에 관한 것도 있겠지만 이것은 대중적으로 까발려서 말할 수 있는 주제가 아니라 TV에서 쉽게 다룰 수 없다. 그래서 음식을 다루는 게 안전하다. TV 프로그램을 통해 보면, 한국인들의 관심은 온통 어떤 음식이 맛있는지, 어떻게 요리하는 게 좋은지, 건강에는 어떤 음식이 좋은지, 어떤 식당을 가야 맛있는 음식을 먹을 수 있는 건지 등에만 쏠려 있다. 다른 나라 TV에도 이런 프로그램이 있겠지만 한국처럼 이렇게 TV를 음식 관련 프로그램으로 도배하지는 않을 것이다.

일천한 한국의 제사 문화

일전에도 소개한 것이지만 이런 기현상은 외국 교수에 의해서 많이 목격되었다. 그 중 대표적인 것이 경희대의 페스트라이쉬 교수가 이야기한 것이다. 그는 한국의 제사 문화를 보고 깜짝 놀랐다. 그가 보기에 한국인들이 제사에 임하는 태도가 비합리적이고 초점에서 한참을 빗나가 있기 때문이다. 그의 눈에 한국인들이 제사라는 엄숙한 의례를 지낸 뒤에 하는 행동이 영 이상하게 보였던 것이다. 자신이 기대하기에는 제사를 지내고 나면 그와 관련된 이야기를 해야 할 것 같은데 한국인들은 온통 먹는 이야기만 하니 이해할 수가 없었던 것이다.

제사라는 것이 무엇인가? 제사는 말할 것도 없이 고인을 기억하고 그를 기리는 행사라 할 수 있다. 그래서 이러한 제사 원리를 충실히 따른다면 제사를 지내는 것도 중요하지만 제사가 끝난 다음에 자식들을 모아놓고 고인에 대해서 이야기를 해주어야 한다. 그분들의 사진이나 동영상을 보여주면서 그분들이 얼마나 좋은 분이었고 우리 가족에게 얼마나 중요한 분이었는가를 알려주어야 한다.

그런데 페스트라이쉬 교수가 제사에 참석해 보니 한국인들은 제사가 끝난 뒤에 그런 일을 하지 않았다. 한국인들은 제사 끝나기가 무섭게 음식 차려 먹기에 바쁠 뿐이다. 그리고 온통 먹는 이야기만 한다. 그러다 그 이야기에 지치면 소문 수준에 불과한 정치 이야기로 넘어간다. 정치 이야기는 주로 자신의 마음에 들지 않는 정치인을 사정없이 비판하는 식으로 진행된다. 그런 식으로 피상적으로 세상 이야기만 하다 헤어진다. 이게 우리나라 제사 문화의 현실이다. 제사 자체는 아주 형식적으로 변해 '해도 그만 안 해도 그만'인 의례로 전락했다. 그런가 하면 제사를 지내면서도 고인에 대한 생각은 전혀 없이 자기들 이야기만 하다가 헤어진다. 그러니 도대체 무엇을 어떻게 하자는 건지 알 수가 없다.

이것은 필자의 집에서 하는 제사를 보아도 그렇다. 제사 지내기 직전까지 자식들은 TV로 운동 경기나 연예 프로그램을 시청하다 제사 지내기 바로 직전에 TV를 끈다. 그러곤 제사에 돌입하는데 그때에도 형식적으로 돌아가면서 술잔 올리고 절 몇 번 하고 끝난다. 그 다음부터는 음복이라는 미명 아래 음식과 술만 먹는다. 그것도 남녀가 따로 앉아 온갖 쓸데없는 이야기만 한다. 또 오래 머물지도 않는다. 밥을 다 먹으면 바로 뿔뿔이 흩어지기 때문이다.

제사를 마치면 음복을 한다.

　제사 지낼 때에만 이렇게 하는 것이 아니다. 한국인들이 모여서 하는 이야기는 뻔하다. 속물적인 잡담밖에 없다. 남 이야기만 하다 모임을 끝낸다. 도무지 창의적이거나 생산성 있는 이야기를 할 줄 모른다. 문화적인 소양을 전혀 갖추지 못했으니 이야기할 거리가 없는 것이다. 우리가 다른 사람을 만나 대화를 하는 이유 중의 하나는 그 사람과의 다름을 통해 배우고자 함이다. 그래야 만남이 의미가 있고 생산성이 있는 것이다. 그런데 우리나라 사람들의 모임에서는 이런 것을 바라기가 힘들다. 온갖 잡담만 횡행할 뿐이다. 내가 고교 동창회든 그 비슷한 사교 모임에 나가지 않는 이유도 이것이다. 나이가 들면 남는 건 친구밖에 없다고 하지만 이 친구들과 만나면 도무지 할 이야기가 없다. 40여 년 전 고등학교 다닐 때에 노상 하던 잡담과 똑같은 잡담을 아직도 하고 있다. 그러니 친구들에게서 배울 만한 것이 없다.

가족을 넘지 못하는 한국인들

이게 무슨 말인지 잘 이해가 안 될 수도 있으니 작은 예를 들어보자. 호주의 퍼스 대학에서 한국학을 가르치는 남편을 따라 현지에 간 제자에게서 들은 이야기이다. 그가 어쩌다 젊은 부인들이 테니스를 치는 모임에 합류했는데 그들은 운동이 끝나면 커피나 차를 많이 마신다고 한다. 그런데 그때 하는 대화 중에는 반드시 시사적인 것이 포함된단다. 최근에 그 부인들은 시리아 난민에 대해서 토론을 했다고 한다. 그런데 내 제자는 신문을 보지 않아 시리아 난민에 대해서는 전혀 모르고 있었다. 그러니 그 대화에 끼어들지 못했고 그 때문에 아주 난감했다고 전했다. 그렇지 않은가? 우리나라 30대 초반의 주부 중에 과연 시리아 난민에 대해 관심을 갖는 사람이 몇이나 되겠는가?

이 이야기를 듣는 순간 나는, '맞았어! 이거야! 이게 바로 문화가 있는 민족과 문화가 없는 한국인들과의 차이야. 이걸 이번 책에 예로 들면 좋겠군' 하는 생각이 번쩍 들었다. 이 호주 부인들은 지금 세계에서 가장 이슈가 되는 문제에 대한 관심을 갖고 있었던 것이다. 그러니까 이들은 한 사람의 애기 엄마에 그치는 것이 아니라 세계인으로서 우리 인류에게 문제시 되고 있는 것에 대해서 토론을 하고 있는 것이다 이것이야말로 성숙한 태도라 할 수 있다. 자신이나 가족을 넘어서 세계의 현안에 대해 관심을 갖는 것은 세계시민으로서 당연한 일 아니겠는가?

만일 무대를 한국으로 바꾸면 어떤 일이 일어날까? 한국의 20~30대의 아기 엄마들이 모이면 무슨 이야기를 할까? 이것은 누구에게 물어보아도 똑같은 답이 나올 것이다. 이야기의 화제는 온통 자기 '새끼'들에 관한 것일 뿐이기 때문이다. 한국의 아기 엄마들은 애가 다니는 유치원이 어떻고 좋은 육아시설에 들어가려면 어떻게 해야 하는지 등등에 관한 정보만을 교환하면서 시간을 다 보낼 것이다. 혹여 이들의 입에서 국제 현안에 대한 의견이 나온다거나 이보다 더 급박한 문제로 북핵 문제에 대한 그들 나름대로의 견해가 나온다는 것은 거의 기대할 수 없다. 그들의 세계는 철저하게 자신의 가정에만 국한되어 있어 가족보다 더 큰 공동체에 관한 관심은 눈을 씻고 찾아보려 해도 없다.

이게 바로 소프트웨어의 차이인데 이 격차 때문에 한국은 서양의 선진국을 넘어서지 못한다. 한국이 제품 제조나 물건 배달 혹은 수리 같은 하드웨어적인 기술은 세계 최고의 수준을 자랑하지만 세계를 어떻게 바라보아야 하는지 등과 같은 가치관적인 소프트웨어는 아직도 바닥을 헤매고 있다. 나는 이 한국의 아기 엄마들만 문제가 있다고 하는 것이 아니다. 이들은 그저 사회에서 주입된 대로만 행동하고 있을 뿐이다. 그런데 사회 문화가 천박하고 얄팍하니 이들이 하는 행동이나 태도도 천박할 수밖에 없는 것이다.

개인은 사회 문화를 거역하지 못하기 때문에 사회가 주입한 것을 자신의 생각으로 알고 따라갈 뿐이다. 따라서 그런 그들에게 '당신들의 태도에 문제가 있다'고 말하면 그들은 전혀 수긍하지 못한다. 자신은 사회가 하라는 대로 했으니 잘못이 있을 수 없다고 생각하는 것이다. 지금 한국 사회의 문화 수준은 이 정도이다. 두께가 없다. 아니 두께가 있긴 있지만 너무 얇다. 그러니 이런 문화를 소지한 한국인들이 교양 있는 행동을 할 리가 없다.

한국 부자와 서양 부자의 차이

이런 예는 부지기수로 많아 다 들 수 없지만 최근(2015년 12월)에 아주 상징적인 사건이 있어서 그것을 살펴보고자 한다. 한국인과 서양인이 지닌 가치관적인 소프트웨어가 극명하게 차이를 보이는 사건이기 때문에 우리는 이 사건을 통해 우리가 처한 문제가 무엇인지 금세 이해할 수 있다. 페이스북을 창업해 세계적인 거부가 된 저커버그라는 친구의 이야기이다. 잘 알려진 대로 그는 자신의 딸이 출생한 것을 기념하고자 앞으로 자신이 지닌 재산의 99%를 사회에 기부하겠다고 밝혔다. 이것을 가지고 세상 사람들은 통 큰 기부라 하면서 칭송이 자자했다.

이 사건을 접하고 나는 같은 일이 한국에서 벌어졌다면 과연 어떤 일이 발생할까 하고 생각해보았다. 추측에 불과할 수 있지만 만일 한국에서 이런 일이 벌어졌다면 절대로 그 한국의 재벌 회장이 자기 재산을 사회에 기부하는 일은 일어나지 않을 것이다. 그럼 어떤 일이 벌어질까? 아마도 그 재벌 회장은 자기 자식이 태어난 것을 기념해 자기 회사의 주식을 자식 혹은 손주에게 줄 것이다.

이것은 단지 추측이 아니다. 이런 일이 실제로 있었기 때문이다. 같은 자식 사랑이지만 문화가 높은 사회에서의 사랑과 문화가 빈약한 사회에서의 사랑이 이렇게 차이가 난다. 문화가 높은 사회에서는 전체를 생각하는데 문화가 빈약한 사회에서는 자기 가족만 생각한다. 그러면 과연 어떤 사회가 더 나은 사회일까? 이 질문에 대해 답변하기 어려우면 다른 질문으로 대체하자. '이런 기부를 하는 사람들이 많은 사회와 그렇지 않은 사회 중에 당신이 살고 싶은 나라는 어떤 곳인가'라고 말이다. 그러면 거개의 사람들은 모두 기부자가 많은 사회, 특히 오피니언 리더

중에 이런 사람이 많은 사회를 택할 것이 분명하다. 이유는 간단하다. 그런 사회가 문화가 높은 사회이고 그런 사회에서 살면 자신이 편하기 때문이다.

우리는 왜 하나의 똑같은 사건에 미국의 부호와 한국의 부호가 다른 방법으로 대처했는가에 대한 문화적 배경을 설명할 수 있다. 미국(그리고 서양)에 기부자가 많은 것은 전적으로 기독교의 영향이다. 기독교 교리에는 소외 받는 이웃에 대한 배려가 당연한 것으로 되어 있어 그런 이야기를 어려서부터 듣고 자라난 사람들은 어른이 되어서도 사회를 위해 기부하는 것을 당연한 일로 생각한다. 또 그런 사람들을 계속해서 보면서 성장했기 때문에 자신도 그럴 수 있는 환경이 되면 크게 고민하지 않고 사회에 기부한다. 그런 반면 우리는 아직도 유교적 세계관에 충실하게 살고 있다. 유교에서 가장 중요한 것은 내 가족이다. 내 가족보다 더 큰 공동체에 대한 개념이 희박하다. 이에 대해서는 내가 다른 많은 책(특히 『한국인에게 문화는 있는가』 등)에서 설명을 충분히 했으니 예서는 지나치기로 한다.

이런 사회 문화를 가진 사회에는 기부자가 많이 나올 수가 없다. 자기 가족 이외에는 모두 남이기 때문에 남에게 자기 돈을 준다는 것은 생각하기 힘든 사안이다. 유교는 나름대로 훌륭한 점을 많이 갖고 있는 가르침이지만 이 점에서는 분명히 기독교에 뒤진다. 유교의 가르침을 따르면 공공의 이익을 위해 개인이 헌신하는 일이 쉽게 일어나지 않는다. 앞에서 본 한국의 아기 엄마들의 예도 그렇다. 그들이 못나서 자기 자식만 걱정하는 게 아니다. 유교적 세계관을 따르면 자기 집안 일만 잘 하면 되지 공연히 사회의 일에 신경 쓸 필요가 없기 때문이다. 그래서 그들은 자나 깨나 자기 자식에 대해서만 걱정하는 것이다.

문화는 일상에 녹아 있는 것!

어떻든 앞에서 본 저커버그 같은 친구는 기독교적 세계관이 몸에 배어 있기 때문에 저런 일을 하는 것이다. 문화란 바로 이런 것이다. 문화는 그 사회의 구성원들이 자기도 모르게 몸에 배어 있는 것을 말한다. 그 문화를 누리려고 공연히 딴 짓을 할 필요 없다. 몸에 배어 있으니 자연스럽게 따르기만 하면 된다. 한참 앞에서 본 공연문화도 그렇다. 우리 한국인들은 공연이라면 어딘가 다른 장소에 가서 특별하게 즐겨야 하는 것으로 알고 있다. 물론 그런 것도 문화의 일부이지만 문화는 보다 더 일상적이어야 한다. 일상 속에 녹아 있기 때문에 그것이 매일 매일의 보통 생활과 어떻게 다른지 의식하지 못한다. 문화가 일상 속에 있다는 것이 무엇을 말하는가를 이해하기 위해 예를 하나 들어보자. 이것은 내가 미국 유학 시절에 겪은 일이다. 1981년의 일이니 벌써 35년 전 일이다.

그때 나는 필라델피아라는 도시에 있었는데 그 도시의 교향악단은 세계적으로 유명했다. 유진 올만디나 리카르도 무티 같은 세계적인 지휘자가 있었으니 그렇게 말할 수 있다. 어느 날 신문을 보니 야외음악당에서 이 악단의 연주회가 있다는 광고가 나왔다. 내 기억에 당시 2.5불을 쿠폰과 함께 해당기관에 내면 표를 보내주었다. 아니, 세계적인 악단의 공연 입장료가 겨우 2.5불이라니 하면서 신기해했던 기억이 아직도 새롭다. 내가 이 공연에 관심이 생겼던 것은 당시 12살의 한국인 소녀 서주희 양이 이 오케스트라와 협연하기로 되어 있었기 때문이었다. 유학

생활이 항상 그렇지만 그때에도 향수병에 시달려 고생을 하고 있었는데 같은 한국인이, 그것도 어린 한국인 소녀가 필라델피아 교향악단과 공연을 한다니 가지 않고서는 배길 수 없었다.

　때는 여름이라 공연은 더운 낮을 피하고 시원한 저녁에 했는데 야외 음악당이 있는 공원도 구경할 겸 조금 일찍 그곳에 갔다. 그랬더니 벌써 많은 미국 젊은이들이 와서 여기저기서 놀고 있었다. 한쪽에서는 포도주를 마시고 다른 한쪽에서는 프리스비를 던지고 받는 등 그때 모습이 참으로 인상적이고 멋졌다. 한국에 살 때에는 결코 보지 못했던, 문화가 있는 여유로운 삶을 본 것이다. 이윽고 해가 뉘엿뉘엿 지니 자연스럽게 공연이 시작되었다. 그러자 관객들은 노는 것을 멈추고 아주 편안한 자세로 관람을 시작했다. 나는 내 눈을 의심하지 않을 수 없었다. 그 세계적인 교향악단이 바로 눈앞에 있었으니 말이다. 그렇게 연주가 시작되었는데 그 연주나 그것을 관람하던 미국 청중들의 모습이 전체적으로 얼마나 자연스러웠던지 지금도 생생하게 기억할 수 있다. 바로 이런 게 문화를 즐기는 모습이다. 생활 속에서 문화를 향유하는 모습인 것이다.

　이에 비해 우리 한국인에게 서양 고전음악은 아직도 삶에 녹아들어오지 않은 타자의 것이다. 그래서 서양 고전음악을 공연하는 연주회장에 갈 때마다 느끼는 것이지만 전체 분위기가 무엇인가 어색하다. 억지로 하는 것 같다는 느낌을 피할 길이 없다. 한국의 음악가들은 이제 연주는 잘한다. 서양 연주자들에 비해 손색이 없다. 그런데 그들이 옷을 입은 품새나 인사하는 등등의 무대 매너는 영 어색하다. 몸에 배어 있는 것이 나오는 게 아니다. 서양인들은 연주복을 입으면 아주 그럴 듯하게 보이는데 한국 연주자들은 옷이 당최 몸에 붙지 않는다. 어울리지 않는다는 것이다. 또 손을 들고 허리를 굽혀 인사하는 모습도 이상하다.

이것은 당연한 일이다. 이런 공연은 우리 것이 아니기 때문이다. 억지로 서양 흉내를 내니 그럴 수밖에 없다. 또 관객들의 관람하는 태도도 어색하기는 마찬가지이다. 그들도 서양인들을 흉내 낸다. 박수 치는 것까지 서양인들의 흉내를 낸다. 이것은 문화를 향유하는 모습이 아니다. 남들이 하니까 억지로 문화를 향유하는 척 하는 것이다. 이제 이런 예는 그만 들어도 될 것 같다. 이만 하면 독자들도 충분히 알아들었을 것으로 생각되기 때문이다.

한국인에게는 좋은 문화가 없다!

이처럼 우리 한국인들에게는 문화가 없다. 아니 이 말은 정확한 게 아니다. 그냥 문화가 아니라 좋은 문화가 없다고 해야 한다. 사실 인간에게 문화가 없던 적은 없다. 인간은 그 자체가 문화이기 때문이다. 그런데 문화를 가지고 우열을 가려서는 안 되겠지만 바람직한 문화와 그렇지 않은 문화는 분명 있다. 또 문화수준이 높다고 하는 그런 모습도 분명 존재한다. 가령 책을 가까이 두고 사는 문화는 분명 책을 안 읽는 문화보다 바람직한 것이다. 시내 곳곳에 도서관이 있고 이웃집 '마실' 가듯이 도서관에 갈 수 있으며 내가 원하는 책은 언제든지 빌려볼 수 있는 시설이 되어 있는 도시가 있다면 그곳은 분명 좋은 곳이다. 좋은 문화를 갖고 있는 도시라는 것이다.

그런가 하면 한국처럼 사람 사이에 노상 아래 위를 나누는 것은 분명 바람직한 문화가 아니다. 이런 권위주의 문화는 극복되어야 한다. 이유는 간단하다. 그런 문화에서는 사람들이 편안하지 않기 때문이다. 사람

사이에는 질서가 있어야 하지만 그것은 합리에 근거한 질서여야지 나이나 직급 가지고 만드는 권위적인 질서는 분명 좋지 않다. 이런 문화 속에서는 사람들이 불편한 것도 있지만 그런 문화를 가진 집단은 생산성이 떨어지고 비효율적인 경우가 많다. 우리가 서양을 능가하지 못하는 것은 이런 요인의 영향이 크다. 좋은 문화가 있어야 사람들이 인간 사이에서 편안하게 생활하고 자신의 능력을 발휘할 수 있다.

이처럼 사람은 자신이 제일 잘할 수 있는 것을 해야 편안하고 그래야 온 사회가 잘 돌아간다. 이런 상황을 잘 만들어낼 수 있는 문화가 좋은 문화이다. 그런데 한국은 이런 문화가 아직 형성되지 않았다. 그래서 사회 전체가 '버벅'댄다. 한국인들은 자신들이 잘못 만들어낸 사회 문화나 종교 문화의 덫에 걸려 스스로를 옥죄고 있다. 여기서 벗어나려면 우선 우리는 우리 문화가 어떤 상황에 있는지 알아야 한다. 병을 알아야 그 병을 고칠 수 있기 때문이다. 이 책은 바로 그에 대한 것이다. 그런데 본론에 들어가기 전에 볼 것이 있다. 정치와 문화의 관계이다. 이 두 요소는 불가불 함께 갈 수밖에 없는데 사람들은 그 둘의 관계에 대해 잘 모르고 있는 것 같아 한 번 그 관계를 명확히(?) 하고 싶은 것이다.

문화와 정치의 관계
문화는 정치를 구원하고 정치는 문화를 융성하게 한다

한국 사회의 문제점을 이야기할 때 사람들은 노상 정치가 문제라고 한다. 정치만 제대로 되면 한국 사회가 잘 돌아갈 것처럼 말이다. 그런데 그 정치를 구성하는 것이 무엇인가? 정치인들의 문화이다. 그 문화가 잘못된 것이다. 문화가 잘못 되어서 노상 그 모양인 것이다. 그러니까 문화가 문제지 정치가 문제인 게 아닌 것이다. 문화를 고치면 정치가 좋아진다.

이렇게 말하면 무슨 말인지 모를 수 있으니 예를 들어보자. 한국 정치에서 가장 큰 문제 중의 하나가 무엇인가? 한 마리로 말해 그것은 '계파주의 혹은 자파 유일주의'라고 할 수 있다. 내 파만 옳다고 생각하는 것이다. 그래서 이런 생각에 물든 한국 정치인들이 노상 싸우는 것이다. 물론 다른 나라 정치인들도 많이 싸우지만 한국의 정치인들은 조금 더 심한 것 같다. 이런 계파 진영 논리가 워낙 강하니 한국 정치에서는 이념이니 소신 같은 것이 필요 없다. 보수니 진보니 하는 것들이 별 의미가 없다. 내 파가 하면 다 맞는 것이고 다른 파당이 하면 다 틀린 것이다. 그래서 이런 이야기가 있지 않은가? 한국 정치에는 좌파도 없고 우파도 없고 자파(自派)만 있다고 말이다.

한국 정치인들이 이렇게 된 것은 무슨 원인 때문일까? 다른 이유도 있겠지만 이것은 유교에서 파생한 내 가족유일주의에서 비롯된 면이 크다. 유교에서는 내 가족만이 중요하다고 생각해 다른 가족을 배타시하는데 이러한 생각은 그대로 단체로 확장된다. 한국인들은 같은 논리를 자기가 속한 단체나 고장에 투사해 자기 집단만이 맞는다고 생각한다. 앞에서 본 것처럼 한국 엄마들의 '내새끼 유일주의'도 여기서 나온 것인데 이게 확장되면 우리 학교 유일주의, 우리 고향 유일주의, 우리 정당 유일주의, 우리 계파 유일주의가 되는 것이다. 이 점은 앞에서 인용한 책에서 충분히 설명했다. 이 점이 개선되지 않으면 여기서 파생한 어떤 것도 고쳐지지 않는다. 정치도 마찬가지이다. 한국인들이 갖고 있는 소아적인 자기집단 유일주의 문화를 타파해야 한국의 정치가 살아나게 된다. 이 문화를 유지하는 한 한국 정치는 노상 이 꼴을 면치 못할 것이다.

문화와 정치는 수레의 두 바퀴 같은 것

이렇게 보면 정치 문제는 문화의 문제라는 것을 쉽게 알 수 있다. 그래서 이런 이야기가 있는 것이다. 즉 정치는 '자신을 스스로 구하지 못하고 문화에 의해서만 구제된다'고 말이다. 정치란 그 목적이 국민들을 구제하는 것인데 정치는 문화가 없으면 스스로를 구제하지 못한다. 그런데 문화는 정치가 관여하지 않으면 제대로 돌아가지 않는다. 문화 자체는 아무 동력이 없기 때문이다. 정치의 힘이 실려야 한다. 그것이 경제력이든 조직력이든 정치적인 힘이 들어가야 문화가 힘을 발휘할 수 있는 것이다. 정치력이 있어야 문화가 융성한다는 것이다. 그래서 문화와 정치는 수레의 두 바퀴라고 하는 것이다. 이 둘 중에 어느 하나라도 없으면 수레는 앞으로 나갈 수 없다. 이 점은 더 설명하지 않아도 다 알고 있을 것이다.

그런데 문제는 한국인들은 정치의 힘만 알지 문화의 힘은 모른다는 데에 있다. 정치만 바뀌면 나라가 좋아지는 것이 아니라 반드시 문화가 먼저 바뀌어야 정치가 바뀐다는 것을 알아야 한다. 그리고 문화가 그런 힘을 갖기 위해서는 정치가 앞장서서 좋은 문화가 생길 수 있게끔 사회의 제반 분위기를 만들어야 한다.

그래서 문화와 정치의 관계에서 사실 가장 좋은 것은 이런 문화적인 높은 식견을 가진 정치 지도자가 나오는 것이다. 그의 리더십으로 문화를 진정한 의미에서 융성하게 하면 제일 좋은 것이다. 이게 제일 쉬운

길이다. 그런데 한국은 지금 문화가 중요하다는 것을 안 대통령(박근혜)이 나온 단계까지는 이르렀다.(대통령이 진짜 문화의 중요성을 알았는지에 대해서는 의구심이 들기는 하지만) 그러나 이것으로는 아직 많이 부족하다. 그가 생각하는 문화의 개념이 너무 협소하기 때문이다.

그런데 이것도 아닌 것 같다.

이 책을 출간 준비하는 중에 이른바 최순실 게이트가 터졌기 때문이다. 이 과정에서 대통령 박씨가 보여준 식견력은 문화적인 것과 거리가 멀었다. 멀어도 너무 멀었다. 자세한 것은 뒤의 후기에서 다시 언급하겠다.

이 정도의 설명이면 문화가 얼마나 중요한지 알 수 있지 않을까? 문화는 이 정도로 중요하고 좋은 문화를 만드는 일은 어떤 것보다 시급한데 한국인들은 거기까지 생각하지 못하고 있다. 한국인들에게 문화란 먹고 살 만한 다음에나 생각하는 가외의 것이다. 이것은 그들이 문화를 좁게 이해하고 있기 때문에 생긴 현상이다. 그래서 그들은 문화를 노상 남의 일처럼 뒷전에 미루어놓기만 한다. 그들이 정작 행복해질 수 있는 것은 좋은 문화를 만든 다음에나 가능한 일인데 그것은 외면하고 힘들어진 현실에 대해서만 불평불만을 갖는다. 다시 말하지만 우리를 일차적으로 힘들게 하는 것은 잘못된 정치나 경제 때문인데 그것은 모두 우리에게 적합한 문화가 없기 때문에 생긴 일일 뿐이다. 제발 이러한 사정을 잘 아는 정치나 경제가들이 많이 나왔으면 좋겠다.

이제부터 한국의 문화가 얼마나 깨져나갔는가를 볼 것인데 나는 이 책을 쓰면서 어떤 학자들, 특히 외국학자들의 설은 가능한 한 인용하지 않으려고 한다. 우리가 처한 현재의 상황이 외국학자들의 설을 빌려 말할 정도로 녹록하지 않기 때문이다. 그들의 설은 설일 뿐 우리의 현실에 적용되지 않는다. 나는 그 대신 철저하게 내가 지금까지 이 땅에서 스스로 직면한 것들을 가지고 설명하려 한다. 식자들은 서양의 유명한 학자들이 한 이야기를 인용하면서 자신의 학식을 은근히 뽐낸다. 이 책에서는 그런 모습을 보이지 않을 것이다. 대신 철저하게 내가 현장에서 직면했던 한국 문화의 민낯을 드러낼 것이다.

한국
문화의
몰락

대반전을 위한
마지막 고언

본론

전혀 문화적이지 않은 한국 문화

이제부터 우리의 주제, 즉 중병에 걸려 있는 한국 문화에 대해서 볼 터인데 먼저 이야기하고 싶은 것은 이 책에서는 한국 문화 전체를 보는 것은 아니라는 것이다. 한국 문화 전체를 보는 것은 너무나도 방대한 주제라 한 사람이 할 수 있는 일이 아니다. 그것은 후에 각 분야의 전문가들을 모아놓고 큰 프로젝트로 진행해야 가능한 일이다.

지금 내가 보려는 주제는 그렇게 방대한 규모로 다룰 필요가 없다. 왜냐하면 한국의 사회문화는 전체적으로 잘못되어 있어 몇 가지 사안만 보아도 그 전체의 난맥상을 알 수 있기 때문이다. 따라서 이 지면에서는 내가 그동안 한국 땅에서 수십 년을 살면서 뼈저리게 느꼈던 것을 선별해서 시범적인 경우에 대해서만 보려고 한다. 이렇게 보더라도 독자들은 한국 문화의 난맥상을 충분히 동감할 수 있을 것으로 생각된다.

그러나 그렇게 보더라도 주제별로 나누는 것은 독자들이 현금의 상황을 이해하는 데 도움이 될 것이다. 그래서 이야기할 것을 주제별로 조금 나누어 보면, 문화 가운데에서도 가장 중요한 것은 사회문화 아닌가 싶다. 우리 인간은 사회를 이루고 살고 있기 때문에 건전한 사회문화는 그 구성원인 인간의 행복을 좌우하지 않겠는가 하는 생각이다. 한국은 정치, 경제, 교육, 종교, 대중문화 등 모든 분야에서 난맥을 거듭하고 있는데 이런 것들은 결국 바람직하지 않은 사회문화 때문에 생기는 현상이다.

그래서 분야는 달라도 각 분야에서 생기는 문제는 유형이 다 비슷비슷하다. 여기서 우리는 우선 사회문화를 볼 터인데 그 가운데에서 언어문화를 중심으로 보았으면 한다. 한국의 사회문화가 지닌 문제점을 알려면 여러 가지 방법이 있겠지만 언어문화를 보는 것만큼 좋은 예가 없을 것이다. 사람의 생각은 언어에 모두 드러나기 때문이다.

지금 한국의 언어문화는 내가 보기에 빈사상태이다. 현대 한국인들이 말하는 품새에는 도무지 품격이라곤 찾아볼 수가 없다. 그런데 정작 한국인들 자신들은 무엇이 문제인지 모른다. 거의 대부분의 사람들이 같은 표현을, 더 정확히 말하면 바람직하지 않은 언어를 같이 쓰고 있으니 그래도 되는 줄 안다. 그러니 자신들의 언어에 문제가 있는지 거의 모른다. 자세한 것은 본문에 가서 보자.

그 다음에는 생활문화에 드러난 난맥상에 대해 볼 것이다. 생활문화도 대단히 광범위한 개념인데 일단은 한국 화폐 디자인에 보이는 한국인들의 무문화성(無文化性)에 대해 볼까 한다. 무문화성이란 문화가 없다는 뜻으로 여기서는 한국의 화폐 디자인이 문화적으로 볼 때 문제가 심각하다는 것을 뜻한다. 화폐는 전체 생활문화 중의 한 항목에 불과하지만 그 중요성은 아무리 강조해도 지나치지 않는다. 돈이란 현실 생활에서 가장 중요한 것이기 때문이다. 그렇지 않은가? 우리의 삶에서 돈이 없는 것은 상상할 수 없다. 인간 생활은 모두 돈을 중심으로 돌아간다. 화폐가 이렇게 중요하기 때문에 각국 정부는 화폐 제조에, 화폐의 디자인에 큰 힘을 쏟는다.

한국 화폐의 디자인은 한 마디로 '유치찬란'하다고 할 수 있다. 자세한 것은 본문에서 밝힐 테지만 여기서 약간의 정보를 준다면, 한국의 화폐는 모두 '가짜' 초상화가 등장하고 있는 것이 가장 잘못된 것이라 하겠다. 세상에서 가장 중요한 것을 이렇게 홀대하는 것은 한국인의 문화맹적(文化盲的)인 면을 보여준다고 하겠다. 문화에 어두우니 문화맹이라고 표현해 본 것이다.

　그 다음은 생활문화의 큰 축을 이루는 혼례나 상례, 제례 등과 같은 통과의례에서 보이는 문제점을 보려 하는데 이 문제는 내가 다른 책(『행복은 가능한가』)에서 이미 다루었기 때문에 여기서는 그때의 것을 좀 더 최신화하고 간략하게 다루려 한다. 이 다음으로는 종교 문화나 교육 문화에 대해 간단하게 보려고 한다. 앞에서 검토한 몇 주제만 보면 대체적인 분석이 끝나기 때문에 종교나 교육 문제는 자세하게 다룰 필요가 없을 것이다. 그럼 이제 한국의 사회문화가 얼마나 바닥에서 설설 기고 있는지 그 현장을 찾아 떠나 보자.

1 경박하고 무(無)문화적인 한국의 사회문화

더 열악해져만 가는 언어문화를 중심으로

한국의 사회문화를 알 수 있는 좋은 방법 중의 하나는 한국인들의 언어문화를 들춰보는 것 아닐까? 왜냐하면 언어는 사람의 생각을 있는 그대로 드러내기 때문이다. 현대 한국인의 언어문화를 한 마디로 어떻게 표현할 수 있을까? 여러 종류의 표현이 있을 수 있겠지만 우선 사람들의 말이 갈수록 품격이 사라져간다는 것으로 서술을 시작하자. 조금 어렵게 표현하면 문향(文香) 혹은 어향(語香)이 사라져간다는 것이다. 글은 접어두고 요즘 한국인이 하는 말들은 도무지 품격이 없다. 말이 비루하기 짝이 없고 향기가 나지 않는다. 왜 그렇게 되었을까? 원인은 간단하다. 그들이 영위하는 생활에 문화가 없기 때문이다. 굳이 정확히 말한다면 좋은 문화가 없기 때문이다.

한국인들은 그동안 꽤 오랫동안 품위 있고 격이 높은 문화를 접해 보지 않았기 때문에 어떤 것이 품위 있는 행동거지인지 잘 알지 못한다. 그래서 전 국민의 무(無)교양화 현상이 벌어졌다. 조금 무리하게 표현하면, 한국인들 가운데에는 교양 있는 사람이 없다는 것이다. 이것은 금전의 소유 여부나 지위의 고하 여부와 아무 관계가 없다. 많이 배웠다는 사람이나 돈이 많은 사람, 권력이 많은 사람 등 이른바 이 사회를 이끌고 나가는 사람(오피니언 리더)들도 교양이 턱없이 부족하다. 내 눈에는 전부 날탕으로만 보인다.

가장 많이 배웠다는 교수들도 문화맹자들

내가 그래도 제일 잘 아는 사회는 교수 사회인데 이들 역시 전부 날탕이라고 할 수밖에 없다. '전부'라고 하면 교수들이 반발할 수 있으니 한 발 양보해서 '대부분'이라고 해도 좋겠다. 그런데 노파심으로 말하지만 교수들만 그런 것이 아니니 교수들은 내 말을 고깝게 듣지 않으면 좋겠다. 내가 논의를 시작하면서 교수 사회에 대해 먼저 비판하기 시작한 것은 내가 속한 사회부터 비판을 해야 다른 사회도 비판할 수 있겠다는 생각 때문이다. 다시 말하지만 다른 사회는 괜찮은데 교수 사회만 문제가 있다고 하는 것은 아니니 공연한 오해가 없기를 바란다.

교수라면 어떻든 이 사회에서 가장 많이 배운 사람들이다. 그런데 그들에게는 자신들에게 걸맞은 문화가 없다. 많이 배운 그들과 같이 있으면 문화의 향기가 나야 할 텐데 전혀 그렇지 않다. 취하는 태도나 하는 행동거지가 일반인과 다를 바가 없다. 그러나 내가 대학 다니던 1970년대만 해도 이렇지 않았다. 그때는 그래도 한국에 전통이 조금은 남아 있었다. 그래서 학자들도 달랐다. 교수님 중에서도 속말로 '폼 나는' 분들이 적지 않게 있었다. 이것이 무슨 말일까? 무엇보다도 그분들의 얼굴에는 교양은 물론이고 오랜 연륜의 정돈된 맛이 있었다. 누가 보아도 덕을 갖춘 지식인의 얼굴을 갖추고 있었다는 것이다. 그러니까 이런 분들은 어디에 있어도 티가 났다. 그에 비해 지금 교수들 모습을 보면 얼굴에 지성이 보이지 않는다. 얼굴들이 다 고만고만하다. 교수들 가운데에서 좋은 얼굴을 찾기가 아주 힘들다.

돈은 잘 못 벌지만 사람 되는 공부를 한다는 인문대 교수들도 예외가 아니다. 이들은 강의실이나 학술대회 같은 데에서나 '폼'을 잡지 그들의 일상생활을 보면 시정 사람들과 그다지 다르게 보이지 않는다. 자기 분야에 조금 해박할 뿐이고 다른 분야로 오면 길거리의 장삼이사(張三李四)들과 다를 바가 없다는 것이다. 이렇게 이야기하면 '나는 그렇지 않다. 무슨 근거로 그렇게 이야기하느냐'고 발끈할 교수들이 꽤 있을 게다. 그러나 앞서 말한 대로 교수들만 그렇다는 것이 아니니 너무 과민하게 반응하지 않으면 좋겠다. 전 사회가 천박한데 교수 사회만 그렇지 않을 수는 없는 일이다. 나도 그 교수 중의 한 사람이라 내 자신 역시 다른 교수들처럼 교양이 없다는 것을 인정한다. 이건 겸손이 아니라 사태를 있는 그대로 보는 것이다. 그런데 교양이 없는 사람들이 같이 모이면 갈등이 심해진다. 그래서 교수 사회에도 온갖 갈등이 생겨난다. 나는 그 갈등을 줄이고자 가능한 한 다른 교수들과 자리를 같이 하지 않는다.

교수라고 다를 것 없다!

노파심으로 말하는데 혹시나 교수들은 일반인들과 좀 다르지 않을까 생각하는 사람이 있을지 모르겠는데 그것은 사실이 아니다. 이렇게 글을 쓰다 보니 생각나는 것이 있다. 연말이 되면 교수들이 사자성어로 한국 사회를 표현하는 일을 한다. 예를 들어 2015년 연말에 나온 한국 사회에 대한 사자성어인 '혼용무도(昏庸無道, 어리석은 군주가 세상을 어지럽히다)' 같은 것이 그것이다. 나는 이것을 볼 때마다 교수들이 무슨 자격으로 사회를 평하는지 알 수가 없었다. 흡사 자기들은 혼탁한 사회와는 다른 존재들처럼, 혼자만 독야청청 하는 느낌이 들어서이다. 엉망으로 돌아가기는 교수 사회도 마찬가지인데 누가 누구를 평가할 수 있단 말인가? 나는 외려 그 비판의 눈을 교수 사회 안으로 돌려 거기에 있는 문제들을 고쳐보라고 말하고 싶다.

교수 사회에 만연한 문제점들은 사회의 그것과 똑같다. 자기 혹은 자기 집단의 이득을 위해 수단 방법 안 가리고 싸우는 게 그것이다. 그런데 그 싸우는 양상이 유치하다. 작은 것 가지고 실랑이를 벌이다 적이 되어 말도 안 하고 사니 말이다. 예를 들어 안식년을 누가 먼저 가는가를 가지고 갈등을 벌이다 결국 서로 삐치는 게 그것이다. 서로 양보를 조금씩 하면 되는데 그게 안 된다. 그래서 앞에서 교수들이 일반인과 다를 게 하나 없다고 한 것인데 그 이유는 아주 간단하다. 교수들은 대학을 졸업한 뒤 대학원에서 자기 분야에 대해서만 연구해서 박사학위를 땄지 인성을 닦거나 교육 이론 등에 대해 공부한 적이 없기 때문이다.

초중고 교사 후보들을 교육시키는 교육대학에서는 인성론이나 교육론을 가르쳐 학생들을 효과적으로 교육시키는 법을 가르치지만 자기 분야만 전공한 교수들은 그런 것들을 배워본 적이 없다. 그저 자기 분야만 파다가 박사가 된 것이다. 그러니 기본 인성이나 교육자로서의 자질이 수준에 못 미칠 수밖에 없다. 이것은 교수들이 인성에 근원적인 문제가 있다는 것이 아니라 교육을 제대로 받지 않았기 때문에 생기는 현상일 뿐이라고 말하고 싶다.

이 점은 앞으로도 문제가 될 터인데 이는 범국가적으로 접근해야 할 문제가 아닌가 싶다. 대학(원)생들을 가르쳐야 하는 사람에 대해서는 신경을 조금 더 써서 인성 교육 등에 더 힘써야 하지 않을까 하는 생각이 든다. 이것은 내가 대학 사회에서 20여 년을 있으면서 주위에서 교수 같지 않은 사람을 하도 많이 보아서 하는 소리이다. 학생들에 대해 이른바 '갑질' 하는 교수들을 너무 많이 보았기 때문에 이런 이야기를 하는 것이다. 돈(월급)은 학생으로부터 받으면서 그 학생들을 향해 갑질을 하니 어불성설도 이만한 게 없다. 교수 사회에 대한 비판이 다소 길었는데 사실은 이 주제만 가지고도 단행본을 쓸 수 있을 정도이다. 그러나 그렇게 장황하게 갈 수는 없으니 그에 대한 설명은 예서 접자. 다른 직업에도 똑같은 것이 적용되니 다른 분야로 옮겨가서 한국인들의 무문화적인 모습을 더 살펴보자.

정치인, 외교관 같은 관리들도 문화가 없기는 마찬가지

그 다음 대상은 정치가인데 그들도 마찬가지이다. 그들의 행동거지에서 도무지 교양이 보이지 않는 것은 마찬가지라는 것이다. 얼굴 생김새도 그렇고 말하는 투도 영 상스럽기 짝이 없다. 요즘 한국의 국회의원들을 보면 도무지 제대로 생긴 사람이 없다. 이전에 1960년대나 1970년대 있었던 국회의원들을 보면 개중에는 그래도 좋은 얼굴들이 있었다. 성향이 어떻든 얼굴에 연륜이 보였다. 그런데 지금은 그런 얼굴들을 찾기가 힘들어졌다. 국회의원 자리라는 것이 어떤 것인가? 그것은 아주 막중한 자리라 아무나 거기까지 올라가면 안 된다. 많은 사람들에게 영향을 미치는 자리인지라 검증된 사람만이 차지해야 한다.

그런데 국회의원 가운데에는 장바닥에 보내도 그곳 사람들이 전혀 눈치 못 챌 그런 사람들이 많다. 장바닥이란 우리가 사는 보통의 장을 말한다. 그 바닥에서는 자기가 살기 바쁘지 남들 걱정할 필요가 없다. 그런 게 장바닥이다(물론 장바닥에도 나름의 도덕이 있지만). 그런데 국회의원은 많은 사람들의 삶을 걱정해야 하는 자리이다. 그래서 많은 돈과 수많은 특권을 주는 것이다. 그런 자리에 장바닥 인생이 올라가면 안 된다.

조선조에는 국회의원 같은 직업이 없었지만 이전에는 그렇게 높은 자리에 올라가려면 엄청나게 공부해야만 했다. 그런데 그 공부하는 게 우리가 했던 것과 많이 다르다. 우리는 국영수를 비롯해 과학이나 사회 과목 같은 것을 배우지만 그들은 유교 경전과 그 집주, 그리고 많은 역사서나 문학작품을 원문으로 줄줄 외워야 했다. 그들이 읽는 책은 『논어』나 『맹자』처럼 주로 '사람은 어떻게 살아야 하느냐'에 대해 다룬 책들이 많다. 그래서 그들은 언행이 일치는 되지 않더라도 적어도 인생을 어떻게 살아야 하는지는 잘 알고 있었다.

그런데 지금 정치인이나 관리들은 이런 공부를 한 적이 없다. 지금 한국의 교육 체제 안에서 이런 내용을 가르치지 않는다는 것은 잘 알려진 사실이다. 교과과정에서 인간되는 것이 무엇인지에 대해 가르치지 않는다. 그런 교육만 받았으니 아무리 국회의원인들 고위 공무원인들 그런 사람들의 얼굴에는 도무지 교양이라는 것이 있을 수 없다. 그래서 다 날탕이다. 그들 역시 높은 문화를 경험해본 적이 없으니 어쩔 수 없는 일인지도 모른다.

외교관들도 마찬가지이다. 외교관은 한 나라를 대표하기 때문에 품격 있는 태도가 몸에 배어 있어야 한다. 그들은 옷차림은 말할 것도 없고 상식도 깊이가 있어야 하며 여러 면에서 출중해야 한다. 외교관들은 그런 것을 갖춘 특수한 존재이기 때문에 이들에게는 해당 국가에서 여러 가지 특혜를 주고 있다. 예를 들어 외교관은 주재국의 법을 어겨도 체포나 구금, 재판 등을 당하지 않는다. 외교관 신체에 대한 불가침 정책이다. 이것 외에도 외교관들에게는 엄청나게 많은 혜택이 주어진다(심지어 불법주차를 해도 딱지를 뗄 수 없다!). 이렇기 때문에 외교관들은 그에 걸맞은 인품이나 자질을 갖고 있어야 한다.

그런 까닭으로 생각되는데 어느 나라든 외교관은 정부 관리 중에 최고 멋쟁이들만 한다. 그런데 우리나라 외교관들은 도무지 그런 멋이 없다. 정부의 다른 부서 관리들과 다를 바가 별로 없다. 다른 나라 외교관에게서 보이는 세련됨이나 교양이 보이지 않는다. 그들은 그저 외무고시에 합격하고 행정 업무만 했으니 그럴 수밖에 없을 것이다. 그 고시 공부에는 사람으로 하여금 인성이나 교양 그리고 덕을 닦게 하는 과목이 없으니 그렇게 되는 것은 당연한 것이리라.

사람은 고전 같은 책을 보아야 인간이 되는 것인데 이 정부 관리 되는 시험에는 그런 것이 다 사라졌다. 사법고시든지 행정고시든지 외무고시든지 고시에는 이런 과목이 없다. 다른 사람들을 편안하게 만들어야 하는 사명을 가진 사람들을 뽑는 시험에 도무지 인간에 관한 것이 없다. 인간을 위해 살려면 어떤 덕목을 쌓아야 하는지에 대해 가르치는 과목이 없는 것이다. 대신 그들은 그저 기술적인 지식에 대해서만 배우고 그것에 대해 시험을 볼 뿐이다. 그런 까닭에 판사가 되든 검사가 되든 아니면 행정 공무원이 되든 이들의 인성은 일반 국민들보다 더 뛰어날 것이 없다.

그들은 그저 자기 해당분야에서만 다른 사람보다 조금 더 나을 뿐이다. 그래서 헌법재판소 판사든 대법원 판사든 그 얼굴들을 보면, 물론 다 그런 것은 아니겠지만 그렇게 높은 자리에 앉을 만한 얼굴을 가진 사람이 잘 보이지 않는다. 막 이야기하면 이른바 '노가다'들과 그리 달리 보이지 않는다. 아니 더 못한 경우도 더러 있다. 일반인보다 못한 이들은 얼굴이 벌겋고 들떠 있다. 개기름이 흘러 번들번들한다. 정돈된 맛이라고는 보이지 않는다.

이것은 이들만 그런 것이 아니라 앞에서 말한 교수나 국회의원들도 마찬가지이다. 이 글을 쓰면서도 이런 사람들의 얼굴이 떠오르지만 실명을 공개할 수는 없는 노릇이니 그냥 갈 수밖에 없다. 그리고 이것은 그저 막연한 추측으로 하는 것이 아니라 내가 만나보고 겪은 바대로 쓰는 것이다. 그런 지위에 있는 사람 중에는 고교 동창처럼 가까운 친구들도 있어 그 속내를 어느 정도는 알기에 이런 말을 하는 것이다.

예쁜 얼굴과 아름다운 얼굴의 차이

사정이 이러하니 옛말에 '사람은 생긴 대로 논다'고 한 게 틀린 게 하나도 없다는 것을 절감한다. 이런 말을 하면 말뜻을 잘 모르는 사람들은 왜 사람을 생긴 것 가지고 판단하느냐고 역정을 낸다. 이런 사람은 아직 내가 말하는 뜻을 잘 모르거나 인생을 덜 살아서 그렇다고 할 수밖에 없다. 지금 내가 문제 삼는 것은 얼굴의 겉모습이 아니라 그 사람의 영혼이 주조한 얼굴을 말하는 것이다. 사람의 얼굴은 그 사람의 영혼(정신이라고 해도 좋다)이 만든다. 특히 눈은 그 사람의 정신이다(의학자들은 눈은 아예 뇌라고 주장한다!).

　그래서 한 사람의 정신 상태는 얼굴에 나온다고 할 수 있다. 아주 예뻐도 천박한 얼굴이 있고 이른바 못 생겼어도 보기에 좋고 아름다운 얼굴이 있다. 사람의 얼굴이 예쁘고 예쁘지 않은 것은 선천적인 것이다. 이것은 갖고 태어나기 때문에 바꿀 수 없다. 그러나 아름답고 아름답지 않은 얼굴은 자신이 가꾸는 것이다. 아무리 예뻐도 자신이 가꾸지 않으면 아름답지 않은 얼굴로 바뀐다. 반대로 예쁘지 않은 얼굴도 본인이 좋은 마음가짐을 가지면 얼마든지 아름다운 얼굴로 바꿀 수 있다. 그런 면에서 인간은 평등하다고 할 수 있다.

　이런 설명으로는 부족할 수 있으니 예를 하나 들어보자. 이와 관계된 예로 나는 종종 가수 이미자 씨를 든다. 그가 갓 데뷔했을 때 그의 얼굴은 정말로 볼품이 없었다. 촌티가 줄줄 나는 시골뜨기 처녀의 얼굴이었다. 특히 입이 튀어나와 촌스러움의 극치를 달렸다. 그러나 지금의 얼굴은 어떤가? 누가 보아도 아주 기품 있고 아름다운 얼굴로 바뀌었다. 그는 가수 생활을 하면서 한 번도 물의

데뷔 초기의 이미자 씨와 현재의 이미자 씨

를 일으키거나 일탈한 적이 없었다. 고운 목소리로 평생 조용히 노래만 불렀다. 그랬더니 이렇게도 아름다운 얼굴이 나왔다.

그 반대의 경우에 대해서도 얼마든지 예를 들 수 있다. 아니 좋지 않은 예가 훨씬 더 많다. 젊었을 때에는 그리도 예쁘던 여배우 혹은 여가수가 나이가 들어 성형수술 후유증 등으로 추악하게 변하는 경우를 우리는 주위에서 많이 보았다. 그것은 본인이 가꾸지 않았거나 예뻐지겠다는 욕심을 무리하게 부렸기 때문일 것이다. 여기서 그런 사람들의 실명을 들지 않아도, 실명을 들 수도 없지만, 독자들은 대체로 누구를 말하는지 알 것이다.

내가 이런 이야기를 하는 것은, 지금 우리나라에는 이미자 씨 같은 얼굴을 한 사람이 너무 적다는 것을 말하려 함이다. 지금 한국에는 당최 선한 얼굴을 찾아보기가 힘들다. 대부분의 얼굴들이 비교양적이고 반문화적으로 생겼다. 또 문화의 깊이가 느껴지지 않는다. 수천 년의 역사와 찬란한 문화를 가진 나라의 백성 같지 않다. 다른 나라 예를 들어서 안 됐지만 내가 미국에서 유학 가서 살 때 보면 거기는 학교 청소부나 교수들의 외양이 비슷하다. 누가 교수인지 청소부인지 잘 모를 지경이다. 옷을 바꿔 입히면 더 더욱 분간하기가 힘들다. 청소부들도 교수처럼 얼굴이 잘 정돈되어 있어 그렇다. 물론 다 그렇다는 것은 아니지만 거개가 그렇다. 그래서 교수와 청소부 사이에 위화감이 없는 모양이다.

그에 비해 우리 사회의 모습은 어떤가? 돈이 많은 사람이든 지식이 많은 사람이든 그렇지 않은 사람들과 차이가 별로 없는데 미국처럼 상향 평준이 아니라 하향 평준이 되었다. 위아래가 똑같이 바닥 수준이라는 것이다. 내가 보기에 한국에는 제대로 된 집안이 없는 것 같다. 앞에서 말한 대로 돈이 많든 지위가 높든 지식이 많든 그런 것에 상관없이 다 날탕이기 때문이다. 흔히들 돈 많은 재벌가들을 명문가라고 하지만 천만의 말씀이다. 천부당만부당하다. 한국의 재벌 혹은 부자들은 그들에 걸맞은 문화를 갖고 있지 않다. 보통 사람들과 다를 게 하나도 없다. 굳이 다른 게 있다며 그것은 단지 그들이 노는 규모가 조금 큰 것뿐이다. 하는 짓거리는 일반인들과 다를 바가 없다.

그것은 그들의 얼굴을 보면 알 수 있다. 그들의 얼굴에는 도무지 수많은 사람들을 거느리고 먹이고 살리는 그런 덕이 있는 모습이 안 보인다. 다들 얼굴이 여유가 없고 속되기 짝이 없다. 2, 3세로 내려가면 그런 경향이 더 하다. 한국인들은 어쩌다 이렇게 작정을 하고 천박해졌을까? 그것은 우리가 우리에게 맞는 문화를 만들어내지 못했기 때문이라고 누누이 말해 왔다. 여기서 그 천박한 모습을 다 보려면 얼마나 더 가야 할지 모른다. 대신 앞에서 말한 대로 언어문화를 중점적으로 보자. 이것만 보아도 우리 한국인들이 얼마나 문화가 없는 삶을 살고 있는지 알 수 있기 때문이다.

존비어 문제 - 반말을 없애야, 아니면 최소한으로 줄여야

다음의 내용은 서울대의 민현식 교수가 제19차 국제한국언어문화학회 춘계발표회 (2015년 5월9일 개최)에서 "한국어의 변화에 대한 사회문화적인 접근"이라는 제목으로 발제한 기조발표 논문을 참고로 했다. 이 주제에 대해서는 국어학계에서 그다지 연구가 많이 되지 않은 것 같다. 그런 면에서 민 교수의 이 연구는 독보적이라 하겠다. 그런데 민 교수의 논문에도 한국의 언어문화가 어떻게 변화했는지에 대한 설명만 있을 뿐 왜 그런 변화가 생겼는지에 대한 문화이론적인 설명은 없다. 그리고 언어문화에 대한 평가보다는 어떻게 고쳐 써야 한다는 수준에 그치고 있다.

예를 들어 요즘 존대어가 남발되고 있는 현상에 대해 잘못 됐다고 지적하고 그것을 어떻게 고치면 되는가에 대해서만 기술할 뿐이다. 가장 비근한 예가 '커피 나오셨습니다' 같은 표현이다. 이 논문에서는 이 표현이 틀렸고 어떻게 고치면 되는지에 대해서만 서술하고 있을 뿐 이런 현상이 왜 생겼는지에 대한 설명이 없다. 사실 이 논문은 한국어학계에서 나온 것이니 그 이상의 것을 기대해서는 안 될지 모른다. 내가 여기서 말하고자 하는 것은 사회심리학적인 접근이라 한국어학계의 접근과는 좀 다르다.

한국인의 언어문화가 지닌 여러 문제 가운데 가장 먼저 거론하고 싶은 것은 존비어 사용 문제이다. 이 문제는 사람들이 문제로 생각하고 있지 않아서 더 문제다. 문제로 생각하지 않으니 고치려는 시도가 거의 없다. 사실 이 문제는 굉장히 심각한 것인데 사람들이 너무나도 그 심각성을 모르고 있다. 나는 한국은 이 문제가 제대로 풀려야 좋은 사회로 한 단계 업그레이드된다고 철석 같이 믿고 있다. 그만큼 이 문제는 중요하다.

이 존비어 문제는 무엇이 문제라고 하는 것일까? 존비어를 쓰게 되면 민주적인 사회를 만드는 일이 힘들어진다. 사회가 권위주의적으로 되기 때문이다. 그러면 어떻게 하면 이 문제를 풀 수 있을까? 단도직입적으로 말해 이른바 반말(낮춤말)을 금지해야 한다는 것이 내 일관된 주장이다. 한국 사회는 이 반말 쓰는 문화 때문에 너무나 많은 희생을 치르고 있다. 한국 사회가 갖고 있는 가장 고질적인 병폐 중의 하나는 권위주의 문화이다. 한국은 이 권위주의 때문에 사회가 대단히 경직되어 있다. 사람들이 평등하지 않다. 노상 서열 타령 하고 아래위를 나누어서 사람들을 가른다. 한 집단이 권위적이 되면 기층에 깔린 사람들이 힘들어진다. 그리고 구성원 간에 소통이 안 된다. 그런 집단은 민주적이지 않아 사람들이 억압당하고 그 때문에 창의적이 될 수 없고 생산성 역시 높아질 수 없다.

이 권위주의를 부추기는 게 바로 존비어를 사용하는 문화이다. 정확히 말하면 사회가 권위적이어서 존대어와 반말(낮춤말)의 구분이 생긴 것일 것이다. 따라서 사회문화가 비권위적인 쪽으로 바뀌면 존비어의 구분도 많이 사라질 것이다. 그런데 이게 힘들면 반대로 해도 된다. 이게 무슨 말일까? 존비어의 구분을 없애든지 아니면 아주 약하게 하면 그만큼 사회가 민주화된다는 것이다. 한국 사회가 진정으로 민주화되기 위해서는 아직 갈 길이 멀다. 우리 사회의 고질적인 병폐인 권위주의 문화가 사라지기 전까지 한국의 민주주의는 완성되지 않는다. 한국 사회에 진정한 민주주의가 도래하게 할 수 있는 방법이 없는 것이 아니다. 그 방법 가운데 가장 빠르고 좋은 것은 반말을 없애는 것이다. 이 방법이 아마 가장 효율적인 방법일 것이다.

한국인들은 대인관계에서 쓸데없이 너무 강하게 상하를 가른다. 나이를 가지고, 직급을 가지고, 아니면 계급을 가지고 아래 위를 나눈다. 그렇게 나누고 나서 곧 존비어를 사용하기 시작한다. 그런데 이것은 꼭 알아두어야 한다. 한 사람이 다른 사람에게 반말을 사용하는 순간 거기에는 심대한 권력 관계가 형성된다는 사실 말이다. 반말을 하는 사람은 그에게 존대어를 쓰는 사람보다 사회적으로 우위에 있게 된다. 그래서 그 아랫사람에 대해 제멋대로 행동하게 되고 그 사람을 억압하게 된다. 이른바 억압관계가 형성되는 것이다.

이 상황을 설명하기 위해 '언어는 존재의 집'이라는 유명한 말을 인용할 필요도 없다. 존대어를 쓰는 사람은 그 상대와의 관계에서 굴종 관계로 들어가는 것이다. 이런 관계는 결코 건강한 관계가 아니다. 인간관계에서 굴종이나 억압이 들어가면 그 관계는 왜곡된다. 물론 반말을 쓴다고 반드시 그런 굴종의 관계가 형성되는 것은 아니지만 반말을 쓰면서도 민주적인 관계를 유지하는 사람은 드물다. 왜냐하면 어쩔 수 없이 사람은 말의 노예(?)이기 때문이다. 어떤 말을 쓰느냐에 따라 한 사람의 태도는 완전히 달라질 수 있다.

이 설명이 잘 와 닿지 않으면 예를 들어보자. 우리 사회는 학교나 군대 등지에서 생기는 폭력 문화 때문에 골머리를 앓고 있다. 그 양상은 잘 알려져 있으니 더 이상의 언급이 필요 없을 것이다. 그런데 만일 이러한 상황에서 범사회적으로 반말(그리고 욕설)을 쓰지 못하게 했다고 하자. 그러면 어떤 변화가 생길까? 추정컨대 우리 사회의 폭력이 상당히 줄어들 것이다. 반말을 하면 상대방을 깔볼 수 있고 짓누를 수 있는데 존대어를 하면서 짓누르는 것이 힘들어지기 때문이다.

이 상황을 실제로 예를 들어 설명해보자. 어떤 사람이 다른 사람과 싸우면서 '너 이 새끼 내 주먹맛 좀 볼래?'가 아니고 '당신은 내 주먹맛을 볼래요?', 혹은 '보겠습니까?'라고 하면 적의가 생기겠는가? 또 군대에서도 마찬가지이다. 선임이 후임에게 '이 일병 이 새끼, 엎드려뻗쳐. 이 놈의 새끼 빠따 맛을 봐야겠군'이라 하지 않고 '이 일병 엎드려요. 내가 당신의 엉덩이를 때릴 수 있게요'라고 하면 기합을 줄 기분이 되겠느냐는 것이다. 말이 이렇게 바뀌면 상대방에 대한 적의가 많이 사라질 것이다. 이렇게 말만 바꿔도 수직적인 문화는 상당히 수평적인 문화로 바뀐다.

말의 이러한 효능을 알았던지 어떤 회사에서는 회의를 할 때 영어로 한다고 한다. 왜 이들은 한국어로 하는 회의를 꺼리는 걸까? 한국어에는 존비어 체제가 있어 말을 하는 순간 구성원들의 지위가 아래 위로 나뉘기 때문이다. 따라서 권력 관계 혹은 억압적인 분위기가 형성된다. 이런 분위기가 조성되면 아래 사원들은 자기 의견을 발표할 때 조심해야 한다. 눈치를 보고 말의 표현도 아주 조심해야 한다. 존칭을 잘 써야 하는데 그게 힘드니까 존칭을 남발해 필요가 없는 데에도 존칭을 쓴다. 예를 들어 '사장님의 말씀이 계시겠습니다'라는 이상한 표현을 쓰는 것이 그것이다.

호칭에서 나타나는 권위주의

게다가 한국인들이 좋아하는 호칭의 구분은 이러한 권력 관계를 더 강화시킨다. 아래 직원이 부장에게 '부장님'이라고 부르는 순간 아래위가 명확해져 권위주의 문화가 형성된다. 이런 분위기가 대놓고 억압적이지 않다고 하더라도 아랫사람들은 무의식적으로는 짓누르는 억압감을 느낄 수밖에 없다. 분위기가 그렇게 형성되면 자기도 모르게 위축되어 자유롭게 의견을 발표할 수 없다. 자신의 의견을 말하고 싶어도 말에서 걸리고 호칭에서 걸리니 원활한 소통이 잘 안 되는 것이다.

그런데 만일 회의에서 영어로 말한다고 하자. 그럼 누구나가 평등해진다. 존대어를 신경 써서 할 필요가 없다. 그러니 의견을 말하는 데에 거침이 없어진다. 이것은 한국인이 영어를 쓰는 외국인을 만났을 때 항상 느끼는 감정이다. 한국인끼리 있을 때에는 언어의 사용에 신경을 쓰고 차리기 싫은 예의를 억지로 표현하느라 구속되는 느낌을 받는데 외국인을 만나 영어를 사용하기 시작하면 자유로워지는 느낌을 받는 것이다. 외국인과 대화해 본 경험이 있는 한국인은 내가 무슨 말을 하는지 알아차릴 것이다.

게다가 영어를 쓰면 호칭에 대해서도 그다지 신경 쓸 필요가 없다. 부장도 'you'고 사장도 'you'일 뿐이다. 또 많은 경우 직급에 관계없이 이름을 직접 부르기도 한다. 그래서 호칭 때문에 생기는 권력 관계가 생기지 않는다. 이렇게 되면 회의 분위기가 훨씬 더 민주적이 된다. 이 때문에 한국에서도 영어로 회의하던지 아니면 호칭을 다 빼고 직급에 관계없이 상대방의 이름에 '님'자만 붙여 서로를 부르는 회사도 생겨난 것이다. 아직도 이런 문화를 유지하고 있는지 모르지만 CJ에서는 서로를 부를 때 직급을 다 없애고 그저 님으로 부르고 있는 것으로 유명하다. 또 SK에서도 대리니 과장이니 차장이니 하는 직급을 다 없애고 그냥 'manager' 혹은 '팀장'으로 부르고 있는 것으로 알려져 있다. 기업이라는 것은 생산성이 가장 중요하기 때문에 그것을 높이기 위해서는 이렇게 사회문화까지 바꾸는 시도를 한다. 그래서 항상 기업이 앞서 나가는 것이다.

'정지, 라이트 꺼, 시동 꺼, 운전자 하차'

반말의 어이없는 사용으로 이런 억압적인 분위기를 연출하는 대표적인 사례가 있어 소개했으면 한다. 참으로 믿을 수 없는 일이고 있어서는 안 되는 일일 터인데 사람들은 그걸 그저 재미있다고만 느낀다. 그것은 다름 아닌 군부대 정문에 있는 판의 문구이다. 그곳에는 보통 '정지, 라이트 꺼, 시동 꺼, 운전자 하차'라고 적혀 있다. 운전병 보라고 쓴 글일 터인데 이 문구가 너무나도 살벌해 처음 보았을 때 어이가 없었다. 아무리 군대라지만 어떻게 저렇게 표현이 상스러울 수 있을까? 어쩌면 저렇게 강압적일 수 있을까? 운전병들은 보통 계급이 낮아 그들에게 막말을 하는 것이겠지만 그들도 다 한 가정의 귀중한 아들들인데 저렇게 짓누르는 듯한 표현을 쓸 수 있을까 하는 탄식이 절로 나왔다. 요즘 군대가 많이 좋아졌다고 하지만 아직도 멀었다는 느낌을 지울 수가 없었다. 저렇게 문자로 쓸 때에는 사회의 어떤 집단도 저처럼 권위적인 문구를 쓰지 않는다. 글쎄, 어떻게 바꾸면 좋을지 모르지만 '정지, 라이트 끌 것(혹은 끄기), 시동 끌 것(혹은 끄기), 그리고 운전자 내리기'처럼만 바꿔도 얼마든지 부드럽게 바뀔 터인데 말이다. 저런 문구를 보는 병사는 자신도 모르게 억압감을 느끼고 얼마간의 굴종감을 느낄 것이다. 그러면 그것은 다른 병사에게 표출이 되는데 그 주 대상은 당연히 후임들이다.

저런 문구가 횡행하는 집단에서 사는 사람들은 자기도 모르게 공격적이 된다. 그래서 그 공격성이 표출될 수 있는 분위기가 되면 자기도 모르게 튀어나오는 법이다. 주로 후임들을 다룰 때 저런 공격성이 자연스럽게 노출되는데 이게 심해지면 구타가 발생하는 것이다. 저런 것이 고쳐지

군대 정문 앞 알림판, '지시 불응 시 발포, 정지, 라이트 꺼, 시동 꺼, 운전자 하차'

지 않는 한 군대의 폭력문화는 근절될 수 없을 것이다. 나는 군대를 생각할 때마다 아주 아쉽다. 대부분의 한국 남자들이 참으로 가기 싫어하는 곳이 그곳인데 그 안에서 말만 바꾸어도 훨씬 좋은 생활을 할 수 있을 텐데 그게 안 되니 안타까운 것이다.

잘못 사용되고 있는 존비어 체제

요즘 한국인들은 올바른 존비어 사용에 대해 제대로 모르고 있다. 올바르게 사용하는 사람이 없으니 배울 기회조차 없다. 그런 예가 많아 다 볼 수 없으니 몇 가지 예만 보자. 우선 이전에는 지금처럼 반말을 마구 사용하지 않았다는 것을 이야기하고 싶다. 친구 사이에도 '너'라는, 친근하지만 다소 상대방을 낮추는 호칭을 쓰지 않고 '자네'라는 점잖은 호칭을 사용했다.

그리고 아랫사람에게도 반말을 마구 사용하지 않았다. 친구나 아랫사람에게도 '하시게' 같은 표현을 쓰면서 반말과 존대어가 섞인 좋은 말을 사용했다. 이것은 상대방을 존경해야 한다는 사회문화가 있었기 때문에 가능한 표현이다. 또 상대방이 나이가 많이 어리거나 지위가 많이 낮으면(하인들처럼) '하거라' 혹은 '했느냐' 같은 점잖은 표현을 썼지 '했냐?'와 같은 경박한 표현을 사용하지 않았다. 그런데 요즘에는 친구 사이에도 '너 밥 먹었냐?' 같은 경박한 표현을 자주 쓴다. 아주 낮은 사람에게 쓰는 표현을 친구에게 쓰는 것이다.

요즘 젊은 친구들이 존비어 사용하는 모습을 보면 향기가 없는 경우를 자주 목도한다. 예를 들어보자. 모르는 남녀가 처음 만났다고 하자. 그때 그들은 우선은 서로에게 존대어를 쓰는데 이 질서가 그리 오래 가지는 않는다. 말이 곧 존비어로 바뀌기 때문이다. 이전에는 시일이 지나 친해지면 그제야 반말을 썼는데 요즘은 그렇게 하지 않는 것 같다. 그렇게 만나 얼마 안 돼, 그게 당일일 수도 있는데, 나이 확인을 한다. 그러면 한 살이라도 많은 친구(남자)가 '내가 한 살 많으니 반말 써도 되지요?'라고 하면 여자는 '네'라고 한다. 그러자마자 남자는 '야, 넌 배 안 고프냐? 난 배고프니 밥 먹으러 가자. 내가 한 살 많으니 앞으로 오빠라고 불러. 알았지?'라고 말한다. 그러면 그 여자도 별 반항 없이 그런 폭압적인 태도를 받아들인다.

이런 남녀의 모습, 꼭 남녀만의 문제가 아니라 남자끼리도 그렇지만, 이런 모습을 주위에서 자주 발견하는데 그럴 때마다 그 상스러운 모습에 욕이 나올 지경이다. 이것은 정말로 무문화적인 장면이다. 말을 어떻게 저렇게 살벌하게 할 수 있는가? 말이란 사람 사이의 관계가 흘러가면서 자연스럽게 형성되는 것이다. 두 사람 사이의 관계가 발전하면서 말도 자연스럽게 바뀌는 것이다.

저렇게 거의 상말에 가까운 반말을 갑자기 쓰는 것은 언어적 테러이다. 관계가 친밀해지더라도 저런 야한 반말이 아니라 존비어가 적절히 섞인 부드러운 말을 쓰는 것이 문화적인 태도이다. 그런데 요즘 사람들은 그런 감각을 다 잊어버렸다. 아니 잊어버린 게 아니라 배운 적이 없다고 하는 게 맞을 게다. 특히 젊은이나 아이들은 아무 것도 모르고 말을 막 한다. 집에서 어른들한테 배운 게 없으니 그들도 어쩔 수 없을 것이다.

저렇게 교양 없이 반말을 하는 것은 이 사회의 문화가 억압적이고 권위적이기 때문이다. 사람들이 반말을 쓰고 싶어 하는 이유 중에 가장 큰 것은 자신이 상대방 위에서 군림하고 싶어 하기 때문이다. 한국 사회처럼 권위적인 사회에서는 어떻게든 다른 사람 위에 올라가야 한다. 그래야 그 권위를 이용해 자신이 유리한 지위를 확보해서 편안할 수 있기 때문이다. 이렇게 하려 할 때 가장 좋은 것은 상대방에게 말을 놓는 것이다. 그러면 명령조가 가능해진다. 상대방에게 명령할 수 있으면 강한 상하관계가 형성된다. 그렇지 않고 사사건건 존대어를 쓰면 상하관계는 형성 되지 않는다.

한국인이여! 반말은 이제 그만!!

한국 사회의 이러한 모습과 관련해서 내가 노상 주장하는 것은 '한국인들이여! 이젠 제발 나이 확인하는 작업을 그만하자'는 것이다. 이른바 '묻지마 나이' 캠페인이다. 한국인들이 사회문화적으로 갖고 있는 고질적인 병폐 중에 대표적인 것이 나이 확인해서 재빨리 상하관계를 만들고 그에 따라 생긴 권력구조 안에 안주하는 것이다. 많은 한국인이 사람을 만날 때 나이가 한 살만 차이가 나도 꼭 윗사람 노릇을 하려고 한다. 대놓고 하지는 않지만 무의식적으로라도 자신이 나이가 많은 것을 가지고 유세하려고 한다. 그까짓 나이 한두 살이 뭐 대수라고 한 살이라도 많으면 인생 선배인 척을 하는지 참으로 안타깝다.

이 상황을 내 경험을 통해 설명해보자. 나는 요즘 말로 '빠른 56년'생이라 내 고교 동창생들은 대개 55년생들이다(이전에는 '빠른 56년'이니 하는 구분이 없었는데 어느새 생겼다). 그런데 그 친구들 가운데에는 재수 삼수를 해서 54년, 53년생인 이들도 있다. 54년생이면 학교를 제대로 가면 내겐 고등학교 1년 선배가 된다. 대학교 학번으로도 1년 위가 된다.

그래서 이런 친구들을 만나면 꼬박 형이라 부르고 존대어를 쓰면서 선배대접을 해야 한다. 그런데 내 동창생들 가운데에는 54년생들도 많다. 재수한 친구들이다(삼수를 했으면 53년생이 된다). 이들과는 물론 말을 완전 트고 욕도 '있는 힘껏' 하면서 산다.

그리고 그들이 나보다 1-2년 앞서 태어났다고 해서 인품이 나보다 월등 나은 것도 없다. 사실 아무 차이가 없다. 그런데 같은 54년생이면서 재수하지 않고 진학한 선배들은 내게 선배인 척을 한다. 내가 보기에 그들은 아무것도 아닌데 선배인 척을 하니 거기에 걸맞은 대접을 해야 한다. 속으로는 웃겨도 사회법도가 그러니 나도 어쩔 수 없는 일이다(사실 열 살 위의 사람을 만나도 덜 성숙한 사람이 있고 열 살 밑의 사람을 만나도 더 성숙한 사람이 있으니 사람을 나이로 따져서는 안 되는 일이다).

존비어에 관한 나의 입장은 항상 같다. 제일 이상적인 것은 반말을 없애는 것이다. 그러면 존대어로 통일이 되어 어느 누구를 만나도 적어도 언어적으로는 평등한 관계가 형성된다. 이게 바로 서양이나 중국서 벌어지고 있는 일이다. 그런데 우리나라에도 이런 시도를 한 분이 없는 것이 아니다. 인류 역사상 최초로 어린이 인권 운동을 한 소파 방정환 선생과 그의 멘토 같은 역할을 한 소춘 김기전 선생이 그들이다.(이 두 분은 모두 동학 교도이다.)

이 두 분은 성인(成人)들은 말할 것도 없고 아이들에게까지 존대어를 쓴 것으로 유명하다. 동학 교리에 입각해 평등사상을 펼쳐나가던 두 분은 이 사상을 실천하기 위해 모든 이에게 존대어를 썼다. 이 분들은 존비어의 생리를 안 것이다. 특히 김기전 선생은 이러한 정신이 투철해 자기 자식들에게까지 존대어를 썼다고 한다. 반면 방정환은 자식들에게만은 반말을 썼다고 한다. 한국 같은 유교 사회에서 아버지가 자기 자식에게 존대어를 쓰는 것은 참으로 대단한 것이다. 유교에서는 부자 관계가 명확하고도 명확한 상하수직적인 권위적 관계여서 자식들에게는 한참 하대를 하는 게 상식처럼 되어 있다. 그래서 유교적 가정은 비민주적일 확률이 높다. 김기전 선생은 이마저 격파한 것이다. 이 분들은 '모든 이는 한울님을 모시고 있어 평등하다'는 동학 교리를 받들어 그것을 생활에 적용시킨 것인데 이 예는 우리에게 많은 것을 시사해준다.

이처럼 반말만 없애도 우리 사회는 훨씬 더 민주적인 사회가 되고 폭력도 많이 사라질 것이라는 것이 내 예측이다. 그런데 재미있는 것은 내가 아무리 이것을 이야기해도 사람들이 귀담아듣지 않는다는 것이다. 그래서 그 이유를 생각해보았는데 아마도 보통 한국인들은 존비어를 쓰는 데에 너무나도 익숙해져 있어 그 관습이 문제가 될 것이라고 생각하지 않은 때문일 것이다. 물고기가 물의 존재를 의심하지 않듯이 한국인들도 존비어를 쓰는 게 전혀 이상하지 않은 것이다. 그러나 다시 주장하건대 반말이 없어지지 않는 한 한국이 진정한 의미에서 민주사회가 되는 것은 가능하지 않을 것이다.

그러나 이게 너무 이상적인 이야기라면 조금은 양보할 수 있다. 예컨대 반말은 아주 제한적인 관계에서만 허용하면 어떠냐는 것이다. 부모 자식 관계나 연인(혹은 부부) 사이, 혹은 아주 친한 친구 사이처럼 아주 가까운 관계에만 반말을 허용하자는 것이다. 그리고 그 외 나머지 관계는 전부 존대어 쓰는 것을 아예 사회의 관습으로 만들자. 이렇게 하는 것이 처음에는 굉장히 어색할 것이다.

그러나 곧 익숙해질 것이고 이런 관습이 익숙해지면 외려 반말 쓰는 것이 이상하게 느껴질 것이다. 그런 다음에 한국 사회가 어떻게 변하는지를 보면 아마 한국인 당사자들도 상당히 놀랄 것이다. 사회가 그전보다 훨씬 민주적으로 되어 사람들 사이에 적대감이 많이 사라질 테니 말이다. 말은 사람의 생각과 태도를 확 바꾸니 이런 일이 충분히 일어날 수 있다(그러나 사람의 사회는 생물(生物)이라 예기치 않은 일이 일어날 가능성도 배제할 수 없다).

이것은 존비어 구분이 없는 서양 사회를 보면 쉽게 알 수 있지 않을까 싶다. 물론 존비어가 없는 사회라고 해서 곧 민주 사회가 되는 것은 아니다. 그러나 평등어를 쓴다면 민주 사회가 될 확률이 그만큼 높아질 수 있다. 바로 서양이 그렇지 않은가. 그들의 사회가 우리 사회보다 더 민주적이라는 것은 부정할 수 없지 않을까? 중국도 마찬가지인데 이 나라는 아직 공산주의 이념에서 벗어나지 못해 민주적인 사회라고 할 수 없다. 그러나 개개 중국인들을 만나보면 한국 사회보다 훨씬 더 민주적인 문화를 가진 것을 알 수 있다. 일본의 경우는 아직 반말이 많이 남아 있지만 존대어 쓰는 것이 꽤 보편화 되어 있어 한국 사회보다 민주화된 구석이 많다. 이런 예를 통해서 보면 한국의 사회문화가 진일보하기 위해서는 하루빨리 이 존비어 문제를 슬기롭게 해결해야 할 것이다.

가족 호칭을 없애던지, 아니면 아주 단순하게 하던지

이번에는 호칭 문제에 대해서 보기로 하는데 이 문제 역시 단순한 게 아니다. 앞에서도 잠시 말했지만 인간관계에서 이 호칭은 대단히 중요하다. 어떤 호칭을 쓰느냐에 따라 그 관계가 설정되니 말이다. 만일 상대방을 이름으로 부르면 그 사람과의 관계는 평등하거나 그 이하의 관계가 되는 것을 말한다. 이전에는 왕과 부모 이외에는 상대방의 이름을 부를 수 없었다(물론 이름이 제대로 없는 평민이나 노비들에게는 이런 예가 적용되지 않는다). 그래서 나온 게 자(字)나 호(號)이다. 이것은 물론 중국식이긴 하지만 옛 선비들은 상대방을 이 자나 호를 사용하여 부름으로써 품위 있는 사교를 했다.

그러다 여기에 직급이 들어가기 시작하면 상하관계가 형성되는데 그보다는 먼저 친족 호칭을 써서 서로를 부르는 것에 대해 말해 보자. 이 주제도 다른 책에서 밝히기는 했지만 우리 논의의 전개를 위해 조금 다른 방향으로 요약해보자. 한국에서는 모르는 남끼리도 일단 관계가 형성되면 형이나 언니 오빠 같은 친족 호칭으로 서로를 부르는 경우가 많다. 이것은 충분히 예측할 수 있는 것과 같이 유교의 영향이다. 유교에서는 사회를 가정의 연장으로 생각하기 때문에 사회에 나와서도 가정에서 쓰는 호칭을 그대로 사용한다.

유교적인 세계관을 지니고 살고 있는 한국인은 인간관계를 맺을 때 친족의 형태로 맺어지지 않으면 불편해 하는 경향이 있다. 그래서 모르는 사람을 만나면 다 그런 것은 아니지만 나이를 따져서 서로 형, 오빠, 누나 등으로 부르면서 친족 관계를 형성한다. 우리 한국인들은 이게 너무도 익숙해져 이상하지 않지만 유교적인 세계관을 갖지 않은 사람들이 보면 이런 모습이 아주 이상하게 보일 것이다.

한 예를 들면, 한국인들은 학교에 가면 상급생들을 무조건 언니 혹은 형이라 부른다. 그리고 그들을 부를 때에도 'xx 형 혹은 언니'라 부른다. 그런데 이것을 영어로 바꾸면 'elder brother xx 혹은 elder sister xx'

라고 하는 것이 되는데 서양에서는 잘 모르는 사람에게 이러한 친족 호칭을 쓰지 않는다(서로 잘 알아도 이런 호칭은 사용하지 않는다). 아니 영어에는 아예 형이나 언니라는 단어가 없다. 그래서 'brother'나 'sister'에다가 억지로 'elder'를 붙여 이 단어를 만든 것이다. 서양에서는 형제 관계가 평등하기 때문에 상하 관계를 나타내는 이런 용어가 없다. 그들은 형제자매 사이에서도 이름으로만 부른다(이것은 사회주의 혁명을 거친 중국도 마찬가지이다).

우리는 잘 의식하지 못하지만 한 사람이 상대방을 형이라고 부르는 순간, 거기에는 상하의 권력 관계가 생기게 된다. 수직 관계가 형성되어 민주적이고 평등한 관계가 만들어지지 않을 확률이 높아진다. 형이나 언니라 불리는 사람은 본인이 모든 면에서 상대방보다 우위에 있다고 생각하고 그에 맞게 행동하게 된다. 그래서 후배의 의견을 무시하기도 하고 자기의 의견만을 내세워 자기 멋대로 하려고 하기도 한다. 두 사람의 관계가 이렇게 되면 바람직하지 않은 관계로 흘러갈 가능성이 높다. 그런데 한국인들은 이렇게 가족 관계를 형성해서 정을 나누는 사이가 되어야 인간관계가 성립된다고 느끼기 때문에 이런 관습을 바꾸려고 하지 않는다.

그러나 나는 이 관습은 반드시 바뀌어야 한다고 생각한다. 어떻게 바꾸면 좋을까? 형이니 언니니 하는 가족 호칭은 가족끼리만 쓰고 사회에서는 그런 친족 호칭을 쓰지 말자는 것이다. 이유는 앞에서 누누이 밝힌 바와 같이 이런 호칭은 상하관계를 만들어내 억압적인 사회구조를 만들어내기 때문이다. 한 살 많다고 형이나 오빠라 불러야 하고 존대어를 써야 하는 것은 매우 좋지 않은 관습이다. 만일 이러한 폐해가 사라진다면 한국은 훨씬 더 민주적인 사회로 바뀔 것이다.

이와 다른 예를 우리는 같은 문화권인 중국이나 일본에서 볼 수 있다. 이 두 나라는 한국과 같이 유교 문화권에 속하지만 사회에서 형, 언니 같은 친족 명칭을 쓰는 관습을 진즉에 없애버렸다. 지금 중국 학생들은 선배들을 그냥 이름으로만 부르고 일본 학생은 xx 상[様]이라고 부를 뿐이다. 그래도 그들이 사회 생활하는 데에는 하나도 지장이 없다. 우리도 더 이상 가정과 사회를 구분하지 않는 관습을 버리고 이 두 가지를 철저하게 구분하는 사회 문화를 만들어보자.

한국어의 호칭에는 you가 없다.

이것은 아주 재미있는 언어문화 현상인데 한국인들에게는 영어의 you에 해당하는 호칭이 없다. 물론 you를 지칭하는 한국어로 '당신'이나 '너' 같은 단어가 있다는 것을 모르는 바가 아니다. 그러나 이 두 단어는 쓸 수 있는 범위가 매우 한정되어 있다. '당신'이라는 호칭은 부부 사이나 가까운 친구 사이에서나 쓸 수 있는 말이지 일상에서 모르는 남에게 썼다가는 싸움이 일어날 수 있어 조심해야 한다. 일상의 어법에서는 '당신'이라는 호칭이 상대방을 낮추는 격으로 쓰이기 때문이다. 가령 한국인들은 싸울 때 상대방을 조금 낮추려는 의도로 이 당신이라는 단어를 사용한다. '당신 이게 왜 이래?'라고 하면 '누구 보고 당신이라고 해?'라고 하는 것이 그것이다. 그에 비해 '너'는 아주 가까운 친구 사이에서만 쓸 수 있지 모르는 사람에게는 결코 쓸 수 없다.

이렇게 you라는 말이 없으니까 한국어에는 이 호칭에 대한 수많은 대체어가 생겨났다. 그런 예는 하도 많아 다 들 수 없을 정도인데 대표적인 것만 보면, '저기, 여보, 자네, 그쪽, 자기, 임자, 선생, 그대, 아저씨, 아줌마' 등등을 들 수 있다. 그래서 말을 시작할 때에도 '저기요…'라고 하면서 상대방의 주의를 환기시킨 다음 그에게 말하는 경우가 많다. 저기는 영어로 하면 'there'인 것처럼 장소를 지칭하는 것이지 you와는 의미 상 아무 관계가 없다.

이렇게 한국어에 상대방을 직접 가리키는 2인칭 호칭이 없는 것은 과거의 사회문화에 기인하는 바가 크다. 지금도 크게 달라지는 않았지만 과거에 한국은 전형적인 (유교적) 집단주의 사회였다. 이런 사회에서는 개인이란 존재하지 않고 어떤 집단에 소속된 개인만 존재할 뿐이다. 따라서 다른 사람을 만나도 어떤 집단 속의 한 사람을 만나는 것이지 개인 대 개인으로 만나는 일이 없었다. 사정이 그러하니 개인은 집단 속에 얽혀 있는 관계 사이에서만 존재하지 그것을 떠나서 개인으로 존재하는 법이 없었다. 그러니 한국어에는 개인 대 개인으로 만나는 상대방을 지칭하는 단어가 생겨날 이유가 없었다.

공연히 설명이 어려워진 것 같은데 과거에 한국인에게 가장 중요한 집단은 가족이었다. 한국인은 그 가족의 구성원으로서만 존재하지 개별적으로 존재하지 않았다. 그래서 '나는 이름이 xxx이다'라고 말하지 않고 '나는 xx 집의 x 번째 아들 혹은 딸'이라고만 했다. 그리고 상대방을 부를 때에도 가족 관계에서 발생하는 호칭으로만 불렀다. 이것은 특히 여성에게 심하게 적용됐다. 여성은 어려서 이름이 없거나 혹은 이름 같지 않은 이름, 즉 '갓난이', '꽃분이' 같은 보통명사로 불리다 시집을 가면 그때부터는 xx댁 아니면 xx 엄마로만 불렸다. 이처럼 그들에게는 이름이 아예 없었다. 그래서 지금도 결혼한 여자끼리 만나면 '누구 엄마'

라고 하지 'xx 씨'라고 부르는 경우가 거의 없다. 사회문화가 이렇게 형성되었으니 상대방을 이인칭으로 부르는 호칭이 발달할 리가 없었다.

이처럼 한국인이 생각하는 사회는 친족에 기반되어 있기 때문에 지금도 한국인들은 다른 사람들을 호칭할 때 아무나 대고 친족 명칭을 쓰는 것이다. 그래서 나이 먹은 사람을 부를 때는 무조건 아버님, 어머님이라 하고 식당에 가면 여종업원들 보고 언니, 이모라고 부르는 것이다. 또 온 국민의 인기를 한 몸에 누리는 연예인이나 체육인들에게는 '국민 여동생'이니 하는 식으로 가족 호칭을 쓰고 팬들도 스스로 '삼촌 팬'이니 하는 가족 호칭으로 스스로를 부르는 것이다. 한국인들은 이처럼 가족 호칭을 사용하여 사람들을 부르는 것을 좋아하는데 이런 관습은 앞으로 조금 재고해야 되지 않나 하는 생각이다.

물론 이렇게 서로를 가족 호칭을 사용하여 부르는 것 전체가 나쁘다는 것은 아니다. 예를 들어 김연아 선수를 국민 여동생이라고 부르는 것은 문제가 되지 않는다. 왜냐하면 그런 호칭을 쓴다고 해서 권력 관계가 형성되는 것은 아니기 때문이다. 이 경우에는 외려 여동생의 귀여운 외모가 연상되어 좋다. 문제는 일상적인 관계에서 친족 호칭을 쓰는 것이다. 앞에서도 말한 것처럼 앞으로 일상 영역에서는 친족 호칭을 가능한 대로 쓰지 않는 것이 좋겠다는게 내 생각이다.

한국 호칭문화의 번거로움

서양에서는 호칭이 아주 단순해 사회생활 하기가 편리할 것이다. 상대방을 그저 'you' 아니면 이름으로만 부르면 되기 때문이다. 상대방이 누가 되든, 즉 대통령이라 해도 'you'라고 부를 수 있다. 또 아는 사이라면 대부분 나이나 직급에 관계없이 이름, 그것도 퍼스트 네임만 부른다. 물론 이렇게 부르는 것을 서로 용인해야 하는데 대부분은 서로를 이렇게 부르는 것을 용인한다. 그런데 이런 서양식 제도가 좋다고 해서 우리가 바로 서양처럼 이름만 부르는 식으로 호칭 체제를 바꿀 수는 없을 것이다. 한국 사회는 체면을 중시하는 유교적인 사회인지라 갑자기 상대방의 나이나 직업(혹은 직급) 등을 다 내려놓고 그 사람의 이름만 부르는 것은 가능하지 않을 것이다. 그래서 그 중간 가는 대안을 마련해야 한다.

그 가운데 가장 무난한 방법은 아래 위를 가리지 않고 이름에 '씨(혹은 님)'만 붙이는 것으로 통일하는 방법이 있다. 지금도 이름에 씨 자를 붙이는 것은 많이 행해지고 있는 관습이기는 하지만 현재의 용례는 그다지 간단하지 않다. 지금도 이 '씨'라는 호칭은 보통 자기와 동급이거나 자기보다 아래인 사람에게만 쓸 수 있지 선배나 직급이 높은 사람에게는 쓸 수 없게 관례가 만들어져 있다. 가령 선배 보고 xx씨라고 하면 큰일 난다. 그러나 xx 선배라고 하는 것은 문제가 되지 않는다. 또 자신보다 직급이 높은 사람에게도 씨 자를 붙이는 것은 금물이다.

이처럼 호칭과 관계된 한국의 사회문화는 복잡한 게 너무 많다. 신경쓸 일이 너무 많기 때문이다. 사람을 부르는 아주 간단한 일 하나조차 한국 사회에서는 이렇게 복잡하고 미묘하다. 서양처럼 이름을 부르면 서로 편할 텐데 말이다. 그래서 외국인이 한국말을 배운 뒤 이런 호칭을 제대로 쓰는 것은 거의 불가능에 가까울 것이다.

한국 호칭 문화의 번거로움은 직급이 들어가면 더해진다. 만일 상대방이 변호사이면 그를 가리킬 때 마다 변호사라는 명칭을 붙여서 불러야 하고 여기다 님 자까지 꼭 붙여야 한다. 그래서 사람 한 번 부르는 일이 아주 번거로워진다. 학교에서도 동료 교수를 지칭할 때 김영광 교수님이라고 하는 식으로 이름과 직급(직업), 그리고 경칭인 님 자까지 붙여서 불러야지 그렇게 안 하면 문제가 발생할 수 있다. 그래서 사람 이름 하나 부르는 데에도 힘이 든다. 한국인들 자신도 이렇게 부르는 것이 힘든 줄 안다. 그래서 그들도 번거로움을 덜기 위해 줄여서 말하는데 예를 들어 김변호사 같은 것을 줄여서 '김변'이라고 부르는 것이 그것이다. 그런데 그 축약본이 영 이상하다. 흡사 '똥'을 연상시키기 때문이다. 그럼에도 불구하고 이런 용례를 쓰는 것은 번거로움을 피하기 위해서이다. 또 미국 이야기를 해서 안 됐지만 거기서는 그냥 이름만 부르니 우리처럼 고민할 필요가 없다.

우리의 호칭 문화가 가진 또 하나의 문제는 이중성이다. 이게 무슨 말일까? 한국인들은 상대방이 있을 때에만 경칭을 쓰지 그가 없을 때에는 그렇게 하지 않는다는 것이다. 예를 들어 회사에서 부장이 앞에 있을 때에만 부장님이라고 부르지 회사가 아닌 곳에서는 그렇게 부르지 않는다는 것이다. 예를 들어 가족에게나 자기 친구들에게 이야기할 때에는 그냥 xx 부장이라고 하지 xx 부장님이라고 하지 않는다는 것이다. 사회 문화가 이중적이 되는 것이다. 이것은 큰 낭패는 아니지만 결코 바람직하지 않다. 흡사 두 마음을 갖는 것과 비슷하기 때문이다.

그래서 이렇게 두 가지로 부르기보다는 그저 이름만 불러 호칭의 통일을 가져오는 게 좋지 않을까? 나도 사람들이 내 앞에서만 최 교수님이라고 하지 내가 없을 때에는 그냥 최 교수라고 부르는 것을 알고 있는데 생각해보면 그게 썩 유쾌한 일은 아니다(나도 다른 사람을 부를 때 그렇게 하니 뭐라고 불평할 일도 아니다). 이런 일이 생기지 않게 하려면 어떻게 하면 좋을까? 가장 간단한 방법은 님 자를 다 빼고 직급만 쓰면 된다. 예를 들어 일본에서는 사장이든 부장이든 그들을 부를 때에는 '사쪼[社長]' 혹은 '부쪼[部長]'라고 하지 사쪼 상(혹은 사마)이나 부쪼 상이라고는 하지 않는다(전혀 이렇게 하지 않는 것은 아니지만). 우리도 앞으로는 직급만 불러도 되는 것으로 호칭 문화를 통일시키면 좋겠다는 생각이다.

어떻든 한국의 호칭 문화는 지금보다 훨씬 단순해져야 한다. 그래야 서로 간에 편의도 도모하고 오해나 갈등을 줄일 수 있다. 우리는 이 호칭에 너무 신경을 쓰고 살고 있어 쓸데없이 에너지를 낭비하고 있다. 계속 이렇게 가면 우리보다 단순한 호칭 문화를 가진 서양에 뒤질 수 있다는 것을 잊어서는 안 된다. 서양인들은 호칭을 단순화해서 서로를 대할 때 편안하게 됐을 뿐만 아니라 민주적인 문화를 만들어냈는데 우리는 아직 이것을 이루지 못하고 있다. 이런 것들이 제대로 되어야 진정한 선진국이 되는 것이다. 이런 문화가 눈에 보이지 않는다고 해서 무시하고 개선에 신경을 쓰지 않는다면 사회의 발전은 더뎌질 것이다.

꼭 없애야 할 'xx 한 것 같아요'라는 어법에 대해

이번에는 '같아요'라는 어법에 대해서 보자. 나는 한국인들이 일찍이 이 '같아요'라는 표현을 이렇게 자주 쓰는 것을 본 적이 없다. 그런데 지금은 아예 상용구문이 되었다. 아주 명백한 사실인데도 그것에 대해 '같아요'라는 식으로 표현한다. 맛있는 음식을 먹으면서도 '맛있는 것 같아요'라고 하고 어여쁜 여성을 보고도 '대게('되게'의 유아적 발음) 예쁘신 것 같아요'라고 한다. 자기 기분을 이야기하는 데도 '기분이 좋은 것 같아요'라고 한다. 이렇게 자기 기분조차 확실히 알 수 없는 것처럼 표현하니 이해할 수 없는 일이다. 방송에서 일반인들이 말을 할 때 보면 거의 대부분의 사람들이 마지막에는 '같아요'라고 하면서 끝을 낸다. 이 어법이 이렇게 항용되니까 내 외국인 제자들도 그게 맞는 용법인 줄 알고 'xx 같아요'라고 말을 한다. 그러다 내게 호된 주의를 받고 그 다음부터는 '같아요'라는 표현을 쓰지 않는다.

이 표현은 정말로 좋지 않은 것이다. 왜냐하면 이것은 자신의 의견이나 감정을 나타내는 데에 자신(自信)이 없는 표현이기 때문이다. 이것은 남의 눈치를 보는 행태이다. 남이 어떻게 생각하는지 모르니까 자신의 의견을 떳떳하게 말하지 못하는 것이다. 이것은 지금 한국 사회가 그렇게 생겨먹었기 때문에 나오는 현상이다. 한국 사회가 개인들을 억압하는 구조로 되어 있기 때문이다. 지금 한국에는 사람들의 기를 살려주는 교육이 없다. 자식이나 학생들을 있는 그대로 받아주는 그런 부모나 선생이 극히 드물다. 가정에서도 자식 교육할 때 항상 다른 애는 어떻게 하는지 옆집 엄마는 애를 어떻게 키우는지 등에 대해서만 관심이 있다. 자식을 한 사람의 올곧은 개인으로 키우지 못한다. 노상 누구는 어떤데 너는 그렇게밖에 안 되는가 하는 식이다.

그런데 문제는 이런 경향이 더 강해지는 것 같다는 데에 있다.(여기서는 '같다'라는 표현을 쓰는 게 맞다. 사회과학적으로 조사한 것이 아니기 때문이다.) 1960년 대 중반 『한국인의 사회적 성격』이라는 명저를 남긴 최재석 교수는 한국의 사회문화를 눈치 문화라 규정하고 영어로도 'Noonchi Culture'라는 재미있는 표현을 남겼다. 한국인들이 눈치를 너무 보니까 눈치라는 단어를 아예 영어로 표현한 것이다. 한국의 눈치 문화는 그다지 바람직한 것이 아니라 진즉에 극복되었어야 했다. 그런데 이 문화가 극복되기는커녕 더 강화되고 있는 느낌이다. 그렇지 않고서야 이 '같아요'라는 문구가 이처럼 유행할 수 없다.

우리 사회는 구성원들이 서로를 주시하면서 억압하고 있다. 집안에서도 자식들이 민주적으로 교육되는 것이 아니라 그저 찍어 누르는 교육이 많이 되고 있다. 이것은 학교로 그대로 이어진다. 학교에는 학생들의 개성을 살려주는 교육이 없다. 그저 판박이처럼 찍어낼 뿐이다. 내 학생들을 보아도 주눅 많이 들어 있는 것을 자주 발견할 수 있다. 그런 모습은 대학원 세미나 시간에 많이 목격된다. 나는 학기 초에 학생들에게 질문하는 것은 대환영이라 말하고, 언제든지 질문할 수 있고, 어떤 질문을 해도 상관없다고 항상 강조해서 이야기한다. 학생들은 질문을 할 때 많은 경우 이런 말을 서두에 달고 한다. 즉 '이런 질문을 해도 되는지 모르지만…' 혹은 '주제와 조금 어긋나지만…'과 같은 말이 그것인데 나는 제발 이런 말을 하지 말라고 한다. 어떤 질문이든지 다 주제와 연결시킬 수 있으니 제발 그런 말 하지 말라고 부탁에 부탁을 한다.

사실 학생들은 좋은 생각과 좋은 질문을 갖고 있다. 그런데 고교나 대학 때 그저 암기식 교육만 받고 질문하거나 서로 토의하는 훈련을 하지 않았기 때문에 질문할 수 있는 능력을 잠시 잊어버린 것뿐이다. 교실 분위기가 질문하면 안 되는 것처럼 되어 있어 더욱 그렇다. 교사들도 학생들이 질문하는 것을 달갑게 여기지 않으니 학생들도 질문하는 습관을 들이지 못한 것이다.

이렇게 한국인들이 남의 눈을 너무 많이 의식하면서 생활 하니 한국인 자체는 매우 유능한데 그 능력을 제대로 발휘하지 못한다. 나는 외국인들이 한국인들의 창의성에 대해 지적하는 것을 많이 접해봤는데 그들이 한 결 같이 말하는 것은 '한국인들은 창의적인 능력이 있는데 너무 남을 의식한다'는 것이었다. 예를 들어 외국 디자이너들은 대부분 한국 디자이너들의 기본적인 능력이 뛰어난 것에 대해 찬탄을 한다. 그런데 마지막에는 꼭 한국인들의 눈치 보기에 대해 한 마디 한다. 그것만 없으면 한국인들은 훨씬 더 많은 능력을 발휘할 수 있는데 무의식적으로 남의 시선을 느끼고 있어 위축되어 있다는 것이다.

앞으로는 우리의 이 '같아요'라는 어법을 바꾸자. 가능한 대로 이 어법을 쓰지 말자는 것이다. 말이 바뀌면 생각과 태도가 바뀐다. 내 의견을 마음대로 내도 될 때에는 당당하게 말하자. '예쁜 것 같아요'가 아니라 '예쁘네요', '예쁘군요' 혹은 '예쁩니다'라고 하자. 기분이 좋을 때에도 '기분이 좋은 것 같아요'가 아니라 '기분이 참 좋습니다'라고 말하자. 기분이 나쁠 때에도 '기분이 나쁜 것 같아요'가 아니라 '기분이 나쁘군요'라고 하자.

이렇게 자기의 생각이나 기분을 확실하게 말해도 남에게 폐가 가는 것이 아니니 걱정할 필요 없다. 자기 자신을 믿고 자신의 의견을 당당히 표현하자. 그러면 사회가 훨씬 더 밝아질 것이다. 자신이 바로 서면 결코 남을 억압하거나 무시하지 않는다. 자기가 자신이 없을 때 남을 억압하는 것이다. 말만 이렇게 바꿔도 한국 사회는 훨씬 더 살기 좋은 사회로 바뀔 것이다. 그런데 우리 사회의 분위기를 어둡게 하는 어법은 예서 끝나지 않는다.

말의 향기가 그다지 풍기지 않는 현대 한국인들의 말 1

지금 한국인의 말은 너무 비루(鄙陋)해지고 있다. 그런 예는 부지기수로 많다. 앞에서 든 예도 그러하지만 여기서는 앞의 예와는 다른 작은 예들을 몇몇 개 추려 보면 좋겠다. 우선 존칭의 과잉 사용을 들고 싶다. 이것은 앞에서도 잠시 예시했는데 이 문제는 나름대로 심각해져 비교적 잘 알려져 있는 편이다. 존칭이란 사람에게만 붙일 수 있는 것인데 이것을 사물 혹은 물건의 가격처럼 결코 쓸 수 없는 데에 가져다 붙이니 안 된다는 것이다. 이전에는 서비스업에 종사하는, 이른바 감정 노동자들이 주로 이런 존칭을 많이 썼는데 이제는 누구나 쓰고 있어 문제가 되는 것이다.

이런 예는 많아 주위에서 아주 쉽게 발견된다. 예를 들어 병원에서는 '혈압이 높게 나오시네요', '피가 나오시네요', '정강이뼈가 금이 가셨네요'라고 하고 매장에서는 '옷이 크시네요, 혹은 예쁘시네요', '사이즈가 없으세요', '주문하신 커피 나오셨습니다', '결재하실 금액은 3만원이십니다' 하는 등등의 어이없는 표현들이 횡행하고 있다. 이밖에도 '화면이 잘 나오시네요', '가게가 망하셨군요' 하는 등등 그 많은 예를 어찌 다 들 수 있겠는가?

이런 잘못된 어법이 하도 떠도니까 이게 안쓰러웠던지 어떤 커피 전문점에서는 이 같은 잘못된 언어 습관을 고치는 일을 했다고 한다. 커피 잔에 사물 존칭의 잘못된 예와 그 바른 표현을 써 놓은 것이 그것이다. 그런데 과연 그것이 얼마나 성공할지는 두고 볼 일이다. 이런 현상은 학교나 직장 등지에서 비교적 자주 발견된다. 즉 '말씀이 있으시겠습니다, 혹은 계시겠습니다'와 같은 것 그것이다. 이런 경우에도 '말씀이 있겠습니다'라고 해야 제대로 된 표현인데 사람들은 이렇게 하지 못한다. 이렇게 말하면 공연히 불손한 것 같은 느낌을 받기 때문이다.

이보다 더 웃기는 것은 존칭을 아무 데나 붙이다 보니 자기의 말에까지 존칭 어미를 붙이는 경우가 있다는 것이다. 옷을 파는 매장에서 종업원이 손님에게 '이 옷, 포장하시는 거세요?'라는 표현을 하는 경우가 그것이다. 이것은 명백히 틀린 것이다. 포장은 자신이 하는 건데 여기에 존칭 어미를 집어넣었으니 말이다. 아마 종업원은 어디에 어떻게 존경 어미가 들어가는지에 대해 자신이 없으니 동사가 나올 때마다 존칭 어미를 붙여 이렇게 된 것이리라(마지막에 '거세요'도 '것인가요?'라고 해야 한다).

사물 존칭을 고치자는 문구가 있는 커피 잔

사실 이런 실수는 매장의 종업원만 하는 게 아니다. 이런 실수는 도처에서 그리고 누구에게서나 발견되기 때문이다. 가령 말을 할 때 동사 두 개가 동시에 쓰이는 경우, 이것을 존칭으로 사용하고 싶으면 주(主)동사에만 존칭 어미를 넣으면 된다. 예를 들어 '보고 있다'를 존칭으로 바꾸면 '보고 계시다'라고 하면 충분하다. 이것을 '보시고 계시다'라고 할 필요가 없다는 것이다. 마찬가지로 '갖고 있다'라는 표현도 그냥 '갖고 계시다'라고 하면 되지 '가지시고 계시다'라고 해서는 안된다. 사람들이 어떤 존칭법이 맞는지 모르니까 무조건 동사 마다 존칭 어미를 갖다 붙이는 것이다.

이런 예는 특히 방송에 출연하는 리포터라는 친구나 개그맨이라 불리는 친구들이 프로그램을 진행할 때 쓰는 어법에서 많이 발견된다. 이 친구들은 아나운서처럼 전문적인 훈련을 받은 사람이 아니기 때문에 실수를 할 수밖에 없다. 이 친구들이 문제가 되는 것은 단지 잘못된 어법을 쓰기 때문이 아니라 그들의 어법이 공중에 노출된다는 데에 있다. 그것을 본 청소년을 비롯한 시청자들은 별 생각 없이 그들이 하는 말을 따라 하기 마련이다. 그래서 문제라는 것이다.

이들은 방금 전에 든 실수도 많이 하지만 또 많이 하는 실수는 제3자에 대해 이야기할 때 무조건 존칭어를 쓰는 것이다. 예를 들어 방송에서 제3자를 지칭하면서 '탁자를 정리하는 할머니가 계셨는데 그 할머니가 탁자 위에 올라 가셔서…' 등등처럼 말하는 것이 그것이다. 방송에서 이렇게 말하는 것은 시청자를 존중하는 어법이 아니다. 방송에서는 시청자가 '갑'이기 때문에 시청자를 존중해야 한다. 따라서 그 법도에 맞춘다면 이때 제3자인 할머니를 존중하는 어법을 쓸 필요가 없다. 대신 그냥 '할머니가 있는데 이 분이 탁자에 올라가서' 라고 하는 게 자연스럽다.

이런 어법과 관련해서 사람들이 많이 실수하는 것이 또 있다. 다름 아니라 자기와 관계된 사람을 대중 앞에서 거론하면서 존칭을 쓰는 것이 그것이다. 가령 자기 아버지를 거론하면서 '제게 아버(번)님이 살아계신데…'라는 식으로 존칭을 쓰는 경우가 비일비재한데 이것은 사실은 해서는 안 되는 표현이다. 아무리 아버지이지만 자기 아버지이기 때문에 다른 사람에게는 자기 아버지를 높이는 어법을 써서는 안 된다. 다른 사람의 아버지라면 응당 '(선생님의) 아버님께서 살아 계실 때…'라는 식으로 극존칭을 써야 하지만 자기 아버지를 이야기할 때에는 그렇게 해서는 안 된다는 것이다. 사실 자기 아버지를 말할 때 '아버님'이라는 말을 써도 안 된다. 자기 아버지를 올리는 것이기 때문이다. 그래서 어법을 제대로 따른다면 '제 아버지가 살아 있을 때'라고 하는 것이 맞는 것이다. 그러나 이 표현이 너무 자신을 낮춘 것으로 생각되면 '제 아버지가 살아 계실 때' 정도까지는 무난한 것으로 생각된다.

이런 어법이 이전에는 통용됐는데 지금은 많이 사라졌다. 그러나 일본에서는 여전히 이 어법이 꽤 지켜지고 있는 것으로 보인다. 예를 들어 일본 회사원이 자기 상사를 밖의 사람에게 말할 때에는 그저 '저의 부장이 이렇게 말했습니다'는 식으로 말하는 것이 그것이다. 그런데 한국의 경우에는 '저의 부장님이(혹은 께서) 이렇게 말씀하셨습니다'라고 종종 말한다. 아니 이런 예가 종종 있는 게 아니라 사람들이 대부분 이렇게 말한다. 그가 자신의 상사라는 이유로 대상에 관계없이 무조건 존대어를 쓰는 것이다. 그런데 이렇게 말하는 게 틀리다는 것을 아는 사람도 적다. 특히 젊은 친구들은 이런 어법을 제대로 배운 적이 없어 더 모른다. 다들 이렇게 쓰니 이제는 누구도 고칠 생각을 안 한다. 그러다 이게 옳은 어법으로 정착될까 두렵다.

매장이나 회사에서 왜 이런 과잉 존칭이 유행하게 되었을까? 보통 말하길 다른 매장이나 회사들과 경쟁하다 보니 친절이 과하게 된 것이라고 한다. 틀린 말은 아닐 게다. 조금 더 친절한 척 해서 손님을 더 끌어오려는 것이다. 다른 소리도 들린다. 매장에서 그렇게 하지 않으면 손님들이 화를 낸다고 하니 어쩔 수 없이 과잉 존칭을 사용한다는 것이다. 이 말이 사실이라면 이런 아무 진심 없는 존경을 원하는 사람들도 문제이다. 그까짓 마음에도 없는 존경을 받아 무엇 하겠다고 그런 존경을 받으려 하는 걸까? 이것은 모두 서로 속고 속이는 거다. 서로 면피만 하는 것이다. 종업원도 손님도 이런 표현들이 모두 마음이 담기지 않은, 그저 말로만 하는 친절인 줄 안다. 그러나 손님이 그런 존경이라도 받고 싶어 하니 종업원들은 그까짓 말이 별 거냐 하면서 무조건 고객들을 존숭해 주는 척 하는 것이다. 이런 문화가 유행하는 사회는 결코 건강한 사회라고 할 수 없다. 진정성은 없고 겉으로만 살랑대니 말이다. 앞으로는 이런 면피용 언어는 쓰지 말자. 그리고 자신의 감정을 솔직히 표현하자.

말의 향기가 그다지 풍기지 않는 현대 한국인들의 말 2

그 다음으로 문제 삼고 싶은 언어 표현은 무조건 말을 줄이는 것이다. 현대 한국인들은 언어 관습을 별것 아니라고 생각하는 것 같다. 말을 생각 없이 마구 하고 있으니 말이다. 말에는 사람의 혼이 담기는 법이다. 아니 말은 바로 그 사람이라고 할 수 있다. 그래서 혼이나 정신이 높은 사람은 말도 그에 걸맞게 한다. 그런데 한국인들은 말을 서로 소통하기 위한 수단으로만 생각해 말의 품위 같은 것에는 별 관심이 없다.

한국인들은 일상생활을 너무도 조악하게 산다. 지금은 말만 가지고 이야기를 하고 있지만 한국인의 이러한 태도는 일상생활의 다른 부분에서도 예외 없이 발견된다. 가령 한국인들이 자신들이 사는 집(특히 아파트)을 대하는 태도를 보자. 집에 대한 그들의 태도는 너무도 비루하다. 현대 한국인들에게 집은 부동산 이상의 아무것도 아니다. 자산의 개념만 남은 것이다. 집을 그저 돈으로만 본다는 것이다. 그래서 한국인들에게 집은 아주 좋은 투자 대상일 뿐이다. 너무 물질적으로만 생각하는 것이다. 그런데 집이 어떻게 그런 것에 그칠 수 있는가? 집은 그저 물질일 수 없다.

아파트 재건축 시작을 알리는 현수막

집에는 우리의 삶이 다 담겨 있다. 우리는 그 안에서 모든 것을 행한다. 그래서 온갖 추억이 집과 함께 맞물려 돌아간다. 집은 또 혼자 존재하지 않는다. 이웃이 있고 동네가 있다. 또 뒷동산도 있을 수 있고 개울도 있을 수 있다. 학교 가는 길도 있고 명절 때 놀던 공터도 있다. 이 모든 것이 집을 이루어 우리의 삶을 구성한다. 현대 한국인에게 이런 기억이나 추억은 이제 없다. 그저 한 평에 얼마이고 얼마나 집값이 올라갔나 하는 것만이 중요할 뿐이다.

어떤 건축가가 아파트의 재건축 현장을 보고 이런 말을 했다. 아파트를 '리노베이션' 한다는 것을 경축한다고 써놓은 현수막을 걸어 놓는 나라는 한국밖에 없다고 말이다. 지금껏 살던 터전을 깨부수는 것을 축하하는 사람이 한국인이라는 것이다. 아니, 그러면 그 안에서 살았던 세월은 어쩌느냐는 것이다. 아파트 곳곳에 추억이 있고 정감이 서려 있을 터인데 그것을 다 부수고 새 집을 짓는 것이 그렇게 좋으냐는 것이다. 이것은 집을 물질로만 보는 대단히 어리석은 태도이다. 사람은 집을 중심으로 이루어지는 전체적인 삶 속에서 살아야 하는데 그런 것에는 아무 관심이 없고 그저 집값 올라가는 데에만 신경을 쓰니 한국인들의 물질 중심적인 혹은 물질만능적인 태도는 하늘을 찌른다고 하겠다.

맥락 없이 무조건 축약하는 한국인의 언어 습관

- '응답하라 1988'이 '응팔'로 등등

그런 한국인들이니 그들이 말을 품위 있게 하는 것 따위에 관심이 있을 리 없다. 그래서 말을 함부로 하면서 무엇이 잘못된 것인지 모르는 것이다. 그런 예가 많지만 여기서는 대표적인 것으로 말을 무조건 줄이는 한국인의 고약한 언어관습에 대해 보자. 이것도 요즘 와서 부쩍 느는 현상인데 한국인들은 단어들을 무조건 줄여 도대체 무슨 뜻인지 모르게 만들어버린다. 몇 년 전에 누가 '정모를 하자'고 해 '그게 정오(正午)도 아니고 전모(全貌)도 아니고 도대체 뭐요?'라고 물었더니 '정기모임'의 축약자라고 해서 망연자실했던 경험이 새롭다. 이렇게 무조건 줄이면 도대체 인간의 언어로 들리지 않는다. 그렇게 말하는 사람이 얼마나 바쁘다고 4글자밖에 안 되는 단어를 줄여서 말할까? 이 사람은 4자를 2자로 줄인다고 시간을 절약할 수 있다고 생각하는 것일까? 이것을 단어 그대로 읽으면 사람의 말 같고 의미가 금방 통해 좋은데 왜 억지로 줄여 이렇게 남루한 표현을 쓸까?

(2016년 1월) '응답하라 1988'이라는 드라마가 인기를 끌고 있는데 나는 드라마를 안 보니 별 관심을 갖지 않았다. 그런데 언젠가부터 '응팔'이라는 단어가 인터넷 상에 떠다니기에 도대체 이게 뭔가 하고 의구심을 갖지 않을 수 없었다. 나는 처음에는 이 단어가 보통 조폭으로 통하는 '용팔이'라는 단어와 무슨 연관이 있는 줄 알았다. 그런데 그게 앞의 드라마를 뜻한다는 것을 안 것은 한참 지난 다음의 일이었다. 이렇게 마구 줄여대니 나 같은 사람은 도저히 따라갈 수가 없다. 뿐만 아니라 표현의 격도 떨어져서 그 내용까지 의심된다. 문제는 이 응팔이란 단어가

이 드라마의 어떤 것도 담아내지 못한다는 것이다. 그냥 아무 생각 없이 편의만 추구해 앞 글자와 뒷글자만을 뽑았으니 그럴 수밖에 없다. 단어를 만드는 창조적인 정신이 보이지 않는다.

이 예에서 보이는 것처럼 요즘 들어와 한국인들의 조어력은 아주 떨어지고 있다. 이런 예는 하도 많아 다 들 수 없지만 독자들의 이해를 돕기 위해 한두 가지 예만 더 들어보자. 나는 어떤 지면에선가 도저히 요해가 안 되는 글을 읽은 적이 있다. 이 글은 이렇게 진행되었다. 즉 '지난번에 서탈했던 경험으로 다시 재도전했는데 이번에는 최탈해서 결국 탈탈했습니다'라는 것이 그것이다. 이 글을 처음 보고 나는 나름대로 이해를 해보려 했는데 그것은 내 능력 밖이었다. 하는 수 없이 이 글을 쓴 사람의 도움을 받아 설명을 들었는데 여기서 서탈이란 서류탈락을, 최탈은 최종탈락을, 탈탈은 연속 두 번 탈락을 의미한단다. 회사에 입사원서를 낸 사람이 불합격했다는 충격에 이렇게 '그로테스크'하게 문장을 썼던 모양이다. 그러니 이 문장을 처음 접한 나는 알 수 없었던 것이다. 이 사람은 다른 사람에 대한 고려 없이 아무 생각 없이 축약해버린 것이다.

내가 보기에 한국인들이 이처럼 단어를 마구 줄이는 습관은 미국인들을 흉내낸 것 같다. 잘 알려진 바와 같이 미국(그리고 유럽)에서는 어떤 단체의 이름이 길면 그것을 각 단어의 앞 글자만 따서 새로운 단어를 만들어낸다. 우리에게 친숙한 예를 들자면, United Nations를 줄인 UN이 그것이다. 혹은 United Nations Educational, Scientific and Cultural Organization을 줄인 UNESCO도 같은 예에 속하겠다. 이렇게 줄이는 것은 나쁘지 않다고 생각하는데 내가 보기에 이들은 어쩔 수 없이 고육

지책으로 이렇게 한 것 같다. 단어가 너무 길어 줄여야 하는데 다른 방법이 없으니까 이렇게 줄이는 것이다. UN을 원래대로 읽으면 유나이티드 내이션스라고 해야 되니 '유엔'이라고 읽을 때보다 글자 수가 너덧 배 늘어난다.

그러나 이것은 유네스코의 경우와 비교도 안 된다. 유네스코의 원래 이름을 있는 그대로 다 읽는다고 생각해보자. 그러면 얼마나 복잡하고 번거롭겠는가? 아니 이 7개의 단어를 매번 다 말하는 것은 거의 불가능에 가깝다. 너무 비효율적이다. 그렇다고 대안으로 이 긴 이름에서 어떤 하나 혹은 두 개의 단어만 빼서 부를 수도 없는 일이다. 예를 들어 유네스코를 표시하는 6개의 단어 중 어떤 것도 그 단체를 표현할 수 있는 것이 아니기 때문에 그 단어를 임의로 빼서 쓸 수 없다. 그래서 이렇게 각 단어들의 첫 글자만 떼어다 한 단어로 만들어 부르고 있는 것이다.

지금 한국인들이 단어를 마구 줄이는 것은 서양인들의 이러한 관습을 흉내 내는 것으로 생각되는데 이런 경향이 시작된 것은 몇 년 되지 않았다. 우리 사회가 지나치게 서양화 되면서 말의 운용법도 자연히 서양의 추세를 따라 가는 것 같다. 서양의 추세를 따라 가는 게 잘못 되었다는 것은 아니다. 그러나 우리 식의 방법이 있다면 굳이 서양을 따라갈 필요는 없지 않겠는가? 우리의 주제와 연관해서 생각해보면, 이런 긴 단어들에 대해서 우리는 이전에 우리대로 축약하는 법이 있었다. 한국어에서는 긴 단어가 있으면 그 가운데 가장 중요한 단어를 뽑아 축약본으로 썼다.

아주 비근한 예를 들어보자. '조선왕조실록'을 요즘 식으로 하면 아마도 '조왕록'으로 줄일 것 같다. 조선왕조는 조왕이라고 줄이고 여기에 마지막 글자인 록 자를 붙여서 말이다. 그런데 이렇게 줄여버리면 원래 단어의 뜻이 전혀 살지 않는다. 조왕록 하면 흡사 부엌을 관장하는 조왕 신이 생각날 뿐이다. 그래서 선인들은 이 책을 '실록'으로 축약해 불렀다. 이 단어에서 가장 중요한 단어인 실록을 뺀 것이다. 같은 용법으로, 승정원일기는 '일기'로 삼국사기는 '사기'로, 삼국유사는 '유사'로 축약하는데 이런 단어를 쓰면 이 책의 핵심개념이 들어가 있어 본래 단어를 쓰는 것과 다름 없다.

한국어는 음소문자이자 음절문자이기 때문에 이렇게 두 음절만 빼도 전체 내용을 아주 충실하게 담아낼 수 있다. 반면에 영어는 음소문자이지 음절문자가 아니기 때문에 한두 단어를 빼도 단어가 굉장히 길어진다. 무슨 말인가 하면, 예를 들어 한국어로는 '실록'이라는 두 음절로 간단하게 쓸 수 있는 말을 영어로는 많은 음소로 이루어진 'historical record'라는 긴 단어로 써야 하기 때문에 단어가 길어질 수밖에 없다는 것이다. 단어가 이렇게 길어지면 축약한다는 의미가 없다.

그런데 현대에 들어와 글자를 줄일 수밖에 없는 상황이 생겨 우리의 관심을 끈다. 그 대표적인 사건은 바로 전화기 등에서 문자 보내는 것이다. 누구나 아는 것처럼 전화기에서 문자 쓰는 공간은 매우 제한적이다. 따라서 어떻게든 글자 수를 줄여야 한다. 그래서 사람들은 단어를 가능한 한 줄여서 쓰려고 노력했다. 예를 들어 드디어가 '드뎌'로, 시험이 '셤'으로, 수업이 '셥' 등으로 쓰는 것이 그것이다. 이렇게 하는 것은 그다지 문제될 것이 없겠다. 이런 것 때문에 우리의 언어문화가 심각한 상해를 받지는 않을 것 같기 때문이다. 또 원래의 뜻이 그대로 살아 있어 괜찮다. 나도 문자를 보낼 때 이렇게 축약해 많이 보내는데 그 줄이는 재미가 쏠쏠하다.

모르고 쓰는 동어반복의 예 - '빠른 쾌유' 등

이밖에도 한국의 언어문화가 갖고 있는 바람직하지 못한 요소들은 많다. '조식, 중식, 석식' 같은 거친 단어들의 사용이 그렇고 영어를 지나치게 많이 쓰는 등등도 그렇다. 그러나 이런 것에 대해서는 다른 책에서 언급했으니 그냥 지나가기로 하고 마지막으로 동어반복하는 한국인의 잘못된 언어 사용법에 대해 보기로 하자. 이것이 한국인의 언어문화에 심각한 위해를 가하는 것은 아니지만 바람직한 것은 아니니 한 번 간단하게 보기로 하자. 이것은 한국인들이 한자어와 멀어지면서 생긴 현상 같다. 어떤 단어를 사용할 때 그 단어에 있는 내용을 한글로 또 수식하는 것이 그것이다. 다시 말해 한자어에 이미 내용이 포함되어 있는데 그 단어 앞에 고유한 한국어로 같은 내용을 다시 설명하고 있는 것이다.

이게 무슨 말인지는 예를 들어보면 곧 알 수 있다. 이런 예는 부지기수로 많은데 우리는 잘 인식하지 못하고 있다. 워낙 익숙해 있기 때문이다. 그런데 중국 제자들이 지적하는 것을 들어보니 이런 예가 정말 많았다. 이들은 한자가 국어인지라 한자에 아주 익숙해서 한국인들의 잘못된 용법을 금세 알아차렸다. 그 많은 것 중 제일 흔한 것을 들어보면 역전 앞이나 처갓집 등이 있는데 이것은 너무 흔한 것이라 잘 알려져 있으니 재언할 필요 없겠다. 그 외에 '빠른 쾌유'나 '남은 여생'도 많이 쓰는 용례인데 이 단어가 잘못된 것이라는 것은 한 번만 생각해보면 금세 알 수 있다. 쾌유 자체가 빠른 치유를 뜻하는데 이 앞에 또 '빠른'을 붙였으니 이상하고 남은 여생도 마찬가지이다. 여생이 이미 남은 생애를 뜻하는데 그 앞에 '남은'을 또 붙였으니 말이다. 지금 이 단어들을 치고 컴퓨터 모니터를 보면 '남은 여생'은 틀렸다고 빨간 줄이 나오는데 '빠른 쾌유'에는 빨간 줄이 없다. 그만큼 관용화 되어 그렇게 된 모양이다.

이런 유가 많을 것 같아 조사를 해보니 평소에 생각했던 것보다 훨씬 더 많았다. 재미삼아 몇 개만 소개해보면, 거친 황야, 아름다운 미모, 좋은 호평, 떨어지는 낙엽, 따뜻한 온정, 낙숫물, 단발머리, 손수건, 푸른 창공, 옅은 미소 등이 그것이다. 지금 열거한 단어들은 앞에서 수식하는 고유어인 형용사를 없애야 바른 표현이 된다. '단발머리'나 '손수건'은 같은 뜻의 명사가 반복되고 있다는 점에서 조금 다르지만 말이다. 그런데 그냥 온정보다는 '따뜻한 온정'이라고 해야, 또 창공보다는 '푸른 창공'이라고 해야, 그냥 미소보다는 '옅은 미소'라고 해야 그 맛이 잘 사니 어떻게 해야 좋을지 모르겠다. 그런데 재미있는 것은 위에 열거한 동어 반복 단어 가운데 컴퓨터 모니터에 빨간 줄이 쳐지는 것은 '푸른 창공' 밖에 없다. 컴퓨터가 다른 단어들은 모두 표준어로 감지한 것이다. 이런 용법들은 고치는 쪽으로 방향을 잡을지 아니면 그냥 놓아둘지는 좀 더 토론이 필요할 것으로 생각된다.

지금까지 날로 비속해져 가는 한국인의 언어문화에 대해 보았는데 이보다 훨씬 더 많은 사례가 있었을 것이다. 그러나 그것을 다 다룰 수는 없고 내 개인적 역량의 한계도 문제이다. 이 지면은 그런 것들을 꼼꼼하게 다 예시하는 것이 아니라 문제점을 포괄적으로 제기하는 것을 목적으로 삼았으니 이 정도의 문제 제기면 충분하지 않을까 하는 생각이다. 내가 이미 보수적인 기성세대가 되어서 그런지 몰라도 요즘 젊은 친구들의 언어는 정말로 문제가 많다. 발음도 좋지 않고 표현법도 좋지 않을 뿐만 아니라 목소리의 톤도 조절이 안 되고 있다. 한 사회의 언어문화는 그 사회의 품격을 결정하기 때문에 개선할 수 있는 데까지는 개선해보 아야 한다. 그런 과제를 남기고 이 장을 마무리하자.

2 여전히 바닥을 면치 못하고 있는 한국인의 생활문화 수준

한국 문화의 피폐화 현상은 생활 문화에서도 쉽게 발견된다. 생활 문화 중에 가장 기본이 되는 것은 음식 문화와 거주 문화, 그리고 통과의례 문화 등이다(생활 문화 중 복식 문화는 제외한다). 여기서 통과의례 문화란 인간이 인생에서 가장 중요한 전환점(turning point)을 맞이했을 때 행하는 의례에 관한 것이다. 즉 결혼과 상례, 제사가 그것인데 이 세 종류의 의례에서도 한국인들은 문화맹자로서 고전을 면치 못한다. 이 의례들이 외양만 화려해지고 내실은 형편없기 때문이다. 이번 장에서는 이 주제에 대해 보기로 하는데 그 이전에 꼭 이야기하고 싶은 것이 있다. 바로 돈에 관한 것이다.

사람들은 돈을 세속적인 것으로만 생각하기 쉬운데 사실 우리 인생에서 가장 중요한 것을 꼽으라면 돈이 일순위로 꼽히지 않을까. 그만큼 돈이 중요한 것인데 모든 게 돈과 연결되어 있어 그렇다는 것이다. 돈이 없는 우리의 삶은 생각할 수 없다. 돈이 없으면 우리의 삶은 지속될 수 없다. 생존 자체가 안 된다. 돈이 없으면 자신의 마음도 표시할 수 없다. 우리의 일생은 돈을 추구하는 것으로 점철되어 있다고 해도 과언이 아니다. 돈을 초월한 것처럼 보이는 성직자들도 돈에서 자유로운 사람은 거의 없다. 또 수많은 범죄가 돈과 연관되어 있는 것도 잊어서는 안된다.

이처럼 돈은 가장 세속적이면서도 가장 성스러운 것이다. 그 때문에 전 세계의 국가들은 돈을 만들 때 국력을 총동원한다. 돈의 디자인부터 위조방지 장치 등까지 돈의 수많은 요소를 완벽하게 만들려고 무진 애를 쓴다. 그런데 한국 정부는 이렇게 중요한 돈을 만들면서 어이없는 실수를 했다. 무문화병이 또 도진 것이다. 이제 그것에 대해 보려 하는데 이 사실을 알고 나면 독자 여러분들은 우리 정부를 비롯해 한국인 전체가 돈에 대해 이렇게 무식하고 무심할 수 있었을까 하는 것을 발견하고 놀랄지도 모른다.

가짜 초상화가 판치는 한국의 지폐 - 무문화의 극치

나는 여기서 돈에 관한 모든 것에 대해 이야기하자는 게 아니다. 단지 문화와 관계되는 디자인 문제에 대해서만 이야기하겠다는 것이다. 나는 돈의 위조를 방지하기 위해 어떤 기술이 동원되었는지와 같은 문제에 대해서는 잘 알지 못한다. 그리고 우리의 관심 분야도 아니다. 그래서 언급하지 않을 것이다. 지금 초점을 맞추고 싶은 것은 돈에 그려져

있는 초상화이다. 한국 돈에는 초상화 말
고도 많은 디자인적인 요소가 있는데 그
것에 대해서는 가능한 한 언급을 아끼
겠다. 그러나 한두 가지 이해가 안 되는
것은 간단하게 언급할 것이다.

예를 들어 5천원 권을 보자. 여기에
는 오죽헌 건물이 들어가 있는데 이
것을 여기에 넣은 것은 아무리 보아
도 패착인 것 같다. 이 건물을 이 지
폐에 넣은 의도는 쉽게 알 수 있다.

천원 권과 5천원 권 지폐

이 건물은 같은 5천원 권에 그려져 있는 율곡이 태어난 곳이기 때문이
다. 이 건물은 조선 초기의 건축 양식을 보유하고 있는 점이 높이 평가
되어 보물로 지정되었다. 그런데 이 건물이 보물이긴 하지만 한국건축
사에서나 의미가 있는 건물이지 미학적인 면에서 아주 뛰어난 건물로
볼 수는 없다. 게다가 그 건물이 율곡의 높은 철학을 나타내주는 것도
아니다. 그러니 그 건물이 5천원 권에 들어갈 필요가 없는데 무슨 생각
으로 거기다 그 건물을 넣었는지 모르겠다.

또 천 원짜리 지폐에 들어가 있는 성균관 소재의 명륜당도 그다지 좋
은 선택 같지 않다. 많은 한국인들은 천 원 권에 이런 건물의 그림이 들
어가 있는지도 모른다. 또 설령 안다고 해도 이 건물이 성균관의 명륜당
(강당)인지 아는 사람은 거의 없다. 이렇게 지명도가 낮은 건물을 왜 천
원 권에 넣을 생각을 했는지 잘 모르겠다. 게다가 이 건물 역시 보물이
지만 한국건축사에서 나름 의미가 있는 건물이지 고건축을 대표할 만

한 건물은 아니다. 그리고 건물로서도 가장 아름다운 건물이 아니다(사실 조선은 건축이 그리 발달한 왕조는 아니다).

조선조 건물 가운데 대표적인 것을 꼽으라면 경복궁의 근정전을 들수 있다. 따라서 이 건물이 지폐에 들어갔다면 그래도 의의가 있겠지만 이 명륜당 건물은 그 의의를 찾기 힘들다. 명륜당이 조선의 국립대학이라 할 수 있는 성균관의 중심 건물이라는 점에서는 의의를 찾을 수도 있지만 그것을 알고 있는 사람은 극히 적다. 그러니 돈에 넣을 명분이 없는데 왜 그리고 누가 이런 결정을 했는지 궁금하다. 이런 것을 하나하나 다 따지면 끝이 없을 터이니 예서 그치기로 하자. 또 디자인은 주관적인 요소도 감안해야 하기 때문에 제3자가 왈가왈부하는 것이 적절하지 않을 수도 있다. 그러나 한국 화폐에 들어가 있는 초상화는 주관적인 문제가 아니다. 객관적으로 보아도 너무나 잘못 되었다.

왜 객관적으로 잘못 됐다는 것일까? 이유는 아주 간단하다. 거기 나온 초상화들이 전부 가짜이기 때문이다. 이런 사정을 모르는 거개의 한국인들은 그 돈에 나온 초상화들이 진짜 인물을 그린 줄 안다. 그것은 진실과 거리가 멀다. 네 종류의 지폐에 있는 네 분은 초상화가 하나도 남아 있지 않기 때문이다. 결론적으로 말해 이 그림들은 사람을 있는 그대로 그린 초상화가 아니라 다 상상화다. 현대 한국화가들이 상상으로 그린 그림이라는 것이다. 천원 권은 이유태 화백이, 오천 원 권과 오만 원 권은 이종상 화백이, 만 원 권은 김기창 화백이 그린 것이다(이 화백들이 모두 이당 김은호 화백의 제자라고 하는데 김은호 화백에 대해서는 여기서 언급하지 않기로 한다). 그런데 전 세계 국가들의 지폐를 다 조사해본 것은 아니지만 이처럼 세상에서 가장 중요한 돈에 화가들이 상상으로 그린 어눌한 초상화를 그려 넣은 나라는 한국 말고는 없는 것 같다.

'세계화폐박물관' 사이트에 가보면 전 세계 나라의 지폐들이 있어 열람할 수 있다. 여기에 나온 지폐를 훑어보면, 일단 지폐에 사람의 얼굴이 들어가면 실제 얼굴을 넣지 실제가 아닌 상상화로 적당히 처리한 경우는 보이지 않는다. 이것은 당연한 것 아니겠는가? 세상에서 가장 중요한 것을 디자인하는데 실제 위인의 초상이나 사진을 넣어야 의미가 있지 일개 화가가 상상 속에서 그린 완성도 떨어지는 초상화를 넣는다는 것은 도저히 있을 수 없는 일 아니겠는가. 돈에 이런 그림을 넣는 것은 돈에 대한 모독이다. 앞에서 말했듯이 돈은 가장 세속적인 것이지만 동시에 가장 성스러운 것이라고 했다. 따라서 돈의 디자인은 대충 하면 안 되는데 이런 수준 미달의 초상화가 들어가 있으니 한심하다는 것이다. 한국조폐공사도 지폐를 도안하면서 나름대로 고충이 있었겠지만 그래도 이건 용납이 안 된다. 우리나라의 조폐기술은 세계적인 수준으로 알고 있는데 그런 하드웨어적인 것은 잘 하면서 디자인 같은 소프트웨어에서 또 밀리는 것이다.

이 초상화들을 보면 조금만 생각해도 도저히 이해할 수 없는 것들이 즐비하다. 예를 들어 오천 원 권의 율곡을 보면 이 사람의 얼굴은 도무지 천재학자의 총명함이 보이지 않는 아주 평범한 얼굴이다. 율곡 같은 사람은 성리학의 수준으로 따지면 조선에서 가장 뛰어난 학자 중의 한 사람이다. 그것은 그의 학설을 보면 알 수 있다. 그런데 안타깝게도 그는 40대에 타계했기 때문에 그의 학설을 충분히 발전시키지 못했다. 그의 학설은 주자의 그것을 넘어서는(?) 면마저 보여 그가 얼마나 뛰어난 학자인지 알 수 있다. 그런 사람이라면 외모도 범상치 않아야 한다. 그런데 이 그림에서는 그런 조선 최고 학자의 고매함이나 격조, 명석함 등이 전혀 보이지 않는다. 이 율곡을 그린 화가는 조선의 선비들이 어떤 외모를 갖고 있는지 모르고 있는 듯하다. 그런데 그것은 너무 당연한 일일 것이다. 그런 인물들을 본 적이 없기 때문이다. 현대 한국 문화는 그 중심을 잃고 계속 헤맸기 때문에 우리 주위에 진정한 선비가 없었다. 그러니 화가가 그런 사람을 보았을 리가 없다. 따라서 그것을 표현하기를 바라는 것은 지나친 기대가 아닐까 하는 생각이다.

이것은 천 원 권의 퇴계 그림도 마찬가지이다. 이 그림은 조선조에 살았던 어떤 실제의 인물화를 모사한 것처럼 보이는데 심증 가는 사람이 있지만 확실하지 않으니 그냥 지나가자(기실 영조의 어진과 닮은 점이 많은데 확실하지는 않다). 이 그림에서도 조선 최고의 학자 분위기가 보이지 않지만 또 설명하는 것은 번거로우니 그냥 지나가기로 하자. 퇴계는 인품이 아주 훌륭한 학자로 알려져 있는데 이 그림에서는 그런 품격이 느껴지지 않는다.

문제 많은 만 원 권의 세종 초상

내가 여기서 중점적으로 보고 싶은 것은 만 원 권에 있는 세종대왕의 초상화이다. 이 돈을 볼 때 마다 나는 어쩌면 세종대왕을 이렇게밖에 못 그렸을까 하는 안타까움을 피할 길이 없다. 어떤 점에서 안타깝다는 것일까? 우선 무엇보다도 조선을 넘어서 인류사에 남을 세계적인 천재인 세종의 얼굴이 어쩌다 이 모양이 됐을까 하는 점이다. 이 초상화를 보면 세종을 그저 후덕하게만 그려놓았는데 천재성을 나타내는 날카로움이 전혀 보이지 않는다. 세종은 아마 모든 것에 대단히 예민한 사람이었을 것이다(천재 치고 예민하지 않은 사람은 없다!).

여러 가지 정황으로 그 사실을 알 수 있는데 그의 음악성만 보아도 그가 얼마나 예민한

만원 권 지폐에 있는 세종 초상

사람인지 알 수 있다. 이것은 잘 알려진 일화인데 세종은 어떤 기회에 처리가 잘못되어 제 음을 내지 못하는 편경을 가려내었다. 이것은 그가 절대음감을 갖고 있었다는 사실을 말해준다. 그런 음감을 가진 사람은 생긴 것도 다르다. 이런 사람은 사물에 매우 예민할 것이고 예민한 사람은 외모에 그 날카로움이 나오기 마련이다. 그런데 이 초상화에서는 그런 모습이 전혀 보이지 않는다. 그저 마음씨 좋은 할아버지의 인상만 띠고 있을 뿐이다.

그리고 세종은 우리 역사상 최고의 천재, 아니 전 세계 역사상 최고의 천재라 불려도 손색이 없는 인물이다. 이는 공연히 우리나라 왕이기 때문에 하는 소리가 아니다. 그의 천재성은 세계에서 가장 훌륭하다는 문자를 거의 혼자 만들었다는 데에서 인정할 수 있다. 문자를 새로 만든다는 것은 한 인간이 할 일이 아니다. 지금 한국인들은 한글을 당연한 듯이 쓰고 있지만 이런 글자를 갖고 있다는 것을 하늘이든 어디든 두 손모아 크게 감사해야 한다. 한글이 얼마나 대단한 문자인가 하는 것은 다른 데에서 많이 밝혔으니 여기서는 그냥 지나치자. 여기서 내가 문제 삼는 것은 그런 천재의 얼굴이 고작 만 원 권에 나오는 세종의 얼굴로밖에

는 그려질 수 없느냐는 것이다. 율곡의 초상화에서도 같은 것을 지적했지만 만 원 권의 세종 얼굴에서도 아무런 천재성을 느낄 수 없다. 천재들이 갖고 있을 법한 영민, 영특, 민첩, 주밀 등과 같은 개념과는 전혀 어울리지 않는 얼굴이 바로 이 초상화이다.

사실 현대 한국화가가 세종 같은 분의 초상화를 그리려고 했던 것 자체가 어불성설이다. 지금 한국인들이 소지하고 있는 문화적 능력으로는 불가능하기 때문이다. 현대 한국 화가들은 기예는 될는지 몰라도 인문학적인 능력이 못 미치는 것 같다. 그러나 오해하지 마시기 바란다. 나는 이 화가들만이 잘못 되었다고 하는 것이 아니라 현대 한국 문화의 수준이 형편 없다는 것을 말하고 있을 뿐이다. 지금의 문화 수준이 바닥을 치고 있는데 화가들만 그것을 뛰어넘을 수는 없는 것 아니겠는가? 현대 한국에서는 누가 그려도 이 천재들의 초상화를 이 정도밖에는 그리지 못할 것이다.

북방계에 속할 세종의 얼굴을 남방계의 얼굴로 그리다!

그런데 세종의 초상화에는 또 어이없는 면이 있다. 세종을 완전히 남방계 얼굴로 그린 것이 그것이다. 이 문제는 조금 전문적인 지식을 필요로 한다. 그것을 아주 간단하게만 보면, 한국인은 북방계 사람과 남방계 사람의 융합으로 만들어졌다. 그러니까 북방계 인자와 남방계 인자가 섞여서 만들어진 것인데 실제로 한국인의 DNA를 보면 이 두 지역에 사는 사람들의 DNA가 섞여 있는 것을 알 수 있다. 우리는 이 DNA를 볼 수 없으니 북방계와 남방계가 어떻게 섞여 있는지 잘 모른다. 그런데 이 융합 상태를 알 수 있게 해주는 아주 좋은 요소가 있다. 바로 얼굴이다.

얼굴을 구성하고 있는 여러 요소에 이 두 지역의 유전인자 모습이 보인다는 것이다. 얼굴은 아주 쉽게 볼 수 있으니 얼굴만큼 유전인자의 융합 상태를 잘 알 수 있게 해주는 것이 없다.

그러면 얼굴에 나타나는 북방계와 남방계의 모습은 각각 어떤 특징을 갖고 있을까? 우선 북방계의 특징을 보면, 머리가 길고 눈은 옆으로 길며 눈썹은 옅고 쌍꺼풀이 없으며 광대뼈가 튀어나와 있고 코는 높은 편이며 몸에 털이 적은 것이 그것이다. 남방계 얼굴은 전부 이와 반대로 보면 된다. 머리는 동글동글하고 눈도 동글동글하며 눈썹은 짙고 쌍꺼풀이 있으며 광대뼈는 튀어나오지 않았고 코는 옆으로 퍼져 있으며 몸에는 털이 많은 편이다. 양 지역에 사는 사람들의 얼굴에 나타나는 특징을 이처럼 놓고 보면 만 원 권에 있는 세종의 얼굴은 어느 지역에 사는 사람의 얼굴이라고 할 수 있을까? 말할 것도 없이 세종의 얼굴은 전형적인 남방계 얼굴로 그려져 있다. 눈썹이 짙고 쌍꺼풀이 있으며 코는 옆으로 퍼져 있고 얼굴이 동글동글하니 말이다.

그런데 한국인의 얼굴은 남방계보다는 북방계가 훨씬 많다. 그도 그럴 것이 한민족의 기원이 만주를 비롯한 북방 지역이기 때문이다(이 지역에 사는 사람들의 DNA와 한국인의 DNA는 똑같다는 것이 학계의 정설이다). 이것은 영조의 얼굴을 보면 금세 알 수 있다. 조선 왕들의 초상화는 타버려 거의 남아 있지 않다. 여기에 나온 영조의 어진은 다른 곳에 있던 것으로 정식 어진은 아니다.(어진은 반드시 전신이 나와야 하는데 이 초상화는 그렇지 않으니 정식의 어진이 아니라는 것이다) 어떻든 영조의 얼굴을 보면 얼굴이 길고 눈은 옆으로 길며 쌍꺼풀은 없고 코는 길고 뾰족한 것 등을 알 수 있는데 이것은 전형적인 북방계의 얼굴이다. 결과가 이렇게

세종대왕 초상   영조 초상화   출처. 국립고궁박물관 www.gogung.go.kr

나온 것은 당연할 일일 것이다. 이성계 집안이 전주에서 시작했지만 함
경도 쪽에서 오랫동안 있었기 때문일 것이다. 물론 북쪽에 있었다고 모
두 북방계가 되는 것은 아니지만 영조의 얼굴을 보면 조선 왕실은 북방
의 요소가 강할 것이라는 것을 짐작할 수 있다.

  그런데 만 원 권의 세종은 느닷없이 남방계 얼굴을 하고 나타났다. 물
론 한국인의 얼굴은 남북방계가 다 섞여 있다. 나도 북방계 우세에 남방
적인 요소가 가미되어 있는 얼굴을 갖고 있다. 그렇다면 세종은 북방계
이던지 아니면 북방계 우세에 남방계가 조금 섞인 얼굴이어야 할 텐데
만 원 권의 세종 얼굴은 전형적인 남방계 얼굴로 만들어 놓았다. 그러니
문제라는 것이다. 도대체 이것을 그린 김기창 화백은 어떤 근거로 세종
을 남방계 사람으로 만들어 놓았는지 알 수 없는 노릇이다. 그가 생각하
는 모델이 있었는지, 만일 있었다면 어떤 사람을 생각했는지 여간 궁금
한 게 아니다. 또 이런 초상화를 만들 때 어떤 과정을 거쳐서 하는지도
궁금하기는 마찬가지이다.

  도대체 인간의 삶에서 가장 중요한 요소인 돈을 만들면서 이처럼 기
본적인 정보도 공유하지 않고 진행할 수 있는지 의아스러운 것이 한두

가지가 아니다. 마지막에 이런 초상화들을 놓고 정부가 어떤 기준이나 생각으로 정부 지정의 공식적인 것이라고 인정하고 도장을 찍었는지 그것도 의심스럽다. 그 과정은 잘 알 수 없지만 추측건대, 한국인들이 전통문화를 잘 모르고 있으니 이 지폐 제조에 관여했던 사람들도 전통문화를 잘 알았을 리가 없다. 이렇게 한국의 문화에 밝지 않은 사람들이 모여서 이 돈을 디자인했다면 이런 결과가 나올 수밖에 없지 않았을까 싶다.

이렇게 해서 우리는 지금까지 한국인들이 애용하는 지폐의 디자인을 통해 한국인의 무문화적인 성향을 적나라하게 엿볼 수 있었다. 돈에 대한 이야기는 더 할 수 있다. 가령 왜 우리나라 돈에는 전부 이 씨만 등장하는지(신사임당도 'Mrs. 이'이니 이 씨라고 할 수 있다), 100원 동전에 나오는 이순신을 비롯해 한국 돈에는 왜 조선조의 인물만 등장하는지 등등과 같은 것 말이다. 그러나 이것들은 우리의 주제와 별 상관없으니 돈에 대한 설명은 예서 그치고 다음 주제로 가자.

겉껍데기만 남은 한국인의 통과 의례 - 무문화적인 한국인의 일생
이번에는 앞에서 말한 대로 한국인의 문화 의식을 의례, 더 구체적으로 말하면 통과의례를 통해서 조망하고자 한다. 우리 인간은 전체 인생 동안 서너 차례의 중요한 마디를 통과한다. 즉 태어나고 결혼하고 죽는 것이 그것이다. 한 사람에게 이것보다 더 중요한 것은 없을 것이다. 태어나는 것은 자신의 존재와 관계가 되는 것이고 결혼은 부부 관계 및 자식이 생기는 것이니 그렇다. 마지막으로 죽는 것은 자신이 소멸되는 것이니 이것 역시 엄청난 변화가 아닐 수 없다. 한 사람이 일생동안 겪는 일이 아무리 다양해도 이보다 더 중요한 일은 있을 수 없을 것이다. 이에 대해서는 더 이상의 설명이 필요 없을 게다.

이렇게 중요한 순간에는 반드시 의례가 있다. 인간에게는 동물과 다른 점이 많이 있지만 그중의 하나는 인간만이 의례를 행한다는 것이다. 동물 가운데 인간만이 주위 사람들과 의례라는 사회적 약속을 같이 한다. 그런 의미에서 인류학적으로 보면 인간을 '의례하는 동물'이라고 말할 수 있을지도 모르겠다. 아주 엄숙하게 보이는 천주교의 미사 의례도 인간의 일을 잘 모르는 외계인이 보면 우스꽝스러운 행사로 보일 것이다. 학교를 다닐 때에도 무미건조하기 짝이 없는 입학식과 졸업식은 꼭 한다. 나는 이런 의례는 필요 없다고 생각해 가본 적이 없지만 인간 사회에서 의례를 빼면 삶이 아주 무미건조해지지 않을까 싶다. 하다못해 술을 마실 때에도 술잔을 들고 '위하여' 혹은 '건배'라고 하면서 아주 단순한 의례를 하고 술을 마시지 않는가? 만일 이런 의례가 없이 그냥 술을 마신다고 하면 술자리가 무미건조해 질 것이다.

이처럼 인간은 술을 마시는 작은 일상적인 행동을 할 때에도 의례를 행하는데 인생에서 가장 중요한 순간이라고 할 수 있는, 태어나고 결혼하고 죽는 마디마디에 의례가 없을 수 없다. 이때 하는 의례는 전통 사회에서는 모두 종교와 연관되어 있다. 이 의례가 그만큼 중요하기 때문에 종교의 도움을 필요로 하는 것이다. 현대에는 종교적인 색채가 많이 줄어들었지만 여전히 의례의 이면에는 종교적인 성향이 깔려 있는 것을 알 수 있다. 가령 현대의 결혼식은 아주 세속적으로 보이지만 그 식 자체가 기독교의 의례에서 온 것이기 때문에 이미 근저에는 종교적인 틀이 있는 것이다.

　현대 사회에 와서 한국인의 통과의례는 많은 변화를 겪었다. 사람이 태어났을 때 하는 의례는 사라졌지만 결혼과 장례, 그리고 제례는 여전히 성성하게 살아 있다. 이 의례들을 보면 현대 한국인들이 문화적으로 어떤 삶을 살고 있는지 알 수 있다. 그런데 충분히 예측할 수 있는 것처럼 한국인이 행하는 통과의례는 외양은 화려한데 속은 텅 비어 있다. 일상 생활 속에 문화가 없는데 이 중요한 순간에 있기를 바라는 것은 무리한 일일 것이다. 이러한 생각을 갖고 이 통과의례들을 시간 순으로 살펴보자.

기일(其一): 탄생

　먼저 한국인의 출생에 대해 보자. 출생은 인생에서 가장 중요한 순간이라 할 수 있다. 왜냐하면 출생하지 않으면 우리의 존재자체가 성립되지 않기 때문이다. 또 가족 공동체로서도 새 구성원이 추가되는 것이니 한 인간의 출생은 그 중요성을 아무리 강조해도 지나치지 않을 것이다. 그런 까닭에서라도 이 순간은 가장 문화적인 요소로 점철되어야 한다. 그런데 한국인은—이제는 한국인만 그런 것은 아니지만—태어날 때 속되기 짝이 없는 공간인 병원에서 태어난다. 병원이란 어떤 곳인가? 남들이 다 썼던 옷을 입고 또 남들이 노상 쓴 침대에서 생활하는 곳이다. 그러니 이곳에서는 더 이상 탄생의 신비니 환희니 하는 것을 찾아 볼 길이 없다. 그런 것은 없어진지 이미 오래되었다.

　너무 속된 한국인의 탄생 사건　우리 현대인들은 그런 곳에서 인생의 첫발을 내딛는 것이다. 물론 병원은 산모의 위생관리 상 갈 수 있다고 치자. 또 아기를 낳을 때 생길 수 있는 사고를 대비하기 위해 병원에 가서 아기를 낳는 것도 이해할 수 있다. 그런데 그 다음의 일을 보아도 달라지는 게 없다. 아기가 탄생한 다음에 치르는 여러 일들을 보아도 성스러움이 없다는 것이다. 계속해서 세속적인 일로만 채워져 있기 때문이다. 현대사회가 얼마나 세속적으로 변했는가를 알기 위해서는 이전에 아기가 태어났을 때 어떻게 했는지 알아야 한다. 그래야 양자를 비교해볼 수 있다.

아기가 태어난다는 것은 가족의 입장에서 볼 때 대단히 성스러운 일이고 반가운 일이다. 기실 없던 생명이 생겨나왔으니 인간의 탄생이라는 사건은 엄청난 일이다. 이 사건을 기리기 위해 이전 사람들은 나름대로 여러 가지 일을 했다. 비록 미신이라고 할 수 있지만 여러 가지 금기를 지켰고 자신만의 정성을 들였다. 또 아이의 무병장수를 위해 아기의 엄마는 자신이 할 수 있는 일들을 했다. 그런 예는 많이 들 수 있는데 대문에 금줄을 쳐서 속된 인간들의 출입을 막고 방에는 삼신상을 차려놓는 것 따위가 대표적인 예라 할 수 있다. 삼신상이란 삼신할머니로 알려져 있는 신에게 바치는 상인데 삼신할머니는 아이의 수태부터 출산, 성장까지 아이의 생육을 관장하는 가신(家神)이다. 이 할머니에게 잘 보여야 아이가 잘 클 수 있는 것이다. 지금의 관점에서 보면 이런 것들은 다 미신이라 할 수 있다. 그러나 그 믿음에 들어 있는 옛 어머니의 마음을 읽어야 한다. 여기에는 자신의 아기가 잘 크게 해달라는 간절함이 배어 있지 않은가?

아기가 태어났을 때 하는 일은 이런 민속적인 것 말고 종교적인 일이 더 있다. 예를 들어 집안에 조상을 모신 사당이 있는 집에서는 반드시 새 구성원의 탄생을 조상신에게 알렸다. 이것은 당연한 일이다. 아이의 탄생은 집안에서는 구성원의 사망과 더불어 매우 큰일이기 때문이다. 이러한 일을 겪었을 때 사람들은 새로운 사건을 조상들에게 고할 뿐만 아니라 조상들에게 축복을 내려주실 것을 청한다. 집에 사당이 없는 평민들은 뒷산에 있는 절에 가서 아이의 건강과 장수를 빈다. 이때 엄마들이 많이 가는 곳은 절에서도 삼성각인데 여기에 있는 칠성신에게 빌러 가는 것이다. 칠성신이란 인간의 생명을 주관하는 도교계통의 신인데 엄마들은 아이의 장수를 위해 실타래를 가져다 칠성신 앞에 모셔놓고 빈다(실타래의 실처럼 오래 살라는 것이다). 어떻든 옛 사람들은 이런 식으로 온 정성을 다하여 아이의 탄생을 기렸다. 속마음에서 우러나오는 진심으로 빈 것이다.

그런데 지금 아기가 태어났을때 이런 나름대로 성스러운 종교적인 일을 하는 사람이 과연 얼마나 되겠는가? 그런 사람을 굳이 찾아본다면, 교회 다니는 사람들이 교회에서 내는 감사헌금 정도에서나 종교적인 면을 찾을 수 있지 않을까 싶다. 그렇지 않은 비종교적인 사람들에게서는 이런 종교적인 행동은 아예 찾을 수가 없다. 사실 교회에 감사헌금을 하고 유아세례까지 시키는 기독교신자들도 얼마나 진정으로 아이의 탄생을 기리는지는 잘 알 수 없다. 그것 역시 교회에서 다 하는 일이니까 별 생각 없이 따라하는 것 아닐까 싶다.

요즘은 사회의 모든 일이 지나치게 속화 되어 경건성을 체험하는 일이 쉽지 않다. 삶의 경건성과 가장 관계가 깊은 것은 종교인데 요즘의 종교들은 그다지 경건해 보이지 않는다. 외부에서 보기에 종교인들이 하는 일은 경건하다고 하기 보다는 장사하는 것처럼 보이기 때문이다. 다들 이득을 위해 혈안이 되어 다투는 꼴이 그렇다. 종교마저 저렇게 속화되었으니 삶의 다른 분야에서 종교적인 경건성을 찾는 것은 무리이다. 그러니 아이의 탄생 역시 현대 한국인들에게는 그저 하나의 속된 사건에 불과할 뿐일 것이다.

이처럼 인간의 탄생마저 속된 사건이 되었으니 탄생 뒤에 남은 일에서 일상적인 속된 것을 넘어서는 것을 찾는다는 것은 무리일 것이다. 그런데 이 분야는 남자면서 60대에 속하는 내가 건드릴 주제가 아니다. 지금까지 삶에서 적지 않은 경험을 했지만 이 분야에 대해서는 정말로 문외한이니 아주 간단하게만 보고 넘어가야겠다. 이 세계는 내가 접하는 세계와 아주 동떨어져 있어 간접적인 경험을 통해서 말할 수밖에 없겠다.

현대 한국에서는 아기의 탄생 후 다른 나라와는 다르게 일이 진행된다. 다른 나라에서는 좀처럼 찾아보기 힘든 산후 문화가 있기 때문이다. 그것을 보면, 아기의 탄생 후 산모가 가장 먼저 접할 수 있는 것은 산후조리원이 아닐까 싶다. 산모들은 약 2주간에 걸쳐 조리원에서 생활한다고 하는데 이 사람들끼리 또 동기 문화가 형성되는 모양이다. 그래서 조리원에서 나온 이후에도 동기회를 만들어 인터넷이나 전화기로 아이에 관한 수많은 정보를 공유한다고 한다. 그런데 여기에도 한국인들의 끼리끼리 문화가 작동하는 모양이다. 일부에 국한된 일이겠지만 어떤 산모들은 의도적으로 강남의 비싼 조리원에 가서 아이의 미래를 위해 인맥을 만든다고 한다. 부자 엄마들과 조리원 동기가 됨으로써 그들의 세계에 들어가려는 것이다. 이처럼 한국의 엄마들은 일찍부터 아이의 앞날을 대비한다. 이렇게 아이의 앞날을 미리 걱정하는 것은 우려할 일은 아니지만 한 생명의 탄생을 놓고 지나치게 세속화 되었다는 인상을 지우기는 어렵다. 우리 인간이 이러한 세속적인 성공만을 위해 태어난 것은 아니지 않는가? 그렇다고 이처럼 세속적인 성공을 추구하는 것을 비난할 생각은 없다. 그러나 아무리 보아도 한국인들의 이러한 태도는 조금 지나친 것 같다.

영혼이 없는 한국인의 돌잔치 그 다음으로 겪는 큰 행사는 돌잔치인데 이것도 엄청나게 세속화 된 것을 알 수 있다. 나는 한 번도 가보지 못했지만 요즘에는 돌잔치를 하는 전문업체까지 생겨 성업 중이라는 말을 듣고 적이 놀랐다. 우선 돌잔치 하는 식장을 보면 그 화려함에 입이 다 물어지지 않는다. 이것은 내가 어렸을 때인 50년 내지 60년 전, 아니 20~30년 전만 해도 상상하기 어려운 일이다. 돌잔치는 그저 집에서 간단하게 하는 것이지 그걸 동네방네 사람들을 다 불러다 외부 식장에서 하는 것은 내겐 너무 생경하다. 요즘은 환갑잔치도 다 건너뛰는 판국인데 돌잔치는 거꾸로 더 화려해지는 양상을 띠는 것 같다.

과거 전통 사회에서는 돌이 나름대로 의미가 있었다. 과거에 아기가 태어난 뒤 100일을 무사히 치르고 한 돌이 되면 인생에서 일단 큰 고비를 넘어선 것으로 보았기 때문이다. 이전에는 아이들이 어려서 많이 죽었기 때문에 한 살이 되는 것 자체가 큰 축복이었다. 그래서 이 생일만큼은 잘 챙겨주는 것이다. 그 다음부터 아이들의 생일잔치라는 것은 없었다. 나도 어렸을 때 생일상을 받아본 적이 없다. 당시는 사회가 철저하게 어른 중심으로 돌아갔기 때문에 어린이들의 권리는 무시되기 일쑤였다. 그러니 애들 생일 이라는 것은 아무 의미가 없었다. 게다가 집집마다 아이들이 7명 내지 10명은 됐으니 그 아이들 생일을 어떻게 다 챙겨줄 수 있겠는가? 돈도 없고 할 여력도 없었다. 그럼에도 불구하고 첫돌은 중요한 것이라 예외적으로 생일상을 마련해주었다.

과거의 이런 상황과 비교해보면 현대에는 첫돌의 의미가 많이 퇴색해 버린다. 요즘에는 영아사망률이 낮기 때문에 첫돌 이전에 죽는 아이들이 거의 없다. 그래서 굳이 첫돌을 유달리 축하할 필요가 없다. 게다가 요즘은 과거와는 달리 애들 생일을 건너뛰는 법이 없다. 아이들에게는 반드시 생일잔치를 해주어야지 잊어버리는 일이 있어서는 안 된다. 그렇게 아이들에게 매해 생일상을 차려주고 있는데 첫돌을 그렇게 성대하게 해 줄 필요는 없지 않을까. 과거에는 거의 유일하게 차려주는 생일상이라 돌상을 신경 써서 차려주었지만 지금은 매년 생일잔치를 해주니 굳이 돌이라고 더 성대하게 할 필요는 없다는 것이다. 물론 돌잔치를 크게 하는 부모들의 마음을 이해할 수는 있다. 요즘에는 아이를 하나 아니면 둘밖에 낳지 않으니 그 아이의 생일이 소중할 수밖에 없을 것이다.

요즘 이벤트 회사들이 하는 돌잔치

그런 내 아이의 첫 번째 생일이니 좀 남다르게 축하잔치를 해주고 싶다는 마음이 생기는 것은 전혀 나무랄 일이 아니다.

그런데 한국인들이 돌잔치 하는 모습을 보면 거기에는 도무지 진정한 축복도 없고 흥도 없다는 느낌이다. 겉껍데기만 남은 것이다. 외부 이벤트 업체가 운영하는 장소에 가서 전문 업체에서 나온 레크리에이션 지도자가 진행하는 데에 어쩔 수 없이 끌려가는 것 같은 인상만 준다. 억지로 박수 치고 웃으며 마음에 없는 축하한다는 말만 남발한다. 한 돌이라는 경건한 사건이 여기서 상업적으로 돌변한 것이다. 생일잔치는 진지하면서도 흥이 있어야 하는데 요즘 돌잔치는 다른 잔치가 모두 그렇듯 그런 것이 없다. 겉은 화려하고 멋있는 것 같은데 속에는 진심이 보이지 않는다. 진심어린 축하도 없고 재미도 없다. 그저 남들이 하니까 따라하는 것뿐이다. 만일 자식을 진심으로 사랑한다면 누구나 다 사용하는 세속적인 공간에서, 남이 다 만들어놓은 음식에, 아무 축하하는 마음이 없는 타인이 와서, 그 식을 진행하는 것을 보고 있을 수 있을까 하는 생각도 든다. 여기에 남은 것이라고는 그저 과시성이나 과소비뿐이다. 또 예의 한국인의 무문화 현상이 반복되고 있는 것이다.

어떻게 생각하면 돌잔치는 참으로 이상한 것이다. 왜냐하면 다른 중요한 잔치, 즉 결혼잔치나 환갑잔치 같은 것은 본인의 의식이 성성하고 또렷해 잔치를 즐기고 여러 손님들과 상호작용을 하는데 돌잔치는 그런 게 없기 때문이다. 1살 먹은 아이의 상태는 아직 자기의식이 생성되지 않은 때라 자기와 남을 구분하지 못한다. 그래서 그때에는 분별할 수 있는 지력이 없어 즐거움이나 괴로움을 인지하지 못한다. 따라서 본인은 이 잔치를 향유할 수 없다. 그저 눈만 껌벅거리며 앉아 있을 뿐이다.

이처럼 잔치의 주인공은 '어리버리'해 있는데 온 손님들만 좋다고 놀고 있으니 무슨 잔치가 이러냐는 비아냥거리는 소리가 들리는 듯하다.

이러저러한 이유로 나는 돌잔치란 지금 시점에서는 필요 없다고 생각하는데 그래도 하고 싶다면 아주 가까운 가족들과 조촐하게 집에서 하면 된다. 음식도 외부업체에 맡기지 말고 평소 먹는 것과 비슷하게 하고 백설기와 수수팥떡 같은 돌떡만 주문해서 상을 간소하게 갖추어 하면 어떨까 하는 생각이다. 그런가 하면 전통적인 돌상에서 살려내고 싶은 것이 있는데 그것은 아기가 자기의 미래를 점치면서 상에 놓여 있는 물건 가운데 하나를 골라내는 것이다. 이것은 합리적인 근거는 부족하지만 의미도 있고 재미도 있는 순서로 생각된다. 이 순서를 현대에 맞추어 수정을 조금 가해서 하면 좋을 것 같은데 이미 많은 변화가 있는 것으로 안다. 예를 들어 요즘의 돌상에는 컴퓨터 마우스가 올라가고 마이크가 올라가 있는 것이 그것이다.

내가 여기서 제안하는 것은 돌잔치는 어떻게 하든 좋지만 상업적인 장소에 가서 겉치레로만 진행되는 잔치에 공연히 돈 쓰지 말자는 것이다. 대신 집에서 조촐히 하자는 것이다. 결혼식이나 장례식은 집에서 하기 힘들지만 돌잔치 정도는 충분히 집에서 하는 것이 가능할 것이다. 사람들은 이런 나의 제안에 '그건 당신이 일을 안 해봐서 하는 소리이지 집안 일 하는 여자를 생각하면 그런 소리를 해서는 안 된다. 그리고 집에서 하는 것보다 전문업체에서 하는 게 더 싸게 먹힌다'라고 힐난할지도 모른다. 이렇게 생각하는 것도 이해는 할 수 있지만 아기를 진정으로 사랑하는 사람이라면 그 중요한 행사를 상업성에 찌든 업체에 맡기지 않을 것이다. 아기의 첫돌을 정말로 축하해주고 싶다면 자신이 며칠이고 생각을 거듭해서 자기 가족만의 행사를 기획해야지 성의 없이 기존 업체에 맡기면 되겠는가 하는 생각이다. 이런 시각에서 본다면 한국인들이 자식의 돌잔치를 업체에 맡겨버리는 것은 돌잔치를 안 할 수는 없으니 면피용으로 끝내버리려는 의도가 보이는데 이 의견에 동의할 사람이 얼마나 있을는지 모르겠다.

기이(其二): 결혼

조금씩 달라지고 좋아지고는 있다지만 지금 한국인들이 행하는 통과의례 중에 결혼식처럼 혼이 없는 의례가 있을까? 겉모습은 더욱더 화려해지고 있는데 내용은 없고 알맹이는 더 비어가는 느낌이다. 현대 한국인들은 결혼식이라는 의례가 갖고 있는 진정한 의미를 완전히 잊어버린 것 같다. 그저 '우리가 결혼한다'는 것을 보여주려는 것뿐이지 의례가 갖는 경건함이나 환희가 없다. 나는 한국인의 결혼식에서도 심한 전통의 단절을 진하게 느낀다. 단절도 너무 심한 단절이다.

너무 많은 사람을 부르는 한국 결혼식 - 신랑신부를 아는 사람만 부르자! 현대 한국 결혼식에 많은 문제가 있지만 그중에 가장 문제되는 게 있다면 결혼식을 너무 크게 한다는 것이다. 공연히 이 사람 저 사람 다 불러대니 결혼식이 커지지 않을 수 없다. 결혼식의 여섯 주인공, 즉 신랑신부(2명)와 그들의 부모(4명)와 관계된 사람들을 죄다 부르니 하객이 엄청 많아지는 것이다. 초대 받은 사람들은 눈치 때문에 안 갈 수 없어 어쩔 수 없이 가게 되는데 이런 이상한 결혼식은 더 이상 하지 말자는 게 내 시종일관된 주장이다. 한국 결혼식장은 아주 특이하다. 이질적인 집단들의 어색한 결합체이기 때문이다. 하객 중에는 신부나 신랑을 한 번도 안 본 사람도 많다. 양인의 부모와 아는 사이라 초청을 받고 어쩔 수 없이 온 것이다. 그러니 와서 보면 아는 사람이 하나도 없는 경우가 종종 있다. 그래서 하는 수 없이 생면부지의 남과 같이 앉아 밥을 먹게 된다. 사정이 그러하니 얼마나 어색하겠는가? 아는 사람 하나 없는 데에서 대체 무엇을 할 수 있겠는가?

나는 이런 결혼식을 반대하기 때문에 남의 결혼식에는 거의 가지 않는다. 그러나 친한 친구가 굳이 오라고 하면 가기는 간다. 한 번은 친구 딸이 성당서 결혼한다고 해서 어쩔 수 없이 간 적이 있다. 가서 친구 부부와 인사하고 돈 내고 나니 할 일이 하나도 없었다. 아는 사람이 있으면 말이라도 나누겠지만 주위를 아무리 둘러봐도 아는 사람이 없었다. 그러다 식이 시작되었는데 성당의 결혼식은 길고 지루하다. 그래서 식이 시작되자 잠깐 앉아 있다 성당을 빠져나왔는데 다음 약속까지는 시간이 많이 떠 당황했던 기억이 아직도 난다. 그러면서 나만 그런 게 아니라 다른 사람들도 비슷한 처지일텐데 왜 귀찮게끔 오라고 했는지 야속하기만 했다. 그렇지 않겠는가? 가톨릭 신자 아닌 사람이 그 '지리한' 결혼 미사를 보는 것은 아주 힘든 일인데 그런 것은 아랑곳 하지 않고 사람들을 저렇게 많이 불러대는 배짱은 대체 어디서 온 것일까? 한 번만 생각해봐도 그것은 사람들에게 많은 폐가 된다는 것을 알 수 있는데 왜 사람들에게 고통을 안겨주느냐는 것이다.

그래서 나는 아들 아이 결혼할 때 내 쪽 손님으로는 아무도 부르지 않았다. 그러나 처와 신부 쪽 사람들은 모두 사람들을 '왕창' 불러댔다. 나는 그들이 그렇게 하는 것을 막고 싶은 생각도 없었지만 막을 수도 없었다. 마누라에게 내 뜻을 전해도 내 의견에 동의하지 않으니 어쩔 수 없었다. 나는 이렇게 결혼식 크게 하는 것이 아무 의미 없다고 이야기를 했지만 마누라는 이런 기회에 사람들이 모여 소통을 하면 좋은 거 아니냐고 반문했다. 그래서 나는 그것은 친족들에게만 해당하는 것이고 다른 사회 집단에게는 해당되지 않는다고 항변했다. 가족 이외의 다른 많은 사람들은 신랑이나 신부를 한 번도 본 적이 없다. 그래서 그 예식이 시작되었을 때 그 사람들은 자신들이 전혀 모르는 젊은이 두 사람이 화려한 옷을 입고 나와 서로 사랑의 서약을 하느니 어쩌고 하는 것을 보고 있노라면 여간 어색한 게 아닐 게다. 따라서 이런 사람들은 결혼식에 와 봐야 아무 공감도 못 느낄 것이다. 또 주위를 둘러봐도 아는 사람이 없으니 꼭 꿔다 놓은 보릿자루 같고 개밥에 도토리 같은 신세가 된다. 그러나 낸 돈이 아까워 주는 밥이나 빨리 먹고 신속하게 식장을 빠져 나오는 것으로 그날 사건을 마무리한다.

그래서 나는 제안하길 결혼식은 제발 가까운 친족(4촌~6촌 내)과 아주 가까운 친구나 지인만 초치해서 작고 조용하게 하라고 한다. 그리고 굳이 하객들을 더 초청하고 싶으면 신부신랑을 개인적으로 아는 사람만 부르라고 한다. 그래야 식을 참관해도 어색하지 않지 신랑신부 양자를 다 모르면 앞에서 말한 것처럼 앉아 있기조차 힘들어진다. 이와 관련해 일본의 결혼식 문화는 우리에게 많은 시사점을 준다. 일본에서는 결혼식에 초청되는 사람들이 정해져 있다. 즉 양가가 청첩장을 보낸 사람만 오게 되어 있다. 어중이떠중이를 다 부르는 게 아니라 결혼식에 꼭 와야 될 사람만 부르는 것이다. 그래서 식장에 가면 자기 이름이 있는 자리가 다 있다. 현대 결혼식은 이렇게 하는 것이 맞다. 그래야 초청받은 사람도 자신의 자리에 앉아서 대우 받는 느낌을 받는다. 한국 결혼식에 가면 그런 느낌이 없다. 부모들과 인사만 끝나면 그 다음에는 먹이 감 찾는 늑대 모양 알아서 어딘가 비집고 들어가 앉아서 밥을 먹고 알아서 사라져주어야 한다.

사실 지나고 보면 결혼식은 아무것도 아니다. 식을 올리는 날만 분주하지 끝나고 일상으로 돌아가면 아무 생각도 안 난다. 요즘 결혼식은 전부 면피용이다. 남들이 다 하니 나도 그저 따라 할 뿐이다. 그렇게 체면 치레로 하니 식에 어떤 알맹이가 있는 것이 아니라 형식만 갖춰서 후딱 해치우게 된다. 장바닥과 다를 게 없다. 그러니 하객들이란 사람들은 주르르 몰려와서 돈 내고 부모들에게 인사한 다음 밥만 후다닥 먹고 전체 예식(피로연까지 포함해서)이 끝나기도 전에 종종걸음으로 사라지지 않는가? 결혼식을 하는 당사자나 참석하러 오는 사람들이나 모두 의무감으로 하니 식이 끝나도 남는 게 없다. 속빈 강정이다.

하나도 즐겁지 않은 한국인의 결혼식 그러니 결혼식에 축제성(festivity, 축전성)이 없다. 결혼식은 자고로 아주 즐거운 행사이기 때문에 한껏 즐겨야 한다. 그런데 현대 한국의 결혼식에는 이게 완전히 사라지고 진부한 순서와 형식만 남았다. 모든 순서에 억지로 하는 것만 남았고 당최 환희나 즐거움, 축하 같은 게 없다. 낡아빠진 관습만 남았다. 알맹이는 하나도 없는데도 하객들은 결혼을 축하한다고 한다. 도대체 무엇을 축하하는지 모르면서 무조건 축하한다고 한다. 내 경험을 말하면, 내 아들놈이 결혼식을 할 때에도 오는 사람마다 축하한다고 하길래 '도대체 뭐가 축하할 일이 있는가? 자식 부양해야 하는 의무감만 더 생기는데' 라고 반문했던 기억이 난다.

한국인들은 이렇게 다들 억지로, 억지로 결혼식을 한다. 그런데 식을 간단히 하겠다고 사람들을 안 부르면 나중에 삐치는 사람이 있다. '어떻게 나를 부르지 않을 수 있느냐? 나를 무시하는 것이냐'라는 힐난과 함께 말이다. 그래서 사람들이 '좋은 게 좋은 거다'라고 하면서 아는 사람을 다 부른다. 우리는 모두 이렇게 살고 있는 것이다. 다시 말해 서로를 구속하면서 살고 있는 것이다. 흡사 먹잇감 하나를 놓고 두 마리의 새가 상대방의 부리를 물고 있는 형국이다. 자기가 먹지 못하니까 남도 못 먹게 하는 것이다. 서로 먹지 못하고 있는 것이다. 그래서 어부지리(漁父之利)란 말이 나온 것 아니겠는가? 한국 결혼식에서 이득은 결혼식을 준비해주는 회사나 예식장들만 가져가는 것 같아 한 번 고사를 인용해 보았다.

내가 다른 책(『행복은 가능한가』)에서 이미 말했지만 이전에는 결혼식을 이렇게 하지 않았다. 과거 전통 사회에서는 결혼식이 있으면 온 마을이 축제 모드로 전환된다. 음식 만드는 등의 준비도 다 같이 하고 모두가 같이 모여 진하게 즐긴다. 참여하는 사람들이 동네 사람들이니 모두가 서로 잘 안다. 식은 신부 집에서 했는데 동네 사람들은 신부가 어릴 때부터 익히 보아왔다. 어린 아이였던 사람이 시집을 간다니까 신기하기 짝이 없다. 또 어려서부터 보아왔으니 친숙하다. 그래서 진정으로 축하해주고 싶은 마음도 생긴다. 처음으로 신랑을 보는 것도 가슴 설렌다. 과연 어떤 남자일까 하면서 동네 사람들이 서로 수군수군 대는 등 새로운 사람이 오는 것에 많은 기대를 하게 된다.

그리고 결혼식도 하루에 끝나지 않는다. 며칠 동안을 먹고 마시고 쇠를 치면서 논다. 결혼식에는 그 다음날 신랑의 발바닥을 때리는 벌을 주는 재미도 있고 그 외에도 많은 오락 행사들이 있다. 그러니 동네 사람들은 결혼식 하는 게 여간 좋은 게 아니다. 무엇보다도 좋은 것은, 이런 의식이 있는 날은 아주 오랜만에 영양보충을 할 수 있다는 것이다. 이때가 되어야 쌀밥도 먹을 수 있고 그 귀한 고기도 먹어볼 수 있다. 술도 마음 놓고 마실 수 있다. 그러니 동네 사람들이 얼마나 좋아하겠는가? 평소에는 전혀 할 수 없는 일을 결혼식이 '있으면 할 수 있으니 말이다. 사정이 이러하니 하객들에게 축제를 하지 말라고 해도 자연스레 난장판이 벌어진다. 그래서 결혼식이 여간 좋은 게 아니다. 몇 년에 한 번 올까 말까 한 날이니 얼마나 설레고 즐겁겠는가?

이런 과거의 결혼식과 지금의 결혼식을 비교해보면 지금은 이와 비슷한 게 아무것도 없다. 환희도, 설렘도 없다. 그저 의무감으로 할 뿐이다. 요즘은 다 잘 먹고 잘 사니 식장에서 영양보충할 일도 없다. 또 식장에 가봐야 온통 모르는 사람 투성이니 같이 놀고픈 마음도 없다. 요즘 사람들은 노는 것도 주말마다, 혹은 휴가 때 실컷 하는 일이니까 딱히 결혼식에 가서 놀 필요도 없다. 이전에는 일 년 내내 일만 하니까 결혼식 같은 축제 때 노는 것이 진귀한 기회이지만 요즘은 굳이 결혼식에 가서 놀 필요가 없다는 것이다.

기괴하게 변한 한국의 결혼식 이처럼 이리 봐도 저리 봐도 요즘 결혼식은 계륵(鷄肋) 같은 존재이다. 지금처럼 식을 하는 것은 의미가 없지만 그렇다고 안 할 수도 없는 그런 존재가 되어버린 것이다(나는 개인적으로 결혼식은 그다지 필요 없는 것이라고 생각한다. 결혼식은 이전처럼 집안이나 동네 사람들이 긴밀하게 모여 살 때에는 필요한 것이지만 요즘처럼 핵가족으로 산다면 굳이 식을 올릴 필요가 없다. 그러나 굳이 한다면 아주 간소하게 하는 것이 좋다). 이렇게 되니까, 다시 말해 알맹이가 없으니까 겉만 화려해진다. 속이 비니까 겉이라도 공연히 화려하게 만든다. 속의 허전함을 화려한 겉으로 '캄프라치(camouflage, 위장)'하는 것이다. 그래서 꽃값에만 몇 백 만원이 들었다느니 드레스 값은 천정부지라느니 하는 말들이 나오는 것이다. 요즘 결혼식이 얼마나 화려해지는지는 굳이 여기서 더 말하지 않아도 독자들이 잘 알 것이다.

이와 더불어 화환 문제도 심각한데 지면 상 이런 것들을 다 다룰 수는 없겠다. 아무 의미 없는 화환들을 주르르 늘어놓고 혼주들이 좋아하는 모습을 보면 할 말을 잃는다. 대체 누굴 위해 이런 짓을 하는지 알 수가 없다. 화환 문제는 장례를 다룰 때 또 거론하니 그때 구체적으로 보자.

식 자체도 그렇다. 한국에서 행해지는 결혼식을 보면 어쩌면 저렇게 기괴한 식을 할 수 있을까 하는 생각뿐이다. 앞의 책에서도 밝혔지만 현대 한국의 결혼식은 인류학자들의 연구감이다. 미국 것과 한국 것이 어설프게 섞여 있어 다른 나라에서는 그 유례를 찾아볼 수 없는 것이 되었기 때문이다. 틀은 명확하게 미국식인데 그 안에 한국 것들이 어색하게 들어가 있다. 누누이 밝혔듯이 한국 결혼식은 미국 교회에서 하는 것을 그대로 베낀 것이다. 주례가 목사가 하는 일을 대신해주고 있는 것이다. 한국인들도 암묵적으로 주례를 목사라고 생각하니까 거기다 대고 서약하는 것이다.

그런데 주례에게 무슨 신성한 힘이 있는가? 그에게 서약한다고 무엇이 달라지겠는가? 교회에서는 목사를 통해 신께 서약을 한 것이니 파워

이색적인 신세대 결혼식 장면

가 있다. 차원이 다르다. 그래서 나중에도 구속력이 있다. 목사를 통해서 신께 약속을 한 것이니 그 결혼을 제 마음대로 깨서는 안 된다. 그렇게 해야 결혼식이 경건해지는 것이다. 신 앞에서 영원히 당신과 살겠다고 맹세하는 것이니 얼마나 경건하겠는가? 그런데 우리는 아무 신성한 힘이 없는 일개 속인 앞에서 제멋대로 서약을 한다. 주례란 그저 한 사람의 세속인일 뿐이다. 그러니 아무 구속력도 없다. 이렇게 미국인들의 겉만 흉내 내어 식을 올리니 그 예식이라는 것이 얼마나 어색한 일이겠는가?

그래서 요즘은 주례 없이 식을 올리는 경우도 적지 않게 있다. 그런 결혼식을 보면 신랑 신부가 서로에게 서약을 한다. 이것도 웃기는 것이다. 서약을 남들 앞에 할 때에는 일정한 권위 앞에서 해야 한다. 마치 미국대통령이 취임 선서를 할 때 『기독경』에 손을 얹어 놓고 하는 것처럼 말이다. 여러 사람들 앞에서 할 때에는 그렇게 해야 공신력이 생기는 것이다. 그런데 이 경우처럼 신랑 신부가 서로에게 하는 것은 사적인 것이라 자기들끼리 있을 때 하면 된다. 두 사람만 있을 때 서로에게 대고 약속하면 된다는 것이다. 이것을 굳이 사람들 앞에서 할 필요는 없다.

만일 이 경우에 격식을 조금 찾으려면 적어도 부모들에게 하는 방법이 있을 것이다. 지금까지 키워주었고 또 결혼식 비용도 다 부모가 대니, 더 나아가서 앞으로도 계속해서 부모에게 의존할 터이니 부모에게 서약하는 것은 가능한 일이다. 그리고 한국 같은 유교 사회에서 부모가 갖는 상징은 큰 것이니 그렇게 할 수 있다. 그런데 이렇게 한다는 소식은 들어보지 못했다. 한국의 결혼식은 이처럼 이도저도 아닌 이상한 형태로 굴러가고 있는 것이다.

한국인들도, 특히 젊은이들은 지금 하는 결혼식 절차가 싫어 고치려고 애를 쓰고 있다. 그러나 문화에 대해 아는 것이 없으니 그 결과가 신통할 수 없다. 사실 이 서약하는 문화도 우리에게는 생경하다. 이렇게 개인들끼리 서약하는 것은 개인주의적인 서양 문화에서 나온 것이라 한국 같은 집단주의 사회에는 잘 맞지 않는다.

그래서 나는 이런 순서는 아예 없애는 것이 낫겠다고 생각한다. 대신 전통 결혼식에서처럼 서로에게 절을 하고 술을 나누어 먹는 절차를 살리는 것이 어떨까 한다. 이게 더 동양적이고 상징적일 뿐만 아니라 한국 문화에도 맞는다. 서로 절하는 것은 바로 한국식의 서약이고 술을 나누어 먹는 것은 하나가 된다는 대단히 상징적인 의미를 담고 있다. 전통의 이런 것은 살려내서 하는 것이 좋을 것이다.

거슬리는 절차들   이 이외에도 한국 결혼식에는 아주 거슬리는 서양식 절차가 있다. 신부 아빠가 신부를 '끌고' 들어오는 것이 그것이다. 이 절차의 봉건성에 대해서는 많은 기회에 이야기했다. 신랑은 혼자서 '보무(步武)도 당당(堂堂)히' 걸어 들어오는데 신부는 아버지 손에 이끌려 들어와 신랑에게 인도된다. 그런 의미에서 결혼은 신부의 주인이 바뀌는 의식이라고나 할까? 우리 전통 결혼식에는 이런 게 없다. 신랑 신부가 다 따로 들어온다(앞마당에서 식을 올리니 들어오고 말 것도 없지만). 신부를 이렇게 아버지가 끌고 들어오는 것은 전형적인 서양(의 기독교)적인 발상이다. 인류를 타락하게 만든 장본인이 여자이기 때문에 여자는 남자의 지속적인 관리를 받아야 한다. 이런 생각이 깔려 있기 때문에 서양에서는 젊은이들이 이런 순서를 더 이상 지키지 않는다. 서양에서는 그 낙후성 때문에 이미 없어진 절차를 한국인들은 신주단지처럼 지키고 있으니 한 마디로 말해 이것은 코미디라고 할 수밖에 없다.

이 관습이 얼마나 웃기는 지를 비유를 들어 설명해보자. 한국 전통 결혼식에서는 식이 끝난 뒤 신랑의 발바닥을 때리는 순서(신랑 다루기)가 있었다. 신랑이 신부를 빼가는 것에 대해 징벌을 가하는 것이다. 이게 가능했던 것은 결혼식을 신부 집에서 했기 때문이다. 신랑 집에서 했다면 신랑을 처벌하지는 않을 게다. 지금은 이 관습이 사라졌다.

사라질 수밖에 없는 것이 결혼식을 예식장에서 하니 신랑을 때릴 필요가 없는 것이다. 그런데 우리 문화를 수입해간 어떤 동남아 부족이 결혼식을 하면서 영문도 모르면서 신랑 발바닥 때리는 절차를 고수하고 있다면 우리 한국인은 어떤 생각을 할까? 그 풍습의 원조인 우리들은 그 야만성(?) 때문에 그것을 버렸는데 그런 사정을 아무것도 모르는 어떤 부족이 그것을 계속 따르는 모습이 얼마나 웃기게 보이겠냐는 것이다.

한국인에게 안 어울리는 예복　이처럼 한국의 결혼식은 어설프게 서양을, 더 구체적으로 말해 미국을 따라하고 있다. 결혼식 할 때 입는 예복도 어색하기는 마찬가지이다. 신부가 입는 옷인 새하얀 웨딩드레스에 대해서는 내가 직접 경험자가 아니니 말을 아끼려 한다. 내가 생각하기에는 이 웨딩드레스 입는 것도 문제가 많이 있지만 그냥 지나치기로 한다. 신부가 일생에 그 옷 한 번 입어보겠다는데 옆에서 왈가왈부할 것이 없기 때문이다. 그러나 내가 남자이니 신랑 옷에 대해서는 한 마디 할까 한다.

어쩌다 결혼식장에 가서 신랑이 옷 입은 것을 볼 때 마다 나는 '참으로 옷이 안 맞는다'라는 생각을 지울 수가 없다. 그래도 요즘에는 신랑 옷이 이전처럼 예복인 턱시도를 지양하고 실용적인 옷으로 바뀌어 조금은 나아졌다. 그런데 한국인이 턱시도 입은 꼴을 보면 참으로 가관이다. 큰 규모의 합창단을 보면 남자 단원들이 지금도 턱시도 같은 것을 입고 나오는데 그 옷은 다리가 짧은 한국인에게는 영 어울리지 않는다. 꼭 하인의 대명사인 마당쇠처럼 보인다. 그 옷은 다리가 긴 서양인이 입으면 멋있게 보이도록 디자인된 것이다. 신부는 드레스가 하체를 전부 가리니까 문제가 덜 되는데 신랑은 다리가 그대로 드러난다. 그래서 한국인들은 턱시도 같은 서양 예복을 입으면 몸체가 두 쪽으로 나뉜 것처럼 보인다. 허리가 길어 몸이 양분되어 있는 것처럼 보이는 것이다. 게다가 그 긴 허리에다 폭이 넓은 빨간 띠까지 두르면 아주 가관이다.

이것도 그렇지만 우리 한국인들은 평소에 이런 옷을 전혀 입지 않기 때문에 이렇게 갑자기 서양 예복을 입으면 옷이 튀어 영 안 어울린다. 몸과 옷이 따로 놀기 때문이다. 이것은 흡사 외국인이 갑자기 한복을 입는 것과 똑 같다. 외국인이 한복을 입으면 옷이 완전히 겉돈다. 옷은 그냥 입으면 다 될 것 같지만 결코 그렇지 않다. 옷도 입어본 사람이 잘 입는다. 평소에 안 입던 옷을 갑자기 입으면 옷이 겉돌게 된다.

그런데 서양인들을 보라. 그들은 그 옷이 생활화 되어 있기 때문에 예복을 입으면 훨씬 멋 나 보인다. 평소에 입는 옷을 조금 더 격식을 갖추고 입는 것이니 잘 어울릴 수밖에 없다. 사정이 이렇다면 우리 한국인들은 결혼식을 할 때 군이 양복을 고집할 이유가 없지 않을까? 나는 늘 결혼도 예복 한복을 입고 하라고 주문하는데 그게 잘 먹히지 않는다. 한복이 뭐 어때서 사람들이 피하는지 모르겠다. 그런데 결혼식을 할 때 신랑신부가 한복을 입지 않는 것은 아니다. 소위 피로연을 할 때에는 한복을 입고 나오는데 여기에도 문제가 많이 보인다. 그러나 이 비판을 계속하면 너무 '까탈스럽게' 보이니 여기서 그만 두는 게 낫겠다.

하기야 나는 이런 말 할 자격이 없는지 모른다. 내 아들 아이 결혼할 때 내 뜻을 별로 관철하지 못했기 때문이다. 결혼은 상대(이른바 사돈)가

결혼식 예복은 대개 양복 정장과 드레스다

있기 때문에 모든 것을 내 마음대로 할 수는 없다. 그래서 나는 처음부터 아예 신경을 쓰지 않았다. 관습형 사람들과 말이 잘 통하지 않기 때문에 처음부터 개입하지 않은 것이다. 아들아이는 내 편이었지만 그도 주위에 전부 관습형 인간들만 있어 그냥 그들이 하자는 대로 하는 것 같았다. 그러나 내가 내 마음 대로 할 수 있는 부분은 내 임의로 했다. 예를 들어 나는 한복을 입고 식에 참여한 것이 그것이다.

요즘에 한국인들은 정말로 한복을 입지 않는지라 나라도 입어야 되겠다는 생각에 한복 입는 일이 번거롭지만 그리 했다. 다른 때는 몰라도 의례가 있을 때는 한복을 입자는 게 내 평소의 주장이다. 그랬더니 신부 옷을 관리하던 여자가 이런 결혼식 때 아버지가 한복 입는 것은 백기완 씨 이래 처음 보았다고 해서 헛웃음을 웃었다. 한국인들이 왜 이렇게 자기 나라 옷을 외면하는지 참으로 딱하다는 생각이다. 이것은 문화를 다 까먹고 사는 사람들다운 행동거지가 아닐 수 없다.

형식적인 것은 피로연 때도 마찬가지인데 이 문제는 그냥 지나가자. 이때 신랑신부는 한복을 입고 나오는데 요즘 젊은이들은 이때 한복을 처음 입는 경우가 많다. 제 나라 옷을 안 입는 민족이 되어버렸으니 한복 입을 기회가 없는 것이다. 이전에는 그래도 명절 때에는 많은 사람들이 한복을 입었는데 요즘은 극소수의 사람만이 입는다. 어떻든 젊은이들은 이른바 웨딩 촬영과 피로연 할 때 한복 입으려고 그 비싼 한복을 맞춰 입는다.(빌려 입는 경우도 있다고 한다.) 그 전에도 입지 않았지만 결혼식 후에도 결코 한복은 입지 않을 것이다. 그러니까 결혼 때 전시용으로 옷을 맞춰 입는 것이니 이 어찌 낭비가 아니겠는가? 그런데도 왜 신랑신부들은 굳이 한복을 입으려 하는 걸까?

그래도 결혼 예복은 실용적으로 많이 바뀌었기 때문에 나중에 입을 수 있다지만 이 한복은 예식용으로 만들어 평상시에는 입을 일이 거의 없다. 게다가 내가 보기에 신부 한복은 보기 괜찮은데 신랑 한복은 문제가 많다. 너무 퓨전 쪽으로 가서 디자인이 튄다. 그래서 앞으로도 입기 힘들 것이다. 이게 무슨 낭비인가? 그런데도 계속 해서 이렇게 하는 건 결혼대행업자들이 꾸며낸 대로 움직이는 것 아닌지 모르겠다.

굳이 할 필요 없는 폐백　　그 다음은 폐백 문제이다. 서양식 결혼식이 끝나면 사진 찍는 것을 끝내고 두 사람은 부리나케 폐백실로 간다. 그리고 그런 의식을 왜 해야 하는지도 모르고 한복으로 갈아입고 신랑 쪽 식구들에게 절을 한다. 그리고 절값을 받아 챙기고 다시 식장으로 가서 피로연 행사를 한다. 이처럼 이 두 사람은 당일 굉장히 바쁘다. 왜 바빠야 하는지도 모르고 바쁘다. 그런데 문제는 이 폐백 행사이다. 나는 누차 이 절차는 필요 없는 것이라고 했다.

이전에는 신부 집에서 결혼식을 했기 때문에 시댁으로 와서 시댁 식구들에게 인사하는 순서가 반드시 있어야 했다. 이것을 주자가례에서는 현고구례(見舅姑禮)라고 한다. 지금하는 폐백은 그걸 흉내 내서 하는 것이다. 그리고 '폐백한다'는 말도 잘못된 것이다. 폐백은 바치는 물건이니 그것을 '한다'라는 동사와 결합시킬 수 없다. 어떻든 지금은 결혼식을 신부 집에서 하는 게 아니라 양가가 모여 같이 하니까 시어른들에게 따로 인사를 올릴 필요가 없을 것이다.

이 절차가 지닌 또 하나의 문제는 좋지 않은 가부장제의 구습이 이 의례에 깊게 배여 있다는 점이다. 이 의례를 할 때에는 주지하다시피 시댁 식구들만 참여한다. 과거에는 그럴 수밖에 없다. 시댁에서 시댁 식구들을 대상으로 의례를 했으니 말이다. 그런데 이 의례가 그냥 인사만 하는 것이면 문제가 없는데 이 의례를 하는 시댁 식구들의 속셈은 다른 데에 있다는 것을 알아야 한다.

이 의례가 본질적으로 의도하는 바는 며느리의 기를 완전히 꺾는 것이다. 그런 면에서 이 의례는 아주 고약한 행사이다. 어떤 면에서 고약하다는 것일까? 이 의례는 '오늘부터 너는 이 집에 종속되는 것이니 모든 것을 우리에게 복종하도록 해라'는 것을 며느리에게 철저하게 주입하는 절차이다. 그때부터 며느리는 자신이 '벙어리, 귀머거리, 장님' 등 온갖 장애가 있는 것처럼 행동해야 한다. 이렇게 보면 이 폐백이라는 순서는 며느리가 인간으로서 갖는 권리를 빼앗는 의례라고 할 수 있다. 물론 지금은 그런 의미는 없고 그저 민속 행사쯤으로 하니 큰 문제는 없다.

어떻든 이런저런 이유로 폐백은 현대 결혼식에서 할 필요가 없는 순서이다. 그러나 만일 굳이 이 순서를 하고 싶으면 양가 부모가 같이 들어가서 하면 문제는 없겠다. 내가 아들 아이 결혼시킬 때 내 뜻대로 한 것이 별로 없었지만 폐백을 안 하는 것은 관철시킬 수 있었다. 그런데 나중에 생각해보니 신부 집에서 볼 때 폐백은 자신들과 관계없으니 우리가 하든 말든 상관을 안 한 것 같았다. 그래서 우리가 안 하겠다고 하니 아무 반응이 없었던 것이다. 나는 폐백 하나 물리친 것도 잘한 일이라 생각했는데 나중에 생각해보니 어차피 우리 소관의 일이라 내가 하든 말든 별 의미가 없었던 것이었다.

허접한 결혼식의 말미   이렇게 해야 전체 결혼식이 다 끝나는데 실제의 결혼식장에서 결혼식의 말미를 보면 씁쓰레하다. 피로연할 때부터 자리가 서서히 비기 시작하는 것부터가 그렇다. 하객들이 음식을 대충 먹고 빨리 가기 때문이다. 돈을 냈으니 본전 생각에 밥은 먹어야 한다. 만일 스테이크 정식이면 그것까지는 먹고 나머지는 생략하고 자리를 뜨는 경우도 있다. 그래서 식이 거의 끝나갈 무렵이 되면 여기 저기 탁자들에서 하객들이 빠져 나가 볼썽사납다.

그런 상태가 되면 종업원들이 그릇을 치우기 시작해 전체 식장은 어수선하기 짝이 없다. 결혼식 때 그나마 있었던 소량의 경건함은 다 없어지고 완전 장바닥이 된다. 장도 파장의 장이라 을씨년스럽기까지 하다. 아니면 어떤 경우에는 밥표(식권)를 먼저 받아 밥을 식 전에 먹고 잠깐 인사만 하고 자리를 뜨는 사람들도 있다. 낸 돈이 아까우니, 또 어차피 밥은 먹어야 하는 것이니 밥만 빨리 먹은 다음 당사자에게 눈도장 찍고 면피만 하고 사라지는 것이다.

그렇게 가는 사람들을 나무랄 것은 하나도 없다. 그들은 많은 경우 의무감으로 왔지 진정으로 이번 결혼식을 축하해주러 온 사람들이 아니기 때문이다. 사실 결혼식이 제대로 되려면 온 하객들이 끝까지 같이 있으면서 축하해주고 즐겁게 놀아야 한다. 그래야 식이 축제가 된다. 그런데 지금 식대로 하면 결코 그렇게 할 수 없다. 그러면 어떻게 해야 할까? 첫 번째 할 일은 하객 수를 대폭 줄이는 것이다. 조금이라도 면식이 있는 사람이면 죄다 부르는 그런 촌스러운 짓을 그만 하라는 것이다. 공연히 사람들의 귀한 시간 뺏고 돈 쓰게 하지 말자는 것이다. 그 사람만 돈 쓰는 게 아니다. 그렇게 부른 사람들 대접하느라 본인들도 엄청 돈을 쓴다. 하객을 줄이면 이처럼 쓸데없는 낭비를 많이 줄일 수 있다.

또 식장을 지나치게 많은 꽃으로 장식하는 것도 문제이다. 화환도 문제이지만 식장 안에 장식한 꽃들 역시 문제가 심각하다. 이 꽃들이 얼마나 비싼 것인가? 불과 2시간 정도 쓰려고 그 많은 꽃을 동원하는데 여기에 돈이 너무 많이 들어간다. 게다가 시간이 갈수록 사람들이 돈을 더 들여 더 화려한 꽃 장식을 한다. 일생에 한 번 하는 거라고 돈 쓰기를 주저하지 않는다. 이런 게 요즘의 추세라니 참으로 걱정스럽기만 하다. 이렇게 보아도 저렇게 보아도 한국의 결혼식은 들어간 돈에 비해 너무나도 남는 것이 없다. 시쳇말로 허접하다는 것이다. 식이 끝나면 진한 추억이나 감동, 또 환희가 전혀 남지 않는다. 요즘 말로 하면 가소성 대비가 많이 떨어진다는 것이다.

그래서 나는 사람들에게 한국인들이 문화 없이 혹은 문화를 다 잊고 사는 모습을 보고 싶으면 결혼식장에 가보라고 한다. 내가 지금까지 말한 장면들이 그대로 펼쳐지기 때문이다. 아니 나는 많이 축소해서 말한 것이니 실제의 모습은 이보다 더 하다. 사실 결혼하는 당사자들도 답답할 것이다. 그들 역시 대안을 모르니 그렇게 하는 게 당연한 것인 줄 알고 그냥 하는 것 아닌가? 누가 만든 것인지 모르지만 그냥 관습대로 하는 것이다.

문화는 결혼식 같은 생활문화 속에 있어야! 한참 앞에서 말했지만 (좋은) 문화는 바로 이런 데에 있어야 한다. 이런 일상의 현장 속에 문화가 있어야 한다는 것이다. 일상은 이렇게 무문화적으로 돌아가는데 이런 일상을 팽개치고 공연장이니 전시장 같은 데에 가서 온갖 폼을 잡아보아야 문화인이 되는 게 아니다. 문화가 있는 날은 바로 이런 의례에 적용되어야 한다. 이런 날에 좋은 문화가 있어야 한다는 것이다.

이런 의미 있는 날에 문화가 있으면 굳이 날 잡아서 공연장이니 전시장에 가지 않아도 된다. 문화가 제대로 서면 그런 시각예술이나 공연예술은 일상 속으로 자연스럽게 들어와 용해된다. 일상 의례는 그런 의미에서 아주 중요하다. 이런 의미 있는 이벤트적인 의례를 통해 그동안 소원했던 이웃들을 다시 만나 진정한 교감을 할 수 있다. 그래서 문제가 있었으면 그것을 풀고 서로 화해나 화합을 할 수 있게 된다. 이런 기회를 통해 살고 있다는 데에 감사를 느끼고 생을 구가할 수 있게 되는 것이다.

바로 이렇게 되어야 결혼식처럼 엄청난 돈과 시간을 들여 의례를 하는 보람이 있게 되는 것이다. 이런 의례를 할 때에는 보통 때에는 생각하지도 못하는 엄청난 돈을 쓰게 된다. 보통 때 우리들은 몇 백원, 몇 천원을 아끼려고 온갖 수고를 아끼지 않지만 이런 잔치가 있을 때에는 돈을 마구 쓴다. 이것은 매우 비일상적인 것이다. 이런 의례에서 우리가 이처럼 비일상적인 행동을 하는 것은 무슨 까닭일까? 이것은 우리가 이런 의례를 통해 일상을 넘어서는 일을 할 수 있기 때문일 것이다. 그래서 의례의 전과 후는 다른 사회가 된다. 어떤 의미에서 다른 사회라고 하는 것일까?

우리는 이런 의례를 통해 마음에 맺힌 것을 풀고 다시 얼마간 앞으로 나갈 수 있는 힘을 얻는 것이다. 이 힘든 인생을 버텨나갈 힘을 충전하는 것이다. 그런 힘과 마음풀림은 일상에서는 얻기 힘들다. 과거에 우리 인간 사회에서는 축제가 이런 역할을 했었는데 결혼식도 이런 기능을 하는 좋은 기회였다. 그런데 현대 한국인들은 이 기회를 살리지 못하고 있다. 사람들이 돈만 써서 화려하게만 할 줄 알았지 들인 돈만큼 이득을 빼내지 못하고 있다. 따라서 한국에서 행해지는 결혼식을 포함한 의례들은 총체적으로 다시 점검해야 한다. 이전과는 너무도 달리 변한 현대 사회에 적합한 의례가 어떤 것인지 냉정하게 재점검해야 한다는 것이다. 그런데 그것을 누가 할까?

기삼(其三): 장례

사람이 일생을 살면서 결혼 다음에 하는 의례 중 가장 중요한 의례는 장례일 것이다. 물론 이것은 자신이 직접 주재하는 것은 아니지만 말이다. 장례에서는 본인 자신이 주인공이지만 이 의례에 직접 참여할 수는 없는 것이라 그렇다는 것이다. 이렇게 보면 관혼상제 가운데 자신이 명확한 의식을 갖고 임할 수 있는 의례는 결혼밖에 없다는 재미있는 결론이 나온다.

거대한 허례, 한국의 장례 문화 어찌 됐든 우리는 한국의 장례식장에서 또 하나의 거대한 허례이자 사정없는 낭비의 현장을 만난다. 장례식에는 혼례보다 알맹이가 더 빠졌다. 앞에서 말한 것처럼 혼례는 그나마 주인공인 신랑 신부가 있지만 장례식에는 본인조차 없기 때문이다. 본인은 고인이 되었으니 당연히 장례식에는 참여할 수 없다. 대신 자식들이 모든 순서를 주관하는데 이 자손들이 하는 짓이 가관이다. 제멋대로다. 그 예를 들자면 끝이 없을 게다. 굳이 예를 들자면, 한국인들은 장례식에서도 결혼식 때처럼 자신들의 세를 과시하기 위해 조화(弔花)를 가지고 장난 비슷한 짓을 한다. 어떤 짓을 한다는 것일까? 조화 가운데 권력이 제일 센 사람이 보낸 꽃을 고인의 가장 가까운 쪽에 놓는 따위가 그것이다. 그러다 더 센 사람이 조화를 보내면 위치를 바꾸어 놓는다. 예를 들어 시의원이 보낸 조화가 고인 영정 바로 옆에 있었는데 국회의원이 보낸 조화가 도착하면 바꾸어 놓는 게 그런 거다. 고인이 된 우리 아버지가 이런 사람이니 좀 알아달라는 식이다. 유세를 떠는 것이다.

또 결혼식처럼 장례식 때에도 화환의 행렬이 끊이지 않는다. 이것은 대표적인 낭비인데 이것을 고치자 해도 도무지 안 된다. 이렇게 꽃을 즐비하게 놓는 것은 합리적인 사고를 잘 하지 못하는 대표적인 후진국의 모습이다. 선진국에서는 이런 어이없는 짓을 하지 않는다. 이게 얼마나 어리석은 일인지 알기 때문에 이런 짓을 피하는 것이다. 따라서 이런 어이없는 일을 하는 사회는 아직 선진국에 들어가지 못한 것으로 보아도 된다. 이런 의미에서 한국은 물질적인 것은 선진국이지만 정신적 가치 면에서는 선진국에 들어가지 못했다고 하는 것이다.

이런 비합리적인 관습은 사회 지도층부터 솔선수범해서 고치자고 해야 하는데 이 사람들 역시 고칠 의사가 전혀 없다. 왜냐하면 화환이 많을수록 자신의 세가 과시된다고 생각하기 때문일 것이다. 화환의 숫자를 가지고 고인이 생전에 누렸던 권력이나 능력을 뽐내는 것이다. 또 사회 지도층이라고 해봐야 문화적 소양이 일반인들과 같이 바닥에 있을 터이니 고칠 생각조차 하지 않을 것이다. 이들은 화환이 수백 개 널브러져 있는 것을 보면서 우리 집이 이 정도의 권세가 있다고 생각하며 속으로 미소를 짓는다. 이것은 화환 보내는 사람도 마찬가지이다. 이 사람들도 화환을 보내는 이유가 고인을 추모하려는 게 아니다. 단지 체면 상

화환이 즐비한 장례식장

보내는 것이다. 바빠서 문상을 가지 못하면 화환이라도 보내 면피하는 것이다.

화환을 보내는 데에는 또 다른 이유가 있는 듯하다. 화환이 있으면 자신의 홍보도 되기 때문이다. 조의금은 아무리 많이 내도 다른 사람이 알수가 없다. 그래서 별 홍보 수단이 안 되는데 화환은 화환의 리본에 자기 이름 석 자를 크게 적어 놓음으로써 자신을 과시할 수 있다. 한국인들은 그것만 생각하지 저 화환이 장례식이 끝난 다음에 어떻게 처리되는지에 대해 관심이 없다. 돈 10만 원 내면 화환으로 생색을 낼 수 있으니 그 다음의 복잡한 일은 생각하지 않는 것이다. 물론 이 무의미한 일을 고쳐보자는 움직임이 없었던 것은 아니다. 예를 들어 화환 대신에 쌀을 내자는 것 말이다. 그러나 이런 일들은 모두 무위로 끝나고 화환을 전시하는 문화는 여전히 성행되고 있다. 한국인들은 또 인생의 가장 중요한 순간에 천박한 짓만 일삼고 있는 것이다.

핵심이 빠진 한국의 장례식장   그런데 지금껏 본 것은 핵심적인 것이 아니다. 한국의 장례 문화에는 반드시 고쳐야 할 것이 있다. 나는 오래 전부터 한국의 장례문화에는 장례식이 갖추어야 할 가장 중요한 것이 빠져 있다고 주장해왔다. 장례식에서 가장 중요한 것이 무엇일까? 말할 것도 없이 고인에 대한 추모와 유족에 대한 위로이다. 장례식이란 바로 이것 때문에 하는 것 아닌가? 그런데 한국 장례식에는 이게 없다. 영안실에 가면 고인과 유족을 만날 수 있는 시간은 1~2분에 불과하다. 영안실 입구에서 돈을 내고 빈소에 들어가서 고인의 영정 앞에서 절을 하던 기도를 하던 몇 십초 있은 다음에 유족과 몇 십초 만나면 그걸로 끝이다.

그런 다음에는 옆방으로 가서 약 20~30분 잡담 하며 대충 시간 때우다 나오면 그만인 것이다. 원래 체면치레로 왔으니 눈도장만 찍으면 되는 것이다. 고인을 한 번도 본 적이 없으니 고인을 추모하고 싶어도 할 방법이 없다. 이 장례식에는 정말로 오고 싶어서 온 것이 아니라 상주와의 관계 때문에 할 수 없이 온 것이다. 그가 내 부모 장례식 때 왔으니 나도 이 장례식에 안 올 수 없는 것이다.

나는 앞에서 인용한 책에서 이제 우리 장례식에서도 고인을 추모할 수 있는 여건을 만들자고 제안했었다. 예를 들면 이런 것이다. 고인의 생전 영상을 잘 만들어 영안실이나 접대실 안에서 틀어놓으면 문상객들로 하여금 고인을 다시 한 번 생각하게 하는 기회를 제공하지 않을까? 결혼식 때에는 이런 일을 하면서 장례 때에는 왜 안 하는 건지 모르겠다. 군이 이유를 생각해본다면, 장례 때에는 본인이 없어 본인 자신을 챙길 수 없기 때문 아닐까? 결혼식에는 주인공인 두 사람이 주도적으로 영상을 만들 수 있지만 장례 때에는 주인공(?)이 없으니 이게 안 되는 것이다.

이런 영상과 함께 고인의 유품이나 사진을 빈소나 접대실에 전시하는 것도 좋은 방법이다. 유품들은 이야기 거리를 만들어내기 때문이다. 고인이 생전에 남기거나 쓰던 물건들을 앞에 놓고 문상객들이 고인에 대해 이야기하면 그게 자연스럽게 추모가 되는 것이다. 그런데 지금 한국의 영안실에 가면 고인을 느낄 수 있는 것은 고인 사진 하나뿐이고 그나마 그것은 빈소에만 있다. 그런데 문상객이 빈소에 머무를 수 있는 시간은 아주 짧으니 고인을 추모할 시간이 거의 없다.

장례식을 정식으로 하자! 그런데 이런 문제들을 한 번에 해결할 수 있는 좋은 방법이 있다. 장례식을 정식으로 하는 것이다. 사실 한국은 장례식이 없는 나라다. 영안실에서 하는 문상만 있고 장례식이 없는 것이다. 장례식이 없다고 하면 사람들이 의아해 할 수 있는데 결혼식을 생각해보면 금세 알 수 있다. 결혼식은 그 결혼을 축하해주기 위해 사람들이 일정한 시간에 특정한 장소에 모여 행하는 의식이다. 그런데 장례에는 이렇게 하는 장례식이 없다. 한국의 영안실에서 벌어지고 있는 것은 의례가 아니라 그저 문상일 뿐이다.

이것은 과거 전통을 그대로 흉내 내고 있는 것에 불과하다. 과거에 고인의 집에 빈소를 만들어놓고 며칠이건 손님을 받던 것을 그대로 따라하고 있는 것이다. 그런데 이 관습은 이제 고칠 때가 되었다. 이 방식은 과거 농경 사회 때 사람들이 동네에 모여 살 때나 하는 것이지 지금과는 어울리지 않는다. 이제는 이런 식으로 문상하는 것을 지양하고 장례식을 정식으로 하는 문화로 가야 한다.

지금 영안실 문화 가운데 우선적으로 덜어내야 할 것은 문상 와서 밥 먹는 것이다. 이 관습은 한국의 장례 문화 가운데 외국인들이 가장 이해하지 못하는 것이기도 하다. 그들의 의문은 간단하다. 왜 장례식에 와서 밥을 먹느냐는 것이다. 다시 말해 고인을 잃은 유족들이 깊은 슬픔에 잠겨 있을 텐데 왜 손님들에게 밥까지 제공하는 수고를 해야 하느냐는 것이다. 위로 받을 유족이 외려 문상객들을 대접하는 것은 잘못 되었다는 것이다. 이것은 일리 있는 이야기로 생각된다.

이것은 말할 것도 없이 옛 관습이다. 과거 전통 사회 때 한국인들은 결혼식이던 장례식이던 먹는 것을 중요하게 생각했다. 그때는 먹는 것이 힘들었던 때라 손님이 오면 음식 대접하는 것이 중요한 일이었기 때문에 그렇게 한 것일 것이다. 또 멀리서 오는 손님들은 다른 데 가서 먹을 수도 없다. 과거 전통 사회에는 외부에 식당이 없었기 때문에 어쩔 수 없이 상을 당한 집에서 먹어야 했다. 모두들 마을에서 살았는데 이런 마을에 식당이 있을 리가 없지 않은가?

그에 비해 지금은 상황이 많이 달라졌다. 달라도 아주 많이 달라졌다. 지금은 농경 사회가 아니지 않은가? 우선 굳이 장례식장까지 와서 밥을 먹을 필요가 없다. 먹는 일이 그리 중요한 일도 아니고 음식을 먹어야 한다면 외식할 수 있는 곳이 얼마든지 있다. 또 문상을 와도 잠깐 있다 가는 것이니까 굳이 먹지 않아도 된다. 과거에는 문상 오면 잘 먹고 평소에 잘 마실 수 없는 술도 많이 마실 수 있었다. 그래서 와서 장례 때 먹는 일이 아주 중요했지만 지금은 그럴 필요가 전혀 없다.

게다가 영안실의 음식은 질이 떨어진다. 바깥에 있는 많은 맛있는 음식을 놓고 굳이 장례식장의 거친 음식을 먹을 필요가 없다. 과거에는 문상 와서 먹는 음식이 집에서 먹는 음식보다 좋기 때문에 이 음식을 선호

하는 경향이 있었지만 지금은 그 반대가 되었다. 따라서 지금은 음식 대접하는 일이 필요없는 일이 되었다. 사정이 그러하니 영안실에서 음식 만들고 차리는 일을 모두 걷어내고 차 정도만 대접하는 것으로 축소하자. 그러면 모든 게 훨씬 간소해진다. 또 이렇게 하면 장례비용도 많이 줄일 수 있다. 음식이 넘치는 시대에 장례식장까지 와서 먹을 필요는 없지 않은가?

그런데 만일 장례식을 정식으로 하면 이같은 시대에 맞지 않는 일을 자연스럽게 하지 않을 수 있다. 식만 단출하게 지내면 굳이 거기서 음식을 먹지 않아도 된다. 장례식이라는 게 잘 머리에 안 들어오면 기독교에서 하는 장례예배나 장례미사 같은 것을 연상하면 된다. 지금 한국 종교계 가운데 장례식을 따로 지내는 것은 기독교가 거의 유일한 것 같다. 그런데 이 종교에서는 장례식을 할 때 음식을 제공하지 않는다. 대신 교회에서 정해진 순서대로 하면 된다. 그래서 깔끔하다.

그런데 이 의례에도 문제가 있다. 의례가 기독교 식이다 보니까 교회에서 하는 식만 좇다 고인에 대한 추모나 유족에 대한 위로의 순서가 들어가 있지 않다. 대신 인간의 죽음과 관련된 『기독경』 구절만 읽어주고 목사나 신부가 틀에 박힌 설교만 한다. 그래서 그런 거 읽고 말씀 들어봐야 위로가 별로 안 된다. 이것은 승려들도 마찬가지이다. 승려들은 이런 장례 같은 일을 당하면 알기 힘든 주문을 외든가 반야심경을 봉독하는데 이것도 위로가 전혀 되지 않는다. 그냥 순서만 때우는 식이기 때문이다.

장례식은 순서를 잘 짜야 - 고인을 추모하고 유족을 위로할 수 있게   그러면 어떻게 해야 할까? 그렇게 하려면 우선 장례식의 순서를 잘 짜야 한다. 종교에서 제시하는 것처럼 판에 박은 순서가 아니고 고인을 회상하고 추모할 수 있는 순서를 짜야 한다. 그래서 유족들이 충분히 위로 받고 고인을 마음 놓고 보낼 수 있게끔 순서를 잘 짜야 한다는 것이다. 이때 가장 중요한 것은 유족들이 제대로 된 위안을 얻어야 한다는 것이다. 사실 장례식은 고인을 위한 것이 아니라 유족들을 위해 하는 것이다. 장례식의 주인공은 고인 같지만 실제 주인공은 유족들이라 할 수 있다. 아니 더 정확하게 말하면 사람들이 고인에게 갖고 있었던 고인의 이미지가 주인공이라 할 수 있다. 사람들은 그 이미지를 가지고 고인을 회상할 것이기 때문이다. 어떻든 이렇게 회상하면서 유족들이 고인을 잃은 슬픔을 극복하고 새롭게 출발할 수 있게끔 장례식의 순서를 잘 짜야 한다.

그런데 이런 식으로 장례식의 순서를 잘 만든 예는 내가 과문한 탓인지 모르지만 아직 보지 못했다. 사정이 이렇게 된 것은 새로운 문화를 만들어낸다는 것이 그만큼 힘들기 때문일 것이다. 사람들도 현재의 장례 문화에 문제가 있다는 것은 안다. 그러나 그들은 자신들이 이 왜곡된

지루한 문상만 이어지는 빈소

장례 문화를 고칠 수 있는 능력도 없고 다른 사람들의 눈치도 보이니 그 저 남들 하는 대로 따라 하는 것이다.

앞서 말한 대로 지금의 장례문화는 문제가 너무 많다. 의식이 빠져버리고 지루한 문상만 있기 때문이다. 유족들은 죄인이 아닌데 2박 3일 동안 오는 손님들을 다 맞이해야 한다. 이렇게 하다 보면 고인의 인생을 마무리하는 것에는 관심이 없다. 아니 관심을 갖고 싶어도 그럴 수 있는 시간이 없다. 3일 동안 밤낮으로 손님 받다가 사흘째 되는 날 고인을 화장장에 가서 화장하거나 묘지에 묻으면 끝이 난다. 이 과정에는 고인을 다시 생각하고 그의 인생이 어떤 것이었는지에 대한 회상이나 평가가 있을 수 없다. 고인이 남아 있는 우리에게 과연 어떤 존재였는지, 어떤 의미가 있는지에 대해 한 번도 이야기할 기회가 없다는 것이다. 그저 겉치레 인사만 하다가 장례의 전 과정이 끝나는 것이다.

장례식이 꼭 필요하다는 것은 이런 이유에서이다. 한 사람의 인생을 잘 마무리해주자는 이야기이다. 본인은 본인대로 자신의 삶을 잘 마무리하고 가야 하겠지만 유족은 유족대로 그들의 마음에 있는 고인의 이미지를 잘 정리해야 한다. 그래야 진정한 이별이 가능해진다. 이런 것을 할 수 있는 것이 바로 장례식이다. 내가 여기에서 장례식이 이러한 목적으로 유용되기 위해서 필요한 구체적인 장례 절차를 다 제시할 수는 없다. 이런 일은 여러 전문가들이 모여 오랫동안 논의해야 나올 수 있는 것이다. 그러나 독자들의 상상력을 자극하기 위해 하나의 예를 소개해볼까 한다. 내가 생각하기에 좋은 장례식을 하려고 할 때 포함되면 좋을 것 같은 순서를 몇 가지 이야기해보았으면 한다.

고인을 유품과 영상으로 회상하면서 추모하자! 우선 고인의 유품 가운데 특별히 의미가 있는 것들을 추려 보면 좋겠다. 그 가운데에는 고인에게 특별한 의미가 있는 것이 있을 것이고 특정한 지인이나 유족들과 관계 있는 것이 있을 수 있다. 그런 유물을 가지고 고인의 삶을 전체적으로 회고하면 어떨까? 각각의 사람들은 고인에 대해 각기 다른 편린(片鱗)의 기억을 갖고 있을 것이다. 그런 기억을 같이 모아보면 고인의 삶이 전체적으로 보일 수 있을 것이다. 그리고 이와 함께 고인의 일생에 대한 영상을 만들어보자.

지금은 영상이 발달한 시기라 누구든지 자신에 관한 사진이나 동영상을 갖고 있다. 그것도 어릴 때부터 다 갖고 있다. 이런 영상물을 가지고 고인의 인생에서 중요했던 순간이나 고인의 삶의 의미가 드러나는 사건을 담은 영상을 만들면 어떨까? 결혼식 때에는 누구나 하는 영상 관람을 장례식이라고 못할 것 없지 않은가? 물론 결혼식 때에는 당사자들이 살아 있고 시간이 충분히 있으니까 그런 작업을 쉽게 할 수 있으리라. 그에 비해 장례식은 느닷없이 닥치는 경우가 많으니 그 작업을 하기 힘들 수 있다. 그래서 죽음은 미리미리 준비해야 하는 것이다. 영정 사진도 미리 찍어 놓듯이 당사자가 죽음에 가까워지면 이런 영상 자료나 유품들을 하나하나 챙기고 영상 작업도 조금씩 해두면 좋지 않을까 싶다. 이런 것이 이상적인 이야기로만 들릴 수 있겠지만 나의 죽음이나 친지의 죽음을 미리미리 준비하자는 의미에서 하는 말이니 이것을 참조해 자신만의 준비를 하면 되겠다.

그 다음으로 중요한 것은, 아니 가장 중요하다고 할 수 있는데 고인의 가족이나 지인들이 직접 나서서 고인을 추모하며 회상하는 순서를 갖는 것이다. 이것은 서양의 장례식에서 흔히 목격되는 것인데 고인과 생전에 깊은 관계를 가진 몇 사람이 나와 고인에 대해 회고하는 것이다. 그가 어떤 사람이었는지에 대해, 또 그가 지닌 인격과 덕에 대해 이야기하고 자신에게 어떤 사람이었는지를 회상하는 것이다. 이것은 특히 유족들에게 고인을 잃은 슬픔을 극복할 수 있게 해준다. 뿐만 아니라 고인의 지인들이 고인을 새롭게 이해할 수 있는 기회를 제공할 것이다.

이와 관련해 알폰스 데켄 신부에게 직접 들은 이야기가 있다. 데켄 신부는 일본에 '삶과 죽음을 생각하는 모임'을 처음으로 만들어 일본에서 죽음학의 효시가 된 분이다. 데켄 신부가 아는 어떤 남자가 부친상을 당했다. 그런데 그는 아마 번거로운 일을 싫어하는 사람이었던 모양이다. 그래서 부친의 장례식을 하지 않고 그냥 화장하려고 했다. 데켄 신부는 그런 그를 적극 말리면서 그래도 장례식을 하는 게 여러 모로 나을 것이라고 조언했다.

그 남자는 그 말을 따라 장례식을 했는데 그는 식장에서 아버지에 대해 그동안 전혀 모르는 사실을 많이 알게 되었다. 아버지의 지인들이 회상하는 아버지는 자신이 아는 아버지와 너무나도 달랐기 때문이다. 식장에서 많은 사람들이 자신의 아버지에 대해 증언을 했는데 그들에게 고인은 큰 존재였다는 식으로 간증이 이어졌던 모양이다. 따라서 그는 아버지를 새롭게 보게 되었고 평소에 갖지 못했던 존숭의 마음을 갖게 되어 큰 위로를 받았다. 뿐만 아니라 아버지는 타계했지만 아버지와 새로운 관계가 정립되어 그 뒤의 삶을 살아나가는 데에도 큰 힘을 얻었다.

바로 이런 게 장례식을 해야 하는 이유일 것이다. 고인의 생을 정리하고 새롭게 조망해 고인의 삶을 전체적으로 보는 것 말이다. 그럼으로

써 고인과 새로운 관계를 맺게 되고 그 결과로 자신의 삶을 바꿀 수도 있을 것이다. 사람들은 이 이야기를 듣고 타계한 고인과 어떻게 새로운 관계를 맺느냐고 할지 모르는데 사람 사이의 관계는 모두 이미지로 형성되는 것이라 고인이 타계했더라도 크게 상관이 없다. 그것은 그 사람(자식)이 자기 마음속에 갖고 있는 고인에 대한 이미지와 새로운 관계를 설정하는 것이다. 만일 이런 식으로 장례식이 성공적으로 거행된다면 이런 장례식은 목사나 신부들이 성의 없이 영혼 없는 말이나 하는 장례식과는 비교가 안 될 것이다. 그러나 이런 선례가 없어 일반인들이 따라할 수 있을지는 의문이다.

이와 더불어 일종의 퍼포먼스를 하는 것도 좋다. 우리는 이에 대한 가장 비근한 예를 백남준 씨의 장례식에서 찾아볼 수 있다. 그는 독일에서 젊었을 때 한 공연장에서 당시 전위음악(?)의 대가였던 존 케이지의 넥타이를 자른 것으로 일약 스타가 된다. 그래서 씨의 장례식에서는 참석한 사람들이 자신의 넥타이를 자름으로써 씨를 추모했는데 이렇게 하면 장례식은 더 의미 있고 생동감이 있을 것이다. 이런 퍼포먼스까지는 아니더라도 고인과 관계된 어떤 일을 같이 하면 따뜻한 마음으로 고인을 보내줄 수 있을 것이다.

그러니 제발 이제 우리의 장례 문화를 고치자. 상을 당했을 때 모든 걸 상조회사에 맡기고 자신은 방관자처럼 있지 말자. 요즘 장례식의 주인공은 고인이 아니다. 유족들도 아니다. 유족들은 상조회사가 하라는 대로 하니 직접적인 참여자가 아니고 방관자에 불과하다. 자신이 사랑하는 부모나 배우자가 세상을 떠났는데 자신이 하는 것은 별로 없고 회사가 제시하는 것을 따라만 하고 있으니 말이다. 이런 식으로 하지 말고

한국 문화의 몰락

자신의 장례식은 물론 가족의 장례식을 스스로 만들어 나가는 문화를 만들자. 인간의 죽음과 죽어감의 과정을 이렇게 엉성하게 보내는 것은 삶에 대한 모독이다. 또 자기 자신에 대한 불충이다.

마지막 순간에 중환자실은 피하고 더 적극적으로 죽음을 대하자! 인간은 자고로 삶을 잘 마무리해야 한다. 그래야 지금껏 산 삶이 의미가 있다. 자신의 죽음이나 가족의 죽음을 거의 준비하고 있지 않다가 갑자기 상을 당하면 무엇을 어떻게 할지 모른다. 그래서 어쩔 수 없이 상조회사에게 모든 것을 맡겨놓고 3일을 후딱 보낸다. 그러곤 그 죽음에 대해 다 잊어버리는데 이런 식으로 사는 것은 결코 바람직하지 못하다. 이것 역시 무문화 현상의 단면을 적나라하게 보여준다.

그래서 나는 얼마 전부터 주위 사람들에게 우리의 말년을 디자인하자고 권하고 있다. 어떻게 말년을 보내고 죽음을 맞이할지 지금부터 조금씩 준비하자는 것이다. 우선 무엇보다도 피하고 싶은 것은 병원의 중환자실이다. 결코 병원에서 죽음을 맞이하지 말자는 것이다. 우리들은 많

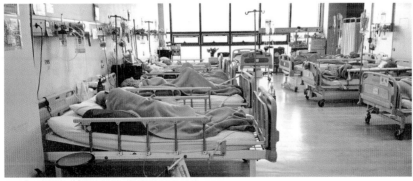

고령의 중환자들이 치료받고 있는 요양병원 전문 병실

은 경우 죽음에 임박해서 상태가 위중해지면 중환자실로 들어갔다가 거기에서 죽음을 맞이한다. 이것을 피하자는 것이다.

이것을 피하는 데에는 여러 가지 방법이 있을 텐데 그 중의 하나는 임종의 집 같은 곳에서 임종을 맞이하는 것이다. 이 집은 일종의 공동체 같은 것이다. 개념적으로는 호스피스 요양원과 비슷한 것인데 다른 것이 있다면 같은 생각을 가진 사람들이 모여 말년을 보내면서 그 사람들 사이에서 죽음을 맞이하자는 것이다. 호스피스 요양원은 안면이 없는 남들과 같이 있는 것이지만 임종의 집은 인간의 삶과 죽음에 대해 비슷한 생각을 가진 사람들이 모이는 공동체라 할 수 있다.

이처럼 생각을 공유하는 사람들과 같이 있으면 죽음을 가만히 앉아서 당하지 않고 적극적으로 대처할 수 있다. 죽음에 끌려가지 말고 우리 스스로가 자신의 죽음을 존엄하게 만들자는 것이다. 예를 들어 사람들은 병이 나서 쇠약해지면 몸이 만신창이가 될 때까지 약을 쓰다 속절없이 죽음에 당하고 만다. 이런 짓을 하지 말자는 것이다. 회복불능의 병이 들었으면 무모한 치료를 하지 말고 서서히 삶을 정리하고 죽음을 준비하자는 것이다.

더 극적인 예를 들어보자. 우리 중에 누가 말년에 큰 병은 없었지만 치매 증상이 생겼다고 하자. 치매는 한 사람의 말년을 완전하게 망치는 아주 고약한 병이다. 인간의 존엄이 송두리째 부정당하기 때문이다. 아무리 덕스럽던 사람도 치매 증상이 나오면 야수가 된다. 이런 일은 정말로 당하기 싫다.

이럴 때 만일 이 증상이 고칠 수 없는 것이라면 천천히 몸을 벗는 쪽으로 다가가자는 것이다. 그런 경우 여러 방법으로 대처할 수 있는데 그

중의 하나가 음식을 끊고 천천히 몸 벗을 준비를 하는 것이다. 그런데 이런 일은 집에서 혼자 할 수 없다. 동료들이 옆에 있어야 한다. 음식을 끊어도 꽤 오래 산다. 그동안 우리는 가족이나 동료들과 충분히 이야기하고 삶을 정리한다. 그러다가 그 사람들 사이에서 차분하게 몸을 벗고 다음 세상으로 가면 된다. 물론 이렇게 하는 것이 대단히 이상적인 이야기이라는 것을 나도 잘 안다.

니어링 부부

그러나 이런 예를 실천한 사람이 있지 않았는가? 대표적인 사람이 스코트 니어링이라는 미국인이다. 또 서양인의 예를 들어서 안 됐지만 그는 영적으로 대단히 높은 사람이었다. 산업자본주의가 인간을 파멸로 이끈다고 생각한 그는 부인과 둘이서 농촌으로 들어가 매우 자연스러운 삶을 살면서 많은 사람들에게 높은 가르침을 주었다. 그러던 그가 100세가 되자 몸에 병이 있었던 것도 아니었는데 충분히 살았다고 생각한 나머지 음식을 끊고 다음 세상으로 갔다. 이런 예가 있기 때문에 우리도 이와 비슷한 일을 기획하면 안 될 것이 없다는 생각이다.

지금까지 우리는 장례식 현장에서 벌어지는 온갖 부조리들을 보았다. 이러한 모순이 생기게 된 배경은 결혼식도 마찬가지이지만 사람들의 생각이 바뀌지 않은 때문이라고 할 수 있겠다. 현대 한국인은 자신들이 살아가는 환경은 도시산업사회인데 아직도 농촌의 농업사회에서 산다고 생각하고 그때 하던 행동을 반복하고 있다. 물론 소소한 것들은 많이 고쳐졌지만 2박 3일 동안 계속되는 문상 같은 것은 여전히 따르고 있다. 이러한 지루한 문상 관습은 앞으로 반드시 고쳐야 하며 많은 부분에서 간소화 해야 할 것이다. 손님들에게 음식과 술을 제공하는 것도 차나 다과 정도로 간소화 하고, 화환은 금지하는 것으로 사회의 범례를 만들어야 한다. 또 본문에서는 다루지 않았지만 비싼 수의의 사용도 지양하고 관도 검소한 것으로 대체해야 할 것이다. 매장이나 화장, 수목장 등의 장법에 관해서도 앞으로 더 많은 사회적 논의가 필요하다.

지금 사회를 관망해 보면 전반적으로 분명히 더 합리적이고 합당한 방향으로 장례 문화가 바뀌고 있는 것은 사실이다. 그러나 그 변화가 너무 느리고 가장 중요한 것들은 아직 바뀌고 있지 않아 안타깝다. 이 문제를 풀기 위해서는 모종의 사회 기관이 설립되어 그 바람직한 방향에 대해 대안을 제시해주면 어떻겠는가 하는 생각을 해본다. 결혼식도 마찬가지지만 사람들은 상례에서도 많은 모순점을 느끼고 있다. 그런데도 행동을 바꾸지 못하는 것은 어떻게 바꾸어야 하는지 모르기 때문이다. 이런 사람들을 위해 새로운 문화를 제시해주는 것은 대단히 바람직한 일이라 생각한다.

기사(其四): 제사

이제 우리 삶의 마지막 통과 의례로서 제사가 남았다. 제사도 앞에서 본 것들과 그리 다르지 않다. 많은 문제점이 발견되기 때문이다. 우선 제사에도 역시 쇼적인 면이 많다는 것을 지적하고 싶다. 그리고 불합리

혹은 모순되는 점도 많이 발견된다. 결혼이나 장례 같은 다른 통과의례가 다 그러한데 제사만 합리적으로 운용될 수 없을 것이다. 너무 성급한 결론일지 모르지만 사실 현대 사회에서는 과거에 행했던 제사를 지내지 않아도 된다. 과거 전통 사회에서 제사가 담당했던 역할이 현대 사회에는 더 이상 필요 없기 때문이다.

사실은 유교의 교리에 배치되는 제사 관습　사람들은 보통 관습적으로 제사란 부모가 죽은 다음에 자식들이 효를 다하기 위해서 하는 의례라고 생각한다. 그런데 한 번만 더 생각해보면 제사와 효가 무슨 관계가 있는지 여간 의아스러운 게 아니다. 게다가 제사는 유교의 교리와도 상치되는 면이 있다. 이 사정을 알기 위해서는 우선 유교의 교리를 알아야 한다. 그 복잡한 것을 다 볼 필요는 없고 설명의 전개를 위해 아주 간략하게만 보자.

유교(성리학)에서는 사람이 죽으면 아무 것도 남지 않는다고 주장한

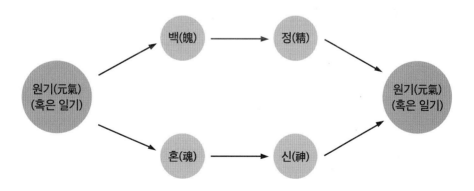

인간의 생사에 관한 성리학적 이해

다. 한 마디로 말해 내세를 인정하지 않는 것이다. 이것을 성리학의 고급 이론을 통해서 보면, 사람을 이루는 양대(兩大) 요소인 '혼백' 혹은 '정신'은 '원기(元氣)'에서 나왔다. 그 원래의 기운이 혼(魂)과 백(魄), 혹은 정(精)과 신(神)으로 나뉘어 인간이 된 것이다. 인간은 그런 상태로 살다 죽는다. 죽은 뒤 인간을 구성하고 있던 백 혹은 정은 땅으로 돌아가고, 혼 혹은 신은 하늘로 올라가서 흩어져 없어져버린다. 이렇게 해서 인간이 죽으면 아무것도 남지 않게 되는 것이다. 문제는 여기서 발생한다. 이렇게 인간이 죽으면 아무 것도 남지 않는다는데 자식들이 무엇을 대상으로 효를 다한다는 말인가? 효의 대상이 없는데 어떻게 그 효를 바치느냐는 것이다. 부모의 혼백이 하나도 남아 있지 않은데 대체 어디다 효도를 해야 되는지 알 수 없는 일이다.

이것은 제사에도 그대로 적용된다. 부모가 죽으면 남는 것이 하나도 없는데 대체 제사를 누구에게 지내느냐는 것인데 이 문제에 대해 제대로 답하는 사람을 보지 못했다. 이를 두고 보통 유교학자들은 논어에 수록된 공자 말에 따라 제사를 지낼 때 신령이 진짜 있는 것이 아니라 있는 것처럼만 하라고 한다. 그렇게 생각하고 제사를 경건하고 진지하게 지내라는 것이다. 그러나 이런 생각이 문제를 풀어주는 것은 아니다.

앞의 질문을 조금 더 구체적으로 하면, 만일 제사를 받을 대상이 없다면 자손들은 그저 마음속으로만 조상을 생각하고 추념하면 됐지 왜 굳이 음식을 차려 놓고 대상이 실제로 존재하는 것처럼 의례를 지내느냐는 것이다. 다른 종교, 특히 기독교 같은 유신론적인 종교는 종교 의례를 할 때 그게 그들이 믿는 신이든 성령이든, 아니면 역대 큰 성인이든 천사이든 명확한 대상을 놓고 그 의례를 행한다.

추모예배나 추모미사를 드릴 때에도 고인의 영은 분명 존재하니 그 대상은 명확한 것이다. 그들은 그 명확한 대상에 대고 빌던지 기도하던지 대화를 하던지 하면서 의례를 지내는 것이다. 이에 비해 유교 제사는 대상은 존재하지 않고 단지 자손들의 기억 속에 있는 조상들의 이미지만 갖고 의례를 하니 공허하기 짝이 없다는 것이다.

그러나 이것은 제사에 대한 이론적인 접근이고 실제의 모습을 보면, 한국에서 제사를 지내는 사람들은 모두 조상 영의 존재를 인정한다. 이들은 원래 유교의 교리가 어떻다는 것에 대해 전혀 신경을 쓰지 않는다. 유교에서 사람이 죽으면 혼백이 없어져 아무것도 남지 않는다고 해도 그들은 그것을 머리로만 생각할 뿐 실제로는 조상의 영혼이 있다고 여긴다. 심지어 그들은 조상들을 단지 영혼이 아니라 아예 살아 있는 사람으로 생각한다. 이것은 한국인들이 제사 같은 의례를 지내면서 죽은 조상들을 대하는 모습을 보면 알 수 있다.

죽은 조상을 산 사람 취급하는 제사 이 제목을 보고 놀라는 한국인이 많을 터인데 이에 대한 대표적인 증거로는 제사 지낼 때 차리는 음식을 들 수 있다. 한국인들은 자신들이 제사 지낼 때 산 사람이 먹는 음식을 차려 놓는 것에 대해 어떤 이상한 점도 느끼지 않는다. 그렇지만 이는 한국인들이 조상을 죽은 자가 아니라 살아 있는 사람으로 취급한다는 것을 뜻하는 명확한 증거이다.

한국인들은 제사상에 산 사람이 먹는 밥상처럼 반찬과 밥과 국을 차려 놓고 심지어는 숭늉 대체물까지 놓는다. 밥과 국을 먹으라고 수저도 놓고 밥을 다 먹으면 숭늉처럼 드시라고 밥을 맹물에 조금 말아준다. 그

일반 가정의 제사 지내는 모습

리고 조상령들이 밥을 먹을 때에는 자손들이 구경하고 있으면 안 된다고 생각해 밖으로 나가 문을 닫고 기다리는 경우도 있다. 이것은 부분적으로 『주자가례』를 흉내 내서 하는 일이기는 하지만 한국인들은 유독 더 조상들을 산 사람으로 여기는 것 같다.

자손들은 조상의 신령이 자신들이 차려드린 음식을 먹고 복을 줄 것을 기대한다. 그 복을 받기 위해 구체적인 행위를 하는데 음복이 그것이다. 이 순서에서 자손들은 조상이 먹은 음식을 자신들이 섭취하면 큰 복을 받을 수 있다고 생각한다. 그래서 이 순서의 이름을 음복(飮福), 글자 그대로 해석해서 '복을 마시다'라고 한 것이리라. 우리는 이 순서에 대해서도 얼마든지 의문을 품을 수 있다.

가장 먼저 던질 수 있는 의문은 조상들이 먹었다는 음식을 먹으면 왜 우리가 복을 받느냐는 것이다. 그 두 가지 행위는 아무런 인과관계가 없을 터인데 왜 그렇게 생각하는지 의문이 든다. 또 조상들이 무슨 능력이 있다고 우리에게 복을 주느냐는 의문도 가질 수 있다. 그들도 살아 있을 때에는 아주 평범한 사람에 불과했는데 신령이 되면 없던 능력이 생기는 것일까? 또 영이 어떻게 이 물질세계에 사는 우리들에게 영향을 미칠 수 있을까? 이런 등등의 의문이 생기는데 여기에 관해 한국인들은 아무 생각을 하지 않는다. 그냥 바라는 것이다. 여기에는 그저 무엇이든 받아보겠다는 유아적인 소망밖에는 없는 것이다. 설령 백번 양보해서 조상이 어떤 능력을 갖고 있다고 치자. 그러면 그 조상이 마셨다고 생각되는 술을 우리가 마셨다고 그 조상의 능력이 어떻게 우리에게 전이될 수 있을까?

더 본질적인 의문도 있다. 그 조상은 물질체가 아닌 영체일 터인데 혼이 어떻게 물질인 술을 취할 수 있느냐는 것이다. 이런 여러 질문들을 생각해보면 제사에서 이루어지고 있는 일들은 앞뒤가 맞지 않는 것이 많다. 그러나 한국인들은 그 모순들을 모르는 체 하고 자신들이 하고 싶어 하는 일만 하고 있다.

제사 순서에 모순이 많든 어떻든 이런 일련의 행위를 통해서 보면 한국인들은 자신들이 제사를 지내면 조상의 영이 와서 상 위에 있는 음식을 먹을 것이라고 절대적으로 확신하고 있는 것을 알 수 있다. 그러니까 그들의 상상은 아마 이렇게 진행될 것이다. 우선 자신들이 제사를 지내면 조상의 영이 어디선가 나타나서 흐뭇하게 지켜볼 것이다. 그러다 자손들이 술을 바치면 그것들을 다 받아 마신다. 그게 몇 번이 될지 모르지만 주는 대로 다 받아 마신다.

마지막에 밥과 국을 먹으라고 수저를 놓아주면 얼마간 그것을 떠먹고 숭늉까지 마시면 식사가 끝나는 것이 된다. 그렇게 해서 제사가 끝나면 조상들이 잘 먹었을 것이라 생각하고 그들이 어디로 가든 상관하지 않고 앞에서 말한 것처럼 그들이 주었다고 생각하는 복을 취하기 위해 음복이라는 순서를 갖는다. 이렇게 모든 순서가 끝나면 자손들은 조상들에 대해서 더 이상 생각하지 않고 자신들의 일상에 대해서만 떠든다.

자손들 위주로 돌아가는 제사의 절차들　제사에 대해 이 정도만 보아도 이 제사라는 의례가 얼마나 산 사람 위주로 돌아가는지 알 수 있지 않을까? 산 사람들이 필요할 때만 조상들을 잠깐 생각했다가 그들에 대한 대접이 다 끝났다고 생각하면 바로 잊어버리니 말이다. 제사의 순서 안에서도 이런 모습을 발견할 수 있다. 그 가운데 가장 일반적인 순서로 생각되는 헌작, 즉 술 올리는 순서를 한 번 생각해보자.

이 순서는 제사에서 중추적인 순서이지만 조금만 생각해보면 이상하다는 생각을 지울 수가 없다. 만일 자손들이 조상 영들이 실제로 존재하고 있다고 믿는다면 그 영들에게 음식을 바치는 순서가 조금 이상하지 않은가? 보통 사람들은 술을 마실 때 밥 먹기 전에 저렇게 맨 술을 몇 잔 씩 마시지 않는다. 공복에 저렇게 술만 마시면 곧 취하게 된다. 그래서 안주를 충분히 취하면서 술을 먹게 된다. 음식과 술을 섞어 먹는다는 이야기이다.

그런데 제사 때 보면 술을 바치는 순서인 헌작이 밥 먹는 순서보다 앞에 있다. 조상들로 하여금 우선 술을 많이 먹게 해 놓고 그 다음에 밥을 먹게 한다. 이것은 순서가 잘못된 것 아닐까? 산 사람은 공복에 이렇게 술을 많이 마시지 않기 때문이다. 제사에서 이런 식으로 순서를 만들어 놓은 것은 제사 지내는 사람들이 편하려는 의도 아닐까 하는 생각이 든다.

술과 음식을 같이 올려야 할 텐데 그것을 진짜 사람이 먹는 것처럼 하면 너무 번거로우니 술은 술대로 밥은 밥대로 바치는 것이다. 조상들에게 바치는 시늉만 하는 것이다. 만일 자신이 조상 신령의 입장이 되어 그 음식과 술을 받는다고 생각하면 이렇게 바치지 않을 것이다. 조상의 입장은 생각하지 않고 자신들의 편의에 맞게 순서를 만든 것 같다.

물론 이 모든 것은 상징적인 행위에 불과한 것이지 실제로 조상들이 와서 음식을 먹고 술을 마시는 것은 아니라고 항변할 수 있다. 그러나 만일 이런 게 모두 상징에 불과한 것이고 이렇게 음식을 차리는 것이 단지 정성을 보이는 것이라고 생각한다면 이렇게 거하게 음식을 차려 놓을 필요가 없다. 대신 조상을 상징하는 어떤 것을 놓고 기도하는 것으로 충분하다.

만일 조상의 영이 없다고 생각한다면 그때에는 어떤 의례도 필요 없다. 그러나 굳이 조상의 영이 존재한다고 생각한다면 의례를 할 때 음식 같은 것을 놓을 필요 없다. 왜냐하면 영은 물질이 아닌 관계로 물질을 섭취할 수 없기 때문이다. 이런 말을 하면 또 어떤 사람은 영이 음식은 못 먹지만 냄새는 취한다고 말도 안 되는 소리를 한다. 그러면서 자신은 영혼(보통 영가라고 표현함)들이 와서 음식의 냄새를 맡는 것이 보인다고 하는 경우도 있다.

이 정도 되면 그 미신의 수준은 치유할 수 없는 상태가 되었다고 할 수 있다. 이 사람들은 냄새는 물질이 아니라고 생각하는 것 같은데 이것은 틀린 생각이다. 냄새도 엄연히 물질이다. 냄새가 물질이 아니라면 육체를 가진 우리가 그것을 맡을 수 없다. 조상 영이 있다고 한다면 영은 물질이 아니기 때문에 물질로 된 냄새를 맡을 수 없다. 따라서 조상의 영이 정말로 제사 의례에 참석한다고 믿는다면 음식 같은 것을 차려놓을 필요가 없다는 결론에 이르게 된다.

그런 까닭에 고등 종교에서는 의례를 할 때 직접적인 현물을 놓고 하지 않고 상징적인 행위로 한다. 예를 들어 천주교에서 하는 미사를 보

천주교 수도원의 미사장면

자. 이것은 신부가 사제가 되어 신께 드리는 제사이다. 기능적으로 볼 때 유교의 제사와 다를 게 없다. 그런데 만일 미사를 드릴 때 제단 위에 우리가 먹는 밥과 국, 여러 가지 음식을 늘어놓고 행한다면 얼마나 어색할까? 그리고 그 음식을 신이나 예수가 먹을 수 있게끔 수저를 놓아주고 성당 밖에 나가서 기다리는 등의 일을 한다면 어떨까? 어색하기 짝이 없을 것이다.

대신 천주교에서는 이 제사를 지낼 때 음악이라든가 경전 구절 낭독, 기도 등과 같은 상징적인 행동을 한다. 그리고 물질을 동원한다고 해봐야 포도주나 밀떡처럼 아주 상징성이 높은 것을 쓴다. 포도주는 사람들이 먹는 것이지만 밀떡은 사람들이 먹는 게 아니다. 종교에서는 이렇게 하는 것이 맞는 것이다. 그래야 앞뒤가 맞는다.

이렇게 제를 올릴 때 상징적인 것을 사용하는 게 기독교에만 있는 것이 아니다. 한국 종교인 동학(천도교)에서도 비슷한 일을 한다. 동학에서는 모든 의례를 지낼 때 청수, 즉 맑은 물을 놓고 한다. 청수는 상징적으로 의미하는 바가 크지만 여기서는 그저 물은 생명의 근원을 상징한다는 것 정도로만 해두자. 이것은 동학의 2대 교주인인 해월이 제안한 것이다.

그는 우리가 제사지낼 때 하던 구습들을 다 쓸어버렸다. 그의 혁신적인 안에 따르면 제사상에는 물 한 사발 외에는 아무 것도 놓을 필요가 없다. 그 물그릇도 벽에 놓는 것이 아니다. 그 의례를 거행하는 내 쪽에 놓아야 한다. 해월은 우리와 조상은 내면에 같은 한울님을 모시고 있기 때문에 딱히 조상들에게 제사를 드릴 필요 없고 자신에게 의례를 올려도 된다고 주장했다. 이것이 이른바 향아설위(向我設位)이다. 즉 나를 향해 위(位)를 놓는다는 것이다.

이것은 엄청나게 혁명적인 발상이다. 동학 이전에 있었던 종교 가운데에는 이렇게 참신하면서 수준 높은 의례 이론을 내놓은 종교가 없다고 해도 과언이 아니다. 자세한 것은 전문서를 보면 되겠고 여기서 내가 밝히고자 하는 바는 이처럼 종교에서는 의례를 지낼 때 상징적인 것을 사용하지 실제의 음식을 사용하지는 않는다는 것이다.

소재(所在)가 불분명한 조상령들 이렇게 보면 유교의 제사에서 제수로 실제의 음식을 놓는 것이 얼마나 이상한 것인지 알 수 있을 것이다. 그런데 백 번 양보해서 조상령들이 정말로 와서 그 음식들을 먹는다고 치자. 그렇다면 이 조상령들이 평소에 어디에 있다가 제삿날에만 나타나는지에 대한 질문부터 해야 한다. 그러나 이 질문에 대해서는 어차피 답이 나오지 않을 터이니 예서는 그냥 지나가자. 이 문제에 대해서 유교도들은 한 번도 진지하게 생각해본 적이 없는 것 같다.

그들은 그저 제삿날에 조상령이 나타난다고만 여기지 그 영들이 1년 동안 어디서 무엇을 하고 있었는지에 대해서는 아무 관심이 없다. 문제는 예서 그치지 않는다. 진짜 조상령들이 그날 와서 음식을 먹는다고 생각한다면 왜 제삿날에만 음식을 대접하고 다른 날은 나 몰라라 하는 것일까? 조상령들이 진짜로 음식을 먹는다고 생각한다면 자손들은 그 영들에게 매일 세끼를 차려주어야 하는 것 아니냐는 것이다. 그런데 그렇게 하지 않고 제삿날에만 음식을 차려주니 조상령이 굶어죽지 않겠느냐는 의문이 생기는 것을 어찌 할 수가 없다.

이런 질문을 유교도들에게 하면 그들은 무응답으로 일관한다. 별 관심을 보이지 않는 것이다. 그런 것은 중요한 게 아니라고 생각하는 것 같다. 그러나 불교나 기독교를 보면 사람의 영이 가서 머무는 곳에 대한 설명이 잘 되어 있다. 그곳이 극락이 되던 지옥이 되던, 혹은 천당의 되던 영들은 이런 곳 중에 한 장소에 가 있다.

그런데 유교도들은 이런 영의 집합 장소에 대해서 아무 개념이 없다. 그 이유가 무엇일까? 그것은 아마도 제사라는 의례는 다른 종교의 그것처럼 고인의 영을 좋은 곳으로 보내기 위해 하는 것이 아니라 철저하게 산 사람들을 위해 하는 것이기 때문일 것이다. 그렇기 때문에 조상령들이 어디에 어떻게 있는지에 대해서는 처음부터 관심이 없었던 것이다.

제사는 가부장제적인 질서를 강화하기 위해 지내던 것 제사는 원래 가부장적인 종법 질서를 위해 행하는 의례였다. 죽은 사람들을 불러내 한 끼 식사를 대접하기 위해 제사를 지내는 것이 아니라 살아 있는 사람들의 가부장적인 질서를 강화하기 위해 제사를 행했다는 것이다. 전통 사회에서 유교는 가부장제적인 질서로 사회를 다스렸다. 가부장제에서는 당연히 가부장이 가장 중요하다. 그의 권위는 어느 누구도 거역할 수 없다. 나라에는 가부장의 총대장 격인 왕(혹은 황제)이 있다. 그와 마찬가지로 각 가정에는 가부장이 있다. 나라를 왕이 다스리듯 각 가족은 집안의 가부장, 즉 장손 혹은 종손이 다스린다. 이처럼 나라는 가부장에 의해 다스려졌다. 이게 유교적 가부장제 정치의 모습이다.

이 정치가 성공하기 위해 가장 중요한 것 중의 하나는 가부장의 권위가 막강해야 한다는 것이다. 한 마디로 영이 서야 한다는 것이다. 영이 서려면 꼭 필요한 것이 있다. 초월적인 권위가 이들을 받쳐주어야 한다는 것이다. 다른 권위는 거부하거나 넘볼 수 있지만 이 초월적인 권위를 갖는 사람에게는 감히 엉겨 붙을 수 없다. 그래서 이 권위를 업은 사람은 어느 누구도 넘볼 수 없는 막강한 권력을 갖게 된다. 이 작업을 성공하기 위해 왕들은 보통 자신이 신으로부터 택함을 받았다거나 천명을 받았다고 주장했다. 하늘로부터 자신은 왕이 되어야만 하는 숙명을 받고 태어났기 때문에 왕이 된 것이니 어느 누구도 도전해서는 안 된다고 주장하는 것이다.

각 가족의 가부장들이 하는 일도 똑 같은 것이다. 자신은 권위가 막강한 조상령들로부터 이 가문을 다스릴 권한을 부여받았기 때문에 어느 누구도 자신에게 불복종해서는 안 된다고 강력하게 주장한다. 자신에게 이러한 권위가 있다는 것을 보여주는 종교 의례가 바로 제사이다. 가부장은 이 의례를 처음부터 끝까지 주관하게 되는데 그의 권위가 얼마나 대단한가를 보여주는 순서가 이 제사에 있다. 바로 최초의 헌작을 가부장만이 할 수 있게 만든 것이 그것이다. 이 헌작을 통해 그는 자신이 이 가문의 맹주라는 것을 과시하는 것이다.

제사는 고도의 정치적 행위　이처럼 조상령들로부터 초월적인 권위를 이양 받는 것이 아무것도 아닌 것 같지만 그러한 '게임' 논리를 받아들이는 사람에게는 신적인 권위가 대단한 것으로 여겨지게 된다. 독자들의 이해를 돕기 위해 다른 비유를 들면, 기독교에서 목사나 신부가 독점하는 권위가 바로 그런 것이다. 기독교를 믿지 않는 사람에게 신부나 목사는 하나의 (세속적인) 인간에 불과하다. 그런데 기독교 안에서 적용되는 게임의 법칙을 받아들이는 사람에게 목사나 신부는 속인이 아니다. 이들은 신을 대표하는 사람들이기 때문이다. 그래서 그들은 특별한 인간 취급을 받는다. 그 때문에 신자들은 그들을 대단한 인간인 양 한껏 올려준다.

이렇게 보면 제사는 고도의 정치적 행위라는 것을 알 수 있다. 그저 조상들을 추모하는 그렇고 그런 단순한 종교 의례가 아닌 것이다. 전통 사회에서 정치를 초월적인 입장에서 받쳐 주던 것이 바로 제사였으니 이 의례가 얼마나 중요한 것인지 알 수 있지 않을까? 사정이 이렇기 때문에 이 제사를 부정한다는 것은 당시 봉건 사회에서는 거의 역모 수준의 심각한 반역죄로 평가되었다. 지금 말로 하면 국가체제에 대한 도전과 같은 것이다. 국가 질서를 문란하게 하는 행위는 지금이나 그때나 가장 엄한 형벌로 다스렸다. 당시에는 사형이 그다지 문제없는 징벌이었기 때문에 제사를 거부한 사람들을 모두 사형에 처했다.

이에 대한 좋은 본보기가 있다. 한말에 제사를 거부한 기독교도들을 사형에 처한 것이 그것이다. 지금 생각하면 제사란 일개의 종교의례 혹은 민속 행사에 불과한 것 같은데 그것을 지내지 않는다고 중국이나 조선에서 기독교도들을 잡아 죽인 것이 이해가 안 될지 모른다. 지금도 기독교인(개신교)들은 제사를 지내지 않는데 그것을 가지고 정부에서 국가보안법 같은 것으로 얽어매어 사형을 시킨다면 얼마나 어불성설이겠는가? 지금 그렇게 하지 않는 것은 종교의 자유를 보장하기 때문인 것도 있겠지만 현대 사회에서는 제사가 정치와 하등의 관계가 없기 때문이다. 현대는 민주 사회인지라 국민의 뜻과 법에 따라 정치를 하지 하늘의 뜻이나 조상의 뜻 같은 것을 앞세워 정치하지 않는다.

제사는 지낼 필요 없다? 이 정도의 설명이면 옛 사람들이 왜 조상들의 영에 대해 관심이 없었는지 알 수 있지 않을까? 제사는 정치적 행위로 자신들을 위해서 지내는 것이지 조상들을 위해 지내는 것이 아니기 때문이다. 그래서 조상령들이 어디서 어떻게 있는지 관심을 두지 않았던 것이다. 조상령들을 그저 제삿날에만 불러내어 그들의 초월적인 권위가 자신(종손)에게 있다는 것을 다른 가족 구성원들에게 보여주기만 하면 되는 것이었다. 어떻게 보면 그들은 조상령들을 이용 혹은 활용하고 있는 것이라고도 할 수 있다. 자신의 권력이나 지배권을 강화하기 위해서 말이다.

사정이 그러하니까 제사가 끝나면 조상령들에 대한 생각은 그걸로 끝이다. 그들이 그 뒤에 어디로 가든 말든 관심이 없다. 그때부터는 제사에 모인 산 사람끼리 자기네들의 이야기만 한다. 당시는 대부분 가문의 종법적인 질서에 관해서 이야기했을 터인데 요즘에는 그런 데에는 관심이 없으니 주변 이야기만 할 것이다.

바로 이런 이유 때문에 앞에서 현대에는 제사를 지낼 필요가 없다고 한 것이다. 현대는 가부장제로 정치를 하는 사회가 아니기 때문이다. 그러나 그렇다고 제사를 폐지하자는 이야기는 아니다. 제사는 우리의 귀중한 전통으로 계속해서 보존되어야 한다. 제사 지내는 데에는 개인이 자신의 부모를 추모한다는 의미도 강하게 내포되어 있기 때문이다.

인간이 부모를 추모하는 것은 모든 사회에 통용되는 보편적 생각일 것이다. 인간은 부모의 절대적인 영향 속에 성장하기 때문에 부모의 사후에도 그들을 생각하는 것은 지극히 자연스러운 일이다. 따라서 부모의 기일이나 명절 때 제사를 지내는 것은 인륜적으로 충분히 생각할 수 있는 일이다.

제사의 미래는? 사정이 그렇다면 지금 한국인들이 지내고 있는 제사는 앞으로 어떻게 될까? 제사는 앞으로 아주 단순하게 바뀌어 부모만 봉양하는 것으로 정착될 것이다. 무슨 말인고 하니 한국인들은 불과 수십 년 전까지만 해도 4대까지 제사를 지낸다고 호들갑을 떨었지만 앞으로는 1대 봉사, 즉 부모만 제사 지내는 것으로 정착될 것이라는 것이다. 이것이 당연한 일인 것이 한국 사회는 지금 핵가족 사회로 아주 빠르게 변하고 있기 때문에 친 사촌끼리 모이는 일조차 아주 적어졌다. 조부모를 제사 지내려면 친 사촌들이 모여야 하는데 이들은 같이 모여 자신들의 뿌리인 조부모를 제사 드릴 만큼 친하지 않다. 또 조부모를 정기적으로 회상할 만큼 그들과 친연성이 두드러진 것도 아니다.

이런 요인들 때문에 조부모 제사 지내는 일은 사라질 것이다. 그러나 아무리 세상이 바뀌어도 사람의 인정 상 부모를 회상하는 일은 사라지지 않을 것이다. 생전에 부모와 사이가 좋았다면 그들은 부모의 기일이나 명절 때가 되면 부모를 추모하고 싶을 터인데 이럴 때 사람들은 보통 사회의 관습적인 틀을 따르기 마련이다. 한국사회에서 부모를 추모하는 방법은 관습적으로 유교적인 제사이다. 그래서 그들은 제사를 통해 부모를 추모하게 될 것이다.

이처럼 한국인들이 유교식으로 제사지내는 것은 좋지만 여전히 문제가 발견된다. 그것은 한국인들이 부모를 제사 지낼 때 그들을 제대로 추모하지 않는 데에 있다. 한국인들은 제사를 지낼 때 정성스레 술을 올리고 좋은 음식을 바치는 것으로 부모를 제대로 봉양했다고 생각하는 경향이 있다고 했다. 부모를 위해 한 끼 잘 대접했다고 생각하고 그것으로 제사의 임무를 다한 것이라고 여기는 것이다. 그런데 우리는 제사 시 이렇게 음식을 차리고 술을 올리는 일이 내포하고 있는 '어불성설한' 면을 앞에서 잘 보았다. 그 음식과 술을 부모가 먹고 마신다는 것은 있을 수 없는 일이니 어불성설이라고 한 것이다.

제사는 이렇게 바뀌어야　따라서 이런 식의 제사는 바뀌어야 한다. 어떻게 바뀌는 것이 좋을까? 이 맥락에서 나는 다음과 같이 제안하려 한다. 우선 제사의 초점을 제사 그 자체에서 제사가 끝난 뒤의 시간으로 옮기자. 지금 사람들은 제사 지내는 데에만 관심을 쏟아 음식 만들고 먹는 데에 시간을 너무 낭비하고 있다. 이 때문에 얼마나 많은 노고가 헛되이 없어지고 있는가? 특히 주부들의 수고가 그렇다. 그들은 장보고 제사 음식 만드느라 힘들고 그것을 차리고 설거지 하느라 힘들다.(대상이 자신의 부모가 아니라 남편의 부모라는 것은 그녀를 힘들게 한다!)

그런데 제사상에 음식 차려놓는 일이 얼마나 허망한 일인지 이제는 알지 않았는가? 그러니 이 일을 대폭 줄이자. 공연히 평소에 먹지 않는 음식을 만들어서 주부들만 힘 빠지게 하지 말자. 음식은 최소한으로 줄이자. 반면 술을 올리는 것은 그리 문제될 게 없다. 그런데 이렇게 음식과 술을 올리면서 부모의 영이 온다느니 그들이 와서 그 음식을 먹는다느니 하는 생각은 하지 말자. 부모의 영이 온다는 확신도 없고 또 백보

양보해서 영혼이 온다고 해도 그 음식과 술을 먹을 수 없으니 말이다.

그러면 음식과 술을 올리는 일은 왜 하자는 것일까? 이것은 부모들이 살아 있는 것처럼 생각하고 그들과 같이 식사한다는 마음을 이끌어내기 위함이다. 이를테면 부모를 본격적으로 추모하기 위한 준비를 하자는 것이다. 인간들이 가장 가까워지는 때 중의 하나가 바로 식사하는 때이다. 따라서 제사를 지냄으로써 같이 식사하는 것을 연출하면 부모가 흡사 여기에 현현한 것 같은 느낌을 받게 될 것이다.

제사를 통해 부모를 회상하고 기려야 그렇게 해서 부모에 대한 기억을 이끌어내면 제사가 끝난 뒤 부모들에게 상징적으로 올린 술을 같이 나누면서 본격적으로 부모를 회상하는 시간을 갖자. 그냥 앉아서 회상하자는 게 아니라 무엇인가 보면서 회상하자. 이때 쓸 수 있는 가장 유용한 도구는 역시 사진일 게다. 자식들은 나름대로 부모와 엮인 추억 어린 사진들을 많이 갖고 있을 것이다. 이런 것들을 들고 나와 부모와 같이 지낸 일생을 회상하자는 것이다.

제사란 일 년에 한두 번밖에 지내지 않는 것이라 계속해서 같은 사진을 보아도 문제될 게 없다. 인간의 기억은 대체로 그 정도의 시간이 지나면 약해지기 때문이다. 따라서 같은 사진을 놓고 당시 부모들과 같이 있을 때 일어났던 에피소드에 대해 말하면서 그들을 회상하자. 이러는 가운데 아이들은 자연스럽게 자신들의 조부모가 어떤 사람이었는가를 알게 된다.

부모와 관계된 것은 사진만 있는 게 아니다. 자식들에게는 부모로부터 받은 유품이 있을 것이다. 제삿날에는 이런 유물들을 가져와 자신들과 얽힌 부모의 기억을 되살려내자. 그러면서 부모의 정신을 받들고 그 것을 이어나가겠다는 다짐을 하자. 또 그런 다짐을 자식들에게도 전하자. 아니 굳이 전하겠다는 마음을 갖지 않아도 자식들이 알아서 조부모에 대한 좋은 기억을 전수하게 될 것이다.

부모와의 추억을 회상할 수 있는 좋은 방법은 더 있다. 생전에 부모와 같이 갔던 곳을 다시 답사하는 것이다. 이것은 제삿날 일찍 만나 전 가족이 같이 가는 방법도 있겠고 아니면 제삿날이 있는 주나 그 전주의 주말에 가는 방법도 있겠다. 이렇게 자식들과 같이 그 현장에 가서 그들에게도 부모와 관련된 에피소드를 전하면 아이들은 조부모들에 대해 새롭게 기억할 것이다.

이렇게 하게 되면 확실한 부대 효과가 생길 것이다. 제일 중요한 효과는 말할 것도 없이 가족 구성원의 결속을 다지는 것이다. 부모를 회상함으로써 우리는 부모 밑에서 형성된 하나의 가족이라는 유대감을 강하게 갖게 된다. 그럼으로써 이런 험한 세상에 의지하고 살 수 있는 집단은 가족밖에 없다는 안도감과 기쁨을 느끼게 될 것이다. 앞으로 서로 더 돕고 살아야 한다는 의무감이 생기는 것도 부대 산물이 될 수 있을 것이다.

이러한 행위는 특히 사위나 며느리 같은 새로운 가족의 구성원들에게 필요하다. 자식들이나 사위, 며느리는 이 조부모가 어떤 사람인지 잘 모른다. 그런데 이 가족의 진정한 구성원이 되려면 가장 가까운 조상들에 대한 정보를 알고 있어야 한다. 이것을 어떻게 알리면 좋을까? 자손들을 교육시키고 그들에게 좋은 정보를 주는 것은 제삿날보다 더 좋은 날이 없다. 제삿날이니 따로 시간 내지 않아도 모일 수 있다. 그런 날에 같이 음식과 술을 나누면서 먼저 간 조상들에 대해 추모하고 회상하는 것은 그 가족들에게 얼마나 좋은 일이 될지 모른다.

그런데 지금 한국인 가운데 제사를 지낼 때 앞에서 제시한 것 중 하나라도 하는 가족이 있을까? 한국 가족들을 다 조사한 것은 아니니 자신 있게 아니라고 할 수는 없지만 아마 이런 내실 있는 제사를 지내는 가족은 참으로 드물 것이다. 앞에서 말한 대로 한국인들은 제사만 지내면 부모들에게 할 일이 다 끝났다고 생각한다. 그러기에 제사는 대충 10분 안에 지내고 그 다음부터는 남자와 여자가 따로따로 앉아서 잡담만 한다. 이때 남자들은 정치 이야기를 많이 하고 여자들은 먹는 것에 대해 이야기를 많이 한다. 그날의 주인공인 부모에 대해서는 어떤 이야기도 없다.

앞에서 누누이 말한 것처럼 한국인들은 교양이 많이 부족하다. 책을 가까이 하는 것도 아니고 자기들만의 취미를 가진 것도 아니다. 그러니 서로 대화할 거리가 없다. 그럴 때 같이 나눌 수 있는 가장 좋은 대화 거리는 본능 혹은 몸과 관계된 것들이다. 이것은 누구에게나 통용될 수 있기 때문이다. 그래서 여자들은 먹는 것에 대해서만 이야기하고 남자들은 정치 혹은 운동(특히 골프)에 대해서만 떠들어댄다.

정치적인 것을 말해도 그저 가십거리만 말할 뿐이지 심층적인 것은 손도 못 댄다. 아는 바가 없기 때문이다. 하다못해 이북의 핵문제에 대해서도 별 토론이 없다. 이 문제는 한민족의 사활이 걸린 문제인데 별 관심이 없다. 어떻든 그렇게 한두 시간 떠들다 더 떠들 게 없으면 서서히 자리를 뜨기 시작한다. 그렇게 집에 가면 피곤하니 잠 좀 자다가 저녁이 되면 TV 보고 저녁 먹고 그렇게 명절 하루를 보낸다.

여기서 나는 명절 음식 차리는 것 때문에 생기는 부부 갈등에 대해서

한국 문화의 몰락

는 아예 언급하지 않았다. 여자들은 제수 준비하고 제사 끝난 다음에도 계속해서 상차리기에 바쁜데 남자들은 가만히 앉아서 주는 음식만 받아먹는 부조리에 대해서는 말하지 않았다는 것이다. 이런 불상사도 제사를 간단하게 해서 제수를 대폭 줄이면 얼마든지 해결할 수 있다. 언제가 되어야 한국 가정에서 제례나 식사하는 것은 간단하게 끝내고 가족들이 모여 앉아 고인들의 사진이 들어 있는 앨범이나 유품들을 보면서 그들을 기리는 일을 할지 여간 궁금한 게 아닌데 그런 일이 쉽게 일어날 것 같지는 않다.

　제사와 관련해서 마지막으로 우려 되는 것은, 앞에서는 제사가 1대 봉사로 정착될 것 같다고 이야기했지만 이마저도 없어지지 않을까 하는 생각도 든다. 왜냐하면 요즘에는 한 자녀만 둔 가정이 많기 때문이다. 자식이 하나만 있을 경우 부모의 기일을 맞이하면 그 자식은 대체 누구와 함께 제사를 지내게 될까? 또 자식이 2명이라 해도 한 명은 외국에 거주하고 있으면 다시 혼자인데 혼자서 무슨 제사를 지내겠는가? 만일 두 명이 다 외국에 있는데 둘 다 다른 나라에 있다면 그런 경우 아마 어떤 것도 할 수 없을 것이다. 아직 이런 일이 발생하지 않은 것은 자녀를 하나만 둔 부모들이 생존하고 있을 확률이 높기 때문이다. 그러나 이들도 곧 세상을 떠나는 일이 닥쳐 올 터인데 그때 어떻게 제사 관습이 바뀔지 모를 일이다.

　소결　여기까지 보면 독자들은 대강이나마 한국인들이 일상생활 속에서 얼마나 정신없이 살고 있는지에 대해 알 수 있을 것이다. 앞에서 본 것을 다시 한 번 정리해보면, 인간이 살아가는 데 가장 중요한 것이라

할 수 있는 돈에 대해 우리는 너무도 무문화적인 태도를 취하고 있었고 인생에서 가장 중요한 순간이라 할 수 있는 결혼, 장례, 그리고 제사 때에도 철저하게 비문화적인 태도로 일관했다.

그 결과 한국인들의 일상생활은 '날탕'이 되어 들뜬 채로 하루하루를 보내는 것처럼 되었다. 따라서 한국인들은 본능적인 것, 즉 먹는 것, 성형이나 화장 등으로 외모 꾸미는 것 같은, 극히 피상적인 것에만 신경을 쓰는 매우 일차원적인 삶을 살게 되었다. 한국인들의 삶에서 깊이를 발견하기 어렵게 된 것이다. 이 정도만 보아도 한국인들의 무문화적인 삶을 충분히 알 수 있지만 독자들의 이해를 높이기 위해 다음 장에서 조금 다른 내용을 가지고 이 주제에 접근했으면 한다.

이를 위해 다음 장에서는 앞에서 보지 않았지만 우리 삶에서 중요한 부분을 차지하는 종교계나 교육의 현장에서 발견되는 한국인들이 무문화적인 모습을 아주 간략하게 보고자 한다. 이 부분은 앞에서 언급한 다른 책에서도 다룬 적이 있지만 이번 글에서는 그 전 것보다 훨씬 더 버전업된 내용을 다루게 될 것이다.

3 그 외 무문화적인 현상이 판치는 한국 사회의 여러 단면들

종교계와 교육계에 나타나는 양상을 중심으로

현금의 인류 사회가 모순에 가득 차있고 엉망이라 한국 사회도 결코 거기서 벗어나지 못한다. 따라서 우리 사회만 문제 있다고 할 필요는 없다. 단지 엉망인 모습이 다른 나라와 다를 뿐이다. 우리는 한국의 난맥상이 다른 나라의 그것과 어떻게 다른지에 대해서만 볼 것이다. 여기서 주의할 것은 이런 현상만 보면 한국은 전 지구에서 가장 비이성적인 사회로 보일 수 있다는 것이다.

한국이 비이성적인 사회인 것은 맞지만 그렇다고 다른 사회가 대단히 이성적으로 돌아간다는 뜻은 아니다. 다른 나라들도 믿을 수 없을 정도로 비이성적으로 운용된다. 어떻게 보면 한국이 외려 이성적인 나라이다. 예를 들어 한국에서는 이슬람 국가나 유럽 국가들처럼 백주에 테러가 일어나지는 않는다. 또 남아메리카의 국가들처럼 한 해에 국민들이 몇 만 명 씩 납치되어 사라지고 죽임을 당하지도 않는다. 한국은 그런 면에서 아주 안전한 나라이다. 테러나 납치의 발생으로 보면 저 나라들이 한국보다 훨씬 더 비이성적이다.

그러나 한국의 다른 부분을 보면 한국 역시 아주 이해하기 힘든 나라이다. 그런 부분이 적지 않지만 여기서는 앞에서 말한 것처럼 종교계와 교육계만 보기로 한다. 한국의 종교계는 미스터리 중의 미스터리이다. 기독교든 불교든 사찰이나 교회에서 매우 비종교적인 가르침이 횡행하는데도 사람들이 몰린다. 몰려도 보통 몰리는 게 아니다. 특히 개신교는 교회의 크기나 신도 수의 면에서 세계적인 기록을 많이 갖고 있다.

한국의 교육 현실도 비정상적이라는 점에서 결코 타 분야에 뒤지지 않는다. 한국의 교육 현실은 완전히 미친 짓으로 도배되어 있다. 초등학교에서 고등학교까지 십 수 년을 아무짝에 쓸모없는 것을 배우겠다고 그 돈에 그 노력을 기울이고 있으니 말이다. 게다가 그러는 과정에서 생기는 그 살인적인 경쟁은 인간의 성품을 말살시킨다. 이런 면에서 한국은 비이성성의 지수가 매우 높은 나라이다. 이런 현실을 통해 우리는 한국 사회의 적나라한 무문화적인 모습을 본다. 그 모습에 대해 우선 종교계부터 보자.

기괴한 한국의 종교계 1 - 개신교

한국 종교의 기괴함을 살피려면 단연(斷然) 개신교를 보아야 한다. 그 안에서 자행되고 있는 모습들을 보면 한국인들이 도대체 머리를 사용하고 사는 사람들인지 의구심이 들 때가 많다. 그런 모습들을 너무나 많이 목격할 수 있기 때문에 죄다 말할 수는 없지만 그것들에 대해 다 말할 필요도 없다.

예를 들어 일부 한국 교회에서 벌어지는 담임목사직(당회장직) 상속은 이미 잘 알려진 기괴한 모습이라 더 이상 언급할 가치를 느끼지 못한다. 또 목사가 아무리 비리를 저질러도 많은 경우 그것을 두둔하는 신도들이 있어 그 비리가 덮여지는 것에 대해서도 우리는 잘 알고 있다. 이런 것들은 앞서 인용한 내 책에서 자세히 다루었으니 다 건너뛰고 여기서는 가장 두드러지는 기괴한 모습만 보기로 하자.

많아도 너무 많은 한국 교회 　내가 보기에 한국 개신교의 가장 기괴한 점은 어찌 해서 이다지도 교회가 많은가 하는 것이다. 다음은 어떤 사람이 남한에 있는 교회를 죄다 표시한 지도이다. 참으로 대단하다. 흡사 전국이 교회로 뒤덮인 느낌이다. 이러한 상황을 충분히 이해할 수 있는 것이 나도 지방 답사를 가서 종종 이 현실을 직접 목도하기 때문이다. 지방에 답사 갈 때 마다 기이했던 것은 어느 시골을 보아도 교회가 있는 것이었다. 어떤 마을을 지나가던지 교회 십자가는 뾰족해서 금세 눈에 띄었다.

그런 모습을 볼 때 마다 '이게 유럽이나 미국도 아닌데… 어찌 된 건가?'하는 생각을 지울 길이 없었다. 이럴 때마다 드는 내 의문은 간단했다. 정말로 한국인들이 교회에서 전하는 가르침이 갈급하게 필요하느냐는 것이었다. 교회에서 전하려고 하는 이른바 '복음'이 절실하지 않으면 저렇게 전국을 교회로 도배할 수 없었을 것이다. 그런데 아무리 생각해 봐도 한국인들이 기독교의 가르침을 저렇게 절실하게 원하는 것 같지는 않다.

사정이 그런데도 왜 남한에는 교회가 이다지도 많을까? 교회가 물리

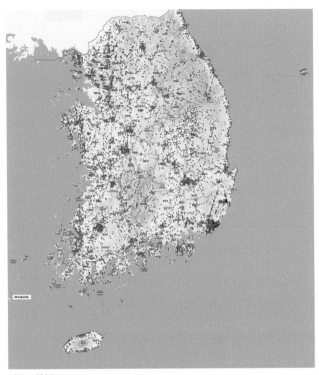
전국 교회 분포도

적으로 많아진 것은 그 배경을 알면 어느 정도는 이해할 수는 있다. 한 마디로 말해 한국에는 신학교가 너무도 많기 때문이다. 그 중에 교육부로부터 인허를 받은 신학교는 얼마 되지 않고 대부분은 별개 교단들이 자기들끼리 만든 무허가 신학교들이다.

그러나 그 신학교에서도 목사 안수를 준다. 그러니 그 학교를 졸업한 사람들은 어떻게든 먹고 살겠다고 교회를 세울 수밖에 없다. 그래서 교회가 저렇게 많아진 것이리라. 그런데 사람들이 교회에 오기 때문에 저 많은 목사들이 존재하는 것이다. 유럽처럼 사람들이 교회에 오지 않으면 신부나 목사의 수가 현격하게 줄어들 것이다.

너무나 근본주의적인 교리만 판치는 교회   그런데 그런 교회에서 가르치는 것이 무엇인가? 내가 보기에 대부분의 목사들은 기독교를 제대로 가르치지 않는다. 하기야 그들도 기독교를 잘 모르니 그렇게 가르칠 수밖에 없을지도 모른다. 교회에 가면 가장 많이 듣는 이야기가 무엇인가? '예수 믿으면 구원 받고 헌금 잘 내면 천당 간다'는 매우 일차원적인 이야기밖에 없다. 그리고 '예수를 통하지 않으면 구원을 못 받는다. 기독교의 신만이 참다운 신이다'와 같은 극히 도그마적인 이야기만 들을 뿐이다.

물론 다른 이야기도 많이 하지만 가장 핵심적인 것은 이 교리이다. 이런 믿음이 얼마나 맹목적이고 위험한가는 한 번만 생각해보면 알 수 있는 일인데 교회에 다니는 사람들은 별 생각 없이 이런 전근대적인 도그마를 그냥 믿어버린다. 바로 이런 교리 때문에 많은 서양의 젊은이들이 교회를 유감없이 떠났건만 한국의 기독교인들은 이러한 저차원적인 교리에서 아직도 벗어나지 못하고 있다.

대부분의 한국 기독교도들은 '내 신앙만이 참이고 우리 하나님만이 참 하나님'이라고 믿는 것이 얼마나 위험한 것인지 모른다. 자신에게는 이런 생각이 아주 경건하게 보이겠지만 모든 종교 전쟁의 뿌리는 바로 여기에 있다는 것을 알아야 한다. 지금도 여전히 이슬람교의 아랍 세계와 기독교의 서양 세계가 피터지게 싸우는 것은 그 근본 원인이 내가 믿는 신만 참이고 다른 신은 거짓이라고 믿는 근원적인 도그마에 기인한 것이다. 탈레반이니 알카에다니 IS(이슬람국가) 같은 극히 비이성적인 종교 단체가 생긴 것도 결국은 다 이런 근본주의적인 신앙에서 비롯된 것이다.

세계에 만연해 있는 무슬림들은 '우리의 알라는 한 분밖에 없으며 가장 위대한 분이다'는 가장 기본적인 교리를 믿는다. 그리고 그것을 금과옥조 같은 진리로 생각하고 그런 진리를 자기가 갖고 있다는 사실에 대해 매우 행복해 한다. 그러나 이렇게 믿는 순간 그는 다른 신앙을 가진 사람과 담을 쌓게 된다. 그리고 그런 개인들이 만든 작은 담들은 같은 신앙을 가지고 있는 사람들이 모이면서 서서히 커지고 높아진다. 그러다 이 담들은 어떠한 공격에도 분쇄되지 않는 난공불락의 벽이 된다.

지금 세계의 종교계는 이러한 상황에 처해 있다. 이 때문에 종교 전쟁이 끝나지 않고 있고 더 악랄해지고 있는 것이다. 이 전쟁이 얼마나 악랄한지는 요즘 발생하고 있는 중동의 이슬람과 서양의 기독교가 싸우는 모습을 보면 잘 알 수 있다. 이 두 종교는 여전히 서로를 매우 증오하고 있고 서로 있는 힘껏 죽여 대고 있다.

이처럼 거대한 악은 아주 작은 데에서 시작한다. 이 악은 근본주의적인 신앙에서 시작된다는 것이다. 따라서 이런 신앙은 애초부터 인정하면 안 된다. 진정한 종교를 가르치려면 이런 신앙은 절대로 가르쳐서는 안 된다. 그런데 기독교나 이슬람 교육은 정 반대로 간다. 이 종교에서는 아이들에게 어려서부터 우리 신앙만이 참이라고만 가르친다.

우상을 배격하지만 사실은 우상숭배를 하는 기독교인들　　이 이외에도 교회에는 아주 저차원적인 신앙 이야기가 많다. 그들이 갖고 있는 신앙의 구조는 아주 간단하다. 자신들의 배후에는 하나님이라는 센 존재가 있는데 이 존재에게 돈을 내고 '빡세게' 기도하면 모든 소원을 다 들어준다는 것이 그것이다. 기독교인들은 이게 우상숭배가 아니라고 하지만 이것이야말로 전형적인 우상숭배이다. 우상이어서는 안 되는 신을 우상으로 섬기고 있기 때문이다.

왜 이런 신앙을 우상숭배라고 하는 것일까? 신과 흥정을 하고 있기 때문이다. 신을 갖고 놀기 때문이다. 이것을 영어로 표현하면 신을

'manipulate'한다고 할 수 있다. 신은 결코 흥정(bargain)의 대상이 아니다. 또 신은 manipulate할 수 있는 대상이 아니다. 내가 이렇게 했으니까, 즉 헌금을 이 정도 했으니까 혹은 기도를 이렇게 많이 했으니까 하나님이 내 소원을 들어줄 것이라는 것은 저차원적인 우상숭배이다. 신을 제 마음대로 하는 것은 저급하고 유치한 신앙을 가진 사람들이나 하는 짓이다. 그런데 정작 본인들은 그렇게 생각하지 않는다. 내 하나님은 내가 기도하면 다 해줄 것이라고 생각한다. 더 이상 생각이 없다. 교회에 횡행하고 있는 신앙은 다 이런 식이다. 지성과는 아무런 관련이 없다. 그저 남들이 그렇게 믿으니까 자신도 그것을 믿는 것이다. 또 우리 교회 목사님이 그렇게 말했으니 무조건 그것을 믿는 것이다.

우리 사회에서 가장 공부를 많이 했다는 교수들을 보아도 이런 신앙을 가진 사람이 태반이다. 내가 의아해 하는 것이 바로 이것이다. 교회에서 가르치는 게 이 수준밖에 안 되는데 왜 사람들은 그런 유치한 교리만 설하는 교회에 그리 많이 가느냐는 것이다. 물론 답은 금세 할 수 있다. 신자들 수준이 그것밖에 안 되니 그들의 수준에 맞는 가르침을 주는 것이라고 말이다.

기독교의 성스러운 가르침은 어디 가고? 한국인들이 교회에 열광하는 이유는 교리적인 것으로는 풀 수 없을 것 같다. 진짜 이유는 다른 데에 있는 것 같다. 내 눈에 교회에 나가는 사람들은 기독교의 귀한 가르침을 들으려 가는 것이 아니라 그저 자신의 욕망을 채우려고 하는 사람으로밖에는 보이지 않는다. 종교의 신성한 가르침을 들으려 가는 사람이 아니라 자신들의 이익을 더 크게 하려고 교회에 나간다는 것이다.

그들은 본인들을 스스로 성도라고 부르는데 그들이 하는 행위는 전혀 성스럽지 않다. 그들은 그저 기독교라는 종교를 이용하는 것뿐이다. 그들이 정말로 예수가 가르치는 것을 진실되게 받아들였다면 얼굴에서 광이 나야 한다. 구원받았다는 기쁨에 얼굴에서 빛이 나야 하고 그 빛은 사회를 비추어 아직 어두운 곳에서 고생하고 있는 사람들에게 희망을 줄 수 있어야한다. 이게 바로 예수가 진정으로 전하려고 했던 것이다. 그런데 신자들 얼굴에는 빛은커녕 탐욕과 위선, 오만만 보일 뿐이다. 그래서 교회를 다니지 않는 사람과 다를 게 하나도 없다.

이것은 목사들도 마찬가지이다. 대형 교회의 목사들을 보면 얼굴에는 개기름이 절절 흐르고 얼굴은 속물스럽기 그지없다. 내가 누누이 말하지만 인간의 인격은 얼굴에 다 나타난다(인격 혹은 영혼이 가장 잘 나타나는 곳은 바로 우리의 눈이다!). 얼굴이 지저분하면 그 사람은 반드시 지저분한 행동을 한다. 여기에는 예외가 없다.

나는 여기에서 얼굴이 잘 생기고 못 생기고를 따지는 것이 아니다. 그보다는 얼굴이 얼마나 정돈되어 있고 맑은가에 대해 말하는 것이다. 그래서 진짜 종교인들은 얼굴부터가 다르다. 얼굴이 환하고 천진난만하다. 그런데 우리 주위에서는 그런 종교인을 찾기 힘들다. 불교든 기독교든 그런 사람을 발견하기가 대단히 어렵다.

이런 저질 목사들이 교회에 포진해 있는데 그런 목사가 주재하는 교회를 다니는 사람들이 이해가 잘 안 된다.(이것은 불교도 마찬가지이지만 여기서는 기독교에 대해서만 말한다) 어떤 경우에는 목사가 범죄자 얼굴을 하고 있는데도 그 목사를 깍듯이 공경한다. 지극히 속물처럼 보이는데 목사를 추켜세운다.

뿐만 아니라 신자들은 그런 목사들을 인격적으로도 매우 훌륭한 사람으로 간주한다. 목사를 별다른 인간으로 생각한다. 대단한 인격을 가진 존재처럼 대우한다는 것이다. '우리 목사님이 말씀하시길'과 같은 말투를 쓰면서 그를 성인 시 한다. 매우 성스러운 존재로 취급하는 것이다. 그래서 그런 목사를 비난하면 큰 일 나는 줄 안다. 그런데 내가 보기에 목사들은 보통 사람과 똑같다. 아주 속물스럽고 탐욕이 가득하다. 따라서 그렇게 성인 시 할 필요가 없다. 아니 어찌 보면 목사들이 더 탐욕적일 수 있다. 자신들이 가졌다고 하는 초월적인 권위를 빌려서 더 큰 욕심을 채우고 있기 때문이다.

그런데 이런 목사가 있는 교회 중에는 대형 교회가 많다. 이게 이해가 안 된다는 것이다. 한국 개신교가 기괴하다는 것은 바로 이것을 말함이다. 그런 저질 교회에 어떻게 그렇게 신자들이 많으냐는 것이다.

무문화 혹은 나쁜 문화가 판치는 교회   사정이 이렇게 된 것은 교회에 문화가 없는 게 아니라 나쁜 문화가 판을 치기 때문이라고 할 수 있다. 원래 교회라는 것이 무엇인가? 그것을 알려면 서양 사회에서 교회가 차지하는 위치를 알아야 한다. 서양에서 교회는 삶의 중심이었다. 삶의 주요 사건들, 즉 태어나고 결혼하고 죽고 묻히는 일을 모두 교회에서 소화했다. 아기가 태어나면 반드시 교회에서 세례를 받아야 한다.

그리고 성장해서 하는 결혼식은 당연히 교회에서 해야 했고 죽는 것도 교회에서 했다. 장례식을 교회에서 했을 뿐만 아니라 시신은 교회 옆에 있는 묘지에 묻혔다. 그뿐만이 아니다. 교회는 마을 공동체에서도 아주 중요한 역할을 했다. 마을에 문제가 생기면 사람들은 모두 교회로 와서 상의를 했다. 그럴 때 목사는 중요한 역할을 했다. 사람들에게 멘토 같은 역할을 한 것이다.

교회의 기능이 이러할 진대 한국 사회에서 교회는 이런 역할을 전혀 하지 않는다. 우선 교회는 그 교회가 있는 지역과 아무 관계가 없다. 그래서 나는 한국 교회를 섬에 비유한다. 지역과 동떨어져 홀로 존재하기 때문이다. 교회는 그저 섬처럼 그 교회의 신자들을 위해서만 존재할 뿐이다. 주변 동네와는 어떠한 교류도 없다. 이렇게 보아도 저렇게 보아도 교회는 한국 사회에서 하는 일이 없다. 그런데 왜 교회가 이다지도 많고 신자들 역시 이렇게 많으냐는 것이 내 의문이다. 이 사회에 있어도 그만 없어도 그만인 집합체인 교회가 왜 이렇게 많으냐는 것이다.

이것도 전형적인 무문화적인 현상이다. 한국에 통용되는 기독교 문화가 없다는 것이다. 기독교가 한국 사회에 존재하는 것은 전혀 문제가 되지 않는다. 한국 불교가 미국에 가서 절을 세울 수 있듯이 미국 기독교가 한국에 교회를 세우는 것은 문제가 되지 않는다는 것이다.

그러나 미국 기원의 교회가 한국에 섰다면 거기에는 한국에 합당한 기독교 문화가 있어야 한다. 그래야 그 문화를 통해서 한국인들이 구원을 받을 수 있다. 그런데 한국 교회에서는 그런 문화를 찾을 수 없다. 있는 것이라고는 미국 개신교의 겉껍데기와, 개인적이고 샤머니즘적인 구복 및 우상숭배 행위만 있을 뿐이다.

한국의 기독교인들은 백인 문화의 핵심인 기독경을 금과옥조처럼 받들고 있고, 최근 100여 년 동안 만들어진 미국의 찬송가를 천상의 소리로 알고 부르면서 자신들이 매우 견실한 신앙을 유지하고 있다고 생각한다. 그러나 이것은 껍데기일 뿐이고 그 다음에는 자신의 치병이나 자식이나 남편을 위해서만 적나라하게 기도하는 맹목적인 구복 행위만 있을 뿐이다. 문화적인 것은 다 사라지고 본능적인 것만 남아 있는 것이다.(그렇다면 본능적인 것만 남아 교회가 이렇게 번창하는 것인가?)

그 외에도 한국 교회에는 문제가 부지기수로 많다. 천주교에도 문제가 많지만 지면 상 다 볼 수 없으니 기독교 이야기는 이 정도만 하려 한다. 이 자리는 한국 기독교를 비판하자고 펼친 게 아니라 교회에 산재해 있는 무문화적인 면모를 보여주려 함이기 때문이다. 이를 위해 한국에 교회가 지나치게 많고 신자들이 너무 많다는 한 가지 현상만 가지고 설명해본 것이다. 이 한 가지만 보아도 한국 기독교에 만연한 무문화적인 분위기는 충분히 알 수 있다고 생각한다. 하기야 한국 사회에 문화가 없는데 교회에만 문화가 있을 리가 만무하지 않겠는가? 그러니 이것을 교회만의 문제점이라고 생각하지 말기를 바란다. 종교 비판을 하면 흥분하는 신자들이 너무 많아 하는 소리이다.

기괴한 한국의 종교계 2 - 불교

기독교 이야기는 그 정도 하고 다음 주자인 불교에 대해서 보자. 한국 불교도 기독교처럼 제대로 된 문화가 없는 것은 마찬가지이다. 이 집안도 자신에게 합당한 문화는 없고 불공 장사나 불당 확장 공사 문화만 있을 뿐이다. 그리고 불상에 대고 무작정 비는 건 기독교에서 하는 것과 다르지 않다. 불상을 자신들이 만들어놓고 그것을 진짜 부처님이라 여기고 거기다 대고 비는 것을 보면 한심하기만 하다.

그러나 그런 것 정도는 원시적인 기복신앙이라고 보면 크게 문제될 것은 없다. 인간에게 이런 기복 신앙은 가장 기본적인 것이라 크게 문제

삼을 필요는 없다는 것이다. 인간은 어차피 미신적인 존재라 그런 행위를 하는 것이 어쩌면 당연한 것인지도 모른다. 따라서 여기서는 그런 것에 관한 언급은 피하고 사찰 문화에 대해서만 이야기하려고 한다.

권위적인 유교의 가부장제 문화가 만연한 한국 불교　지금 한국 불교에는 한국의 사회 문화가 갖고 있는 문제가 그대로 투영되어 있다. 한국 사회에 만연되어 있는 불합리하거나 잘못된 점이 고스란히 한국 불교에서도 발견된다는 것이다. 한국 절에는 불교만의 고유문화보다 유교적인 가부장제 문화가 훨씬 강하게 깔려 있다. 한국 불교에는 문화가 있기는 있는데 그것은 불교만이 가질 수 있는 좋은 문화가 아니라 이 사회에서 흘러들어간 저질의 가부장적인 문화가 팽배하다. 저질의 가부장제 문화란 승려들 사이뿐만 아니라 승려와 신자들 사이를 서열로 구분하여 권위에 맹종하게 하는 권위의식이 만연한 그런 문화를 말한다.

이 가운데에서 특히 문제가 되는 것은 승려들이 신도들을 향해 갖는 근거 없는 우월감이다. 그들은 일반인은 물론이고 신도들을 '속인'이라고 부르며 아무 근거 없이 자신들 이외의 사람들을 속된 사람으로 폄하하고 있다. 그리고 자신들은 가부장인 것처럼 생각한다. 가부장제에서 가부장은 큰 권위를 갖고 있기 때문에 온갖 방법으로 우대해야 하는데 그들은 우리로 하여금 자신들을 그렇게 대우하라고 은밀히 요구한다.

다른 나라 승려들이 그렇지 않은 것은 아니지만 한국 승려들은 이처럼 자신들을 가부장적인 존재로 생각해 너무나도 특권의식이 강하다. 자신들은 일반 신도와는 완전히 다른 특별한 존재처럼 생각한다. 그래서 그런지 그들은 자신들을 부를 때에도 '님' 자를 붙여서 부른다. 아마 사회의 여러 부류 사람들 가운데 자신을 부를 때 님 자를 붙여 스스로를 올리는 사람들은 승려밖에 없을 것이다.

우월의식이 너무 강한 승려들　승려들의 이런 잘못된 우월의식 때문에 그들은 모든 것을 일반 신도들과 차별되게 행한다. 법당에 들어가는 문도 다르고 밥도 신도들과 다른 것을 먹는다. 그리고 신도들과 섞이는 것을 '중이 속인과 섞이면 안 된다'는 말과 함께 대단히 경계한다.

근자에 와서 승려들이 자신들을 더 높이기 위해 이상한 예절을 만들었다. 신도들로 하여금 자신들에게 예를 갖출 때 세 번의 절을 하도록 한 것이 그것이다. 이런 예절은 이전에는 없었다. 조선조에는 승려들이 천민의 지위를 가지고 있었으니 이런 예절이 있을 리가 없다. 그에 대한 반동으로 생각되는데 이런 말도 안 되는 예절을 만들어 승려들은 자신들을 신성불가침적인 존재로 엄청나게 격상시켜 놓았다.

이런 식의 사고는 유교의 가부장제와 맞아 떨어져 그들은 신도와의 사이에서 모든 권력을 거머쥐게 된다. 그러한 허황된 권력의식 때문에 승려들은 신도들 앞에서 자신들이 흡사 모든 것을 다 아는 깨달은 존재처럼 행세한다. 유식한 불교 용어를 사용하면서 깨달음이 자신에게 있는 것처럼 아는 척을 한다. 그런데 그들이 아는 것은, 또 수련한 정도는 그다지 높은 것이 아니다. 이렇게 말할 수 있는 근거는 그들이 하는 행동을 보면 알 수 있다. 아무리 깨친 존재처럼 아는 척을 해봐야 이해가 걸린 문제에 맞부딪히면 '속인'들과 똑같이 지극히 이기주의적인 존재로 바뀌기 때문이다. 그래서 내 눈에는 이들이 한낱 속된 존재로만 보일 뿐이다.

승려들이 이렇게 자신을 신도와 차별하는 것은 붓다의 원 가르침과도 상치된다. 붓다는 출가자와 신도 사이에 차별이 생기는 것을 극력 꺼렸다. 두 부류, 즉 출가와 재가를 동등하게 대해야 한다고 말했다. 네 집단의 불교공동체, 즉 비구와 비구니, 그리고 남신도와 여신도는 모두 동등한 관계에서 하나를 이루는 것이다.

그런데 불교의 이런 정신이 재현되는 곳이 있다. 바로 서양의 불교 공동체이다. 거기에도 승려가 있고, 일반인인데 거의 승려처럼 수도하고 생활하는 사람이 있다. 서양 불교도들은 이런 여러 부류의 사람들을 차별하지 않는다. 승려라고 다르게 대접하는 그런 일이 없다. 자신의 형편에 따라 하나의 지위를 택할 뿐이다. 그래서 불교적인 삶을 살겠다고 택한 사람들은 승려도 되고 반(半) 승려도 되고 일반 신도도 되고, 또 다른 종교를 갖고 있지만 불교 수행을 하는 사람이 되기도 하지만 이들 사이에는 어떠한 차별도 존재하지 않는다.

이들이 이렇게 원(原) 불교 정신을 구현하는 것이 놀랍기만 하다. 아마이들에게는 유교적인 가부장 문화가 없고 그들 나름의 합리적인 사고가 발달해 이런 일이 가능한 것 같다. 그래서 어떤 한국 승려가 이런 서양 불교 공동체에 갔다가 적응하지 못하고 돌아왔다는 이야기를 들은 적이 있다. 거기서는 승려인 자신을 특별하게 우대하지 않고 일반인과 똑같이 대하니 자존심이 상한 것이다. 그런데 생각해보면 과연 어떤 쪽이 더 발달한 문화인지는 금세 알 수 있지 않을까 싶다.

한국 승려들은 특권의식을 버려야   한국 불교가 갖고 있는 제일 큰 문제중의 하나가 바로 이 승려들이 갖고 있는 근거 없는 특권의식이다. 여기서 생기는 가부장적인 폐해가 한국 불교를 망치고 있는 것이다. 이것은 앞에서 말한 것처럼 한국 불교의 무문화현상 때문에 생긴 것이다. 승려를 포함한 한국 불교도들이 자신들에게 합당할 뿐만 아니라 현대라는 새로운 시대에 맞춘 문화를 만들어내지 못했기 때문에 생긴 현상이다.

하기야 승려들은 그런 새로운 문화를 만들어낼 필요가 없었는지도 모른다. 그런 문화가 없어도 불교 신도들의 대다수를 차지하는 여성들이 돈을 갖고 절에 찾아오니 말이다. 그러니 승려들 역시 변화해야겠다는 생각을 할 필요를 느끼지 못할 것이다.(물론 개혁의 시도가 없었던 것은 아니다.) 그러나 한국 불교가 이런 식으로 계속해서 간다면 앞으로 신도들의 숫자가 계속해서 줄지 않을까 싶다. 그래서 나중에는 있어도 그만이고 없어도 그만인 종교가 될 종교가 될 수도 있다. 만일 그렇게 된다면 승려들은 사람들을 영적으로 이끌 수 있는 종교적인 지도자가 아니라 그저 절에 있는 문화재나 지키는 존재로 영락할 수 있다.

만일 지금 한국 불교도들이 영적 각성을 한다면 새로운 불교문화를 만들기 위해 노력할 것이다. 이를 위해서 가장 필요한 일은 브라만 계급처럼 된 승려들의 지위를 끌어내려서 신도들과 동등한 지위를 갖게 하는 것일 것이다. 이른바 절에 스며들어 있는 가부장 문화를 근절하는 일이다. 그리고 교단에서 발생하는 일에 대해 일반 신도와 승려들이 똑같이 참여해서 같이 논의하고 모든 것을 투명하게 하는 문화를 만들어야 한다.

이 자리는 한국 불교를 살릴 방안을 생각하자는 자리가 아니니 이에 대해 구체적인 제시를 할 필요는 없다. 다만 한국 불교에는 문화가 없다는 것을 지적하기 위해 이렇게 생각해본 것이다. 나는 한국 불교에 새로운 문화가 나올 가능성은 매우 낮다고 본다. 이유는 간단하다. 한국 사회에 새로운 문화가 생겨날 가능성이 희박한데 불교계 아니 종교계를 통틀어서 새로운 종교 문화가 태동할 수는 없기 때문이다. 불교나 기독교가 아닌 군소 종단들도 모두 같은 처지에 있다. 천도교도 그렇고 원불교도 그렇다. 다 구태의 문화에 갇혀 종교다운 역할을 못하고 있다. 종교계에는 별 희망을 둘 수 없으니 이제 종교에 대한 이야기는 그만하자.

무문화의 온상, 한국의 교육계

한국의 교육계가 안고 있는 문제는 이미 많이 알려져 있어 상론할 필요를 느끼지 못한다. 그러나 교육 문제는 전 국민에게 해당하는 보편적인 문제라 잠깐만 다루었으면 한다. 종교는 종교를 갖지 않은 사람들은 어느 정도 피할 수 있지만 교육은 전 국민 모두와 관계되어 있는 것이기에 그것이 한국인의 삶에서 차지하는 비중은 실로 엄청나다 하겠다.

한국의 교육계가 갖고 있는 문제 가운데 가장 심각한 문제는 살인적인 경쟁일 것이다. 초등학교부터 시작해서 중고교, 대학교, 취직 때까지 한국인들은 말로 다 할 수 없는 경쟁 때문에 엄청난 스트레스에 시달린다. 오로지 나만 좋은 학교(그리고 직장)에 가기 위해 전심전력을 기울인다. 이렇게 경쟁하는 것 자체가 문제는 아니다. 문제는 그 경쟁이 내실이 없고 맹목적이라는 데에 있다. 사람을 살리는 경쟁이 아니라 서로 죽고 죽이는 경쟁이라 문제라는 것이다.

그다지 쓸모없는 것만 가르치는 한국 교육 살인적인 경쟁과 더불어 한국 교육이 갖고 있는 심각한 문제는 교육 받는 과정에서 아무 내용 없는 것을 외우고 공부하느라 허송세월한다는 것을 들 수 있다. 특히 중고교 때 배우는 것은 거의 쓸모없는 것들이다. 수학은 공식만 배워 문제 푸는 데만 쓰고 그 나머지 과목들도 인생살이에 도움 되는 것은 거의 가르치지 않는다. 물리나 화학 등을 배울 때에도 그저 주어지는 공식만 외우면 된다. 사물이 돌아가는 이치나 원리에 대해서는 하나도 배울 수 없다.

예를 들면, 물리학을 통해 우리는 물질의 최소단위에 대해 공부할 수 있고 우주의 생성에 대해 귀중한 지식을 얻을 수 있다. 그런데 그것에 대해서는 거의 가르치지 않는다. 특히 하이젠베르그가 발견한 '불확정성의 원리' 같은 것은 인간이 사물을 보는 눈을 송두리째 바꾸어버린 대단한 발견이다. 이전에는 인간이 주관의 입장에서 객관적인 사물을 있는 그대로 바라본다고 생각했는데 이 원리에 따르면 인간은 어떤 사물을 관찰할 때 객관적으로 보는 게 아니라 주관적으로 참여한다는 사실이 밝혀졌다. 이 발견은 후에 모더니즘을 무너뜨리고 포스트모더니즘으로 도약하는 발판을 만들었다.

이 설명 가지고는 이 원리를 이해하기에 부족하지만 어쨌든 이런 엄청난 물리학적인 발견에 대해 한국 학생들은 배울 기회가 없다. 이와 더불어 우리는 20세기 물리학의 최고 발견 중의 하나인 양자역학에 대해서도 배워야 한다. 이 양자역학 역시 사물을 바라보는 근원적인 시각을 바꾸었는데 이 내용은 다소 전문적이라 피한다. 여기서 중요한 것은 이러한 최고의 발견에 대해 한국 교과서들이 외면하고 있다는 사실이다.

재미있어야 할 역사 과목도 그렇다. 역사란 학문 중에 가장 재미있는 학문이라 할 수 있다. 인간의 과거가 죄다 들어 있기 때문이다. 인류가 그동안 지내온 그 장구한 기간 동안 재미있고 의미있는 일이 얼마나 많았겠는가? 그런데 한국에서는 역사를 정말로 재미없게 가르친다. 너무 재미없어서 흡사 어떻게 하면 재미없게 가르칠 수 있을까를 연구한 것만 같다. 그저 사건이 발생한 연대만 외우게 한다. 주된 내용은 정치적이거나 경제적인 사건에 대한 단답식 문제 풀이에만 치중되어 있다. 문화와 예술에 대한 언급은 별로 없다.

특히 한국사가 그렇다. 고리타분하기 짝이 없다. 그래서 나는 한국사 교과서 문제는 국정화냐 아니냐의 문제가 아니고 재미있느냐 재미없느냐의 문제라고 주장하곤 했다. 또 시대 별 분량의 안배도 그렇다. 지금 한국사 교과서에는 한국이 그다지 내세울 게 없는 근현대사 부분이 너무 많이 할당되어 있다. 한국사 전체에서 지난 백여 년 간은 너무나 문제가 많았던 시기라 그것을 그렇게 주밀하게 파헤칠 필요가 없다. 그보다는 찬란했던 한국의 과거에 대해 더 집중적으로 가르쳐야 한다. 이 문제는 다른 책에서 많이 언급했으니 예서는 생략한다.

내가 중고교를 다닐 때 질곡의 세월을 보내면서도 그 시기가 좋았던 것은 좋은 책을 많이 읽을 수 있었기 때문이다(그때는 고교 입시가 없어서 가외의 시간이 많이 있었다). 교과서를 통해 배운 것은 지금 남아 있는 것이 거의 없다. 그 대신 많은 문학작품을 읽으면서 인생의 지평을 넓게 한 것은 지금도 큰 자산이 되고 있다. 중학교 때 한국의 중단편 및 장편 소설을 닥치는 대로 읽었고 고등학교 때는 세계 문학에서 꼭 읽어야 되는 작품들을 선정해 꽤 읽었다. 사실 이런 작품들이야말로 삶의 자양분이 되는 것이다. 그런데 너무나 안타깝게도 지금의 학생들은 쓸데없는 것 외우고 동무들과 경쟁하느라 이런 금과옥조 같은 문학작품들을 대할 시간이 없다. 그러니까 우리 어린 학생들은 그 귀한 시간에 쓸데없는 것을 가지고 경쟁하느라 하나의 성숙된 인간으로 성장하는 일을 하지 못하고 있는 것이다.

내가 앞에서 한국인들은 죄다 교양이 없다고 한 것은 이러한 상황에서 기인하는 바가 크다. 살면서 가장 중요한 일을 못했으니 인간으로서, 그리고 한국 사람으로서 교양을 쌓을 수 없었던 것이다. 그 때문에 한국에서는 대학을 나온 사람이나 안 나온 사람이나 별 차이가 없다고 하는 것이다. 교양이 없는 것은 똑같기 때문이다. 대학까지 나온 사람인 들 온갖 쓸데없는 것만 배우고 외웠으니 대학을 나오지 않은 사람과 차이가 날 게 없는 것이다.

한국 교육현장에 만연한 경쟁 그 다음 문제는 경쟁이다. 그야말로 살인적인 경쟁이다. 한국의 교육 현장에서 경쟁이 얼마나 심한가는 다시 이야기하지 않아도 충분하다. 조금 과장되게 말해서 한국의 학교에는 친구가 없다. 모두가 서로 적일뿐이다. 한국 교육은 한 가족이 단위가 되어 낱개로 움직인다. 그래서 모든 집의 아이들이 경쟁 관계 속으로 들어간다. 옆집 아이가 모르는 과외를 따로 받아야 그 아이를 이길 수 있다.

이 때문에 한국의 엄마들은 아이가 대학에 들어갈 때까지는 개인적인 생활을 거의 할 수가 없다. 한국 엄마들의 뇌리에는 자식밖에 없다. 남편보다 자식이다. 내 자식이 어떻게 하면 좋은 학교에 들어갈 수 있는가에만 관심이 있지 한국 교육계가 얼마나 불합리한지에 대한 생각이 없다. 대한민국의 교육계가 어떻게 썩었는지 어떤 모순이 있는지에 대해 관심이 없다는 것이다.

나는 이것을 이전에 '내 새끼 유일주의'라고 불렀다. 여기에서 살인적인 경쟁이 생기는 것이다. 이들이 다른 자식을 생각하고 한국 교육의 앞날에 대해 고민한다면 서로 모여 문제 해결을 도모할 수 있을 것이다. 그러나 이들에게 자신의 가족을 벗어나 공동의 장을 만드는 것은 아주 생경한 일이다. 이들이 이렇게 된 것은 아직도 과거의 유교의 틀에 갇혀 있기 때문이다. 앞에서 유교의 교리는 가족을 못 벗어난다고 했다. 모든 것을 내 가족 안에서 해결해야 한다. 공동의 문제를 가지고 다른 가족과 상의하는 일이 없다. 한 가족은 다른 가족의 일에 참견하지 못한다. 월권이라고 생각하기 때문이다.

그런데 지금은 시대가 엄청 바뀌었다. 이전에 마을에 살던 때가 아니고 모든 것이 대단위로 큰 장에서 이루어지고 있다. 또 이전처럼 다 아는 사람들과 사는 게 아니라 모르는 타인들과 하나의 단위가 되어 사는 도시 사회가 되었다. 이전의 마을적인 사고로는 현대에 적응할 수 없다. 그러나 한국인들은 내가 누누이 말한 것처럼 유교적인 가치관에 갇혀 있다. 현대에 맞는 새로운 가치관을 만들어내지 못한 것이다. 다시금 무문화가 판을 친다.

내 가족 유일주의의 폐해　지금도 한국 사회에 횡행하는 '내 가족 유일주의' 때문에 사회의 구성원들이 엄청나게 힘들어 한다. 예를 들어 옆집부모가 자기의 아이를 아무리 개패는 것처럼 패도 간섭할 수가 없다. 간섭하면 '이것은 우리 집안의 일이니 당신은 참견할 권리가 없다'고 다그칠 것이고 그렇게 하면 더 이상 간섭할 수 없다.

이처럼 한국인들은 아직도 내 새끼를 내 마음대로 해도 되는 줄 안다.

이러한 생각이 사회에 팽배되어 있기 때문에 터무니없는 패착이 생기는 경우가 있다. 어떤 부모가 아동을 하도 때려 경찰에서 아동을 보호기관에 맡겨두었는데 부모가 친권을 행사해 그 아이를 집으로 데려가면 막을 방법이 없다는 것이 그것이다. 아동이 그 집에 다시 보내지면 부모들은 또 그 아이를 폭력으로 대할 것은 너무나도 뻔한 사실인데 그것을 아는 사회기관으로서도 어쩔 수 없다는 것이다.

이것은 한국 사회가 아직도 아이의 일차적 보육 권한이 부모에게 있다고 생각하고 있는 증거이다. 다시금 '내 가족 유일주의'이다. 이런 경우 아이를 집에 다시 보내는 것은 일껏 북한의 요덕 수용소 같은 강제수용소에서 정치범을 구해 나왔다가 그를 다시 수용소에 돌려보내는 것과 같은 것이다. 수용소로 다시 돌아가면 노상 맞고 고문당하는 일만 있을 터인데 그것은 이 아이가 처한 운명과 같은 것이라는 것이다. 그 아동은 다시 매일 고문과 구타를 당할 것이고 그러다 죽을 수도 있다(죽을 수 있는 게 아니라 실제로 죽었다).

내 가족 유일주의는 이렇게 무서운 것이다. 가족이 개입되면 공공성이 없다. 내 가족만이 유일하다는 생각은 곧 내 새끼가 유일하다는 생각으로 발전한다. 따라서 전체 사회에 대한 배려가 없다. 사회가 잘못 돌아가도 내 자식만 좋은 학교에 들어가면 된다. 교육 개혁이니 하는 것에 별 관심이 없다. 지금 제도가 불합리해도 재빨리 거기에 적응해 좋은 학교 들어가는 데에 온 힘을 기울인다. 학교에 들어가면 다 잊어버린다. 이런 이야기를 듣고 혹자는 '참교육의 실현을 위해 노력하는 주부들도 있지 않느냐'라고 할지도 모른다. 그런 사람은 분명히 있다. 그러나 극소수이다. 그리고 그들이 하는 일은 한국 사회를 그다지 바꾸지 못한다.

한국의 교육 현장이 이렇게 된 것은 한국인들이 전적으로 유교의 전근대적인 사고를 벗어나지 못한 때문이다. 유교의 내 가족 유일주의 정신은 전근대 사회에서는 통했다. 당시는 가부장제로 통치를 하고 있었기 때문에 매 가족 혹은 가문이 하나의 단위로 작동하는 게 자연스러웠다. 당시에 살던 사람들의 삶은 한 동네에서 태어나 다른 지역에는 거의 가지 못한 채 그 동네에서 살다가 죽는 것으로 진행되었다. 이런 사회에서는 내 가족 단위로 움직이는 것이 문제가 되지 않았다. 그 동네에는 다 아는 사람들이 살고 있기 때문에 공공성이라는 것이 필요하지 않았다. 그저 내 가족만 잘 간수하면서 살면 문제가 없었다.

새로운 문화가 절실한 한국 교육계　그런데 지금은 어떤가? 모든 것이 전국 단위로 움직인다. 교육도 나라 전체에 사는 모든 아이들에게 해당되는 것이지 우리 동네 아이들에만 적용되는 것이 아니다. 따라서 이제는 이전과는 완전히 다른 개념으로 접근해야 한다. 그런데 그 새로운 가치관 혹은 생각은 생겨나지 않았다. 사정이 그렇다면 우리의 머리는 옛 방식대로 돌아가게 되어 있다. 바깥세상은 완전히 바뀌었는데 생각은 안 바뀌었으니 어떤 방책을 써도 문제가 생기기 마련이다. 이것이 바로 한국 교육 정책 수십 년의 역사이다. 어떤 식으로 정책이 바뀌든 근본적인 내 가족 유일주의라는 가치관이 바뀌지 않았으니 통하지 않는 것이다. 이 때문에 모든 학생 사이에 살인적인 경쟁이 생겨나서 지금처럼 된 것이다.

이 정도만 보아도 한국의 교육 현실이 얼마나 어이없는 지 알 수 있을 것이다. 학교에서는 사는 데에 별 도움되지 않는 것만 배우는데 거기에 그치지 않고 그 쓸데없는 것을 가지고 경쟁하느라 자신의 성품을 해치고 다른 친구들을 짓밟고 나아가니 얼마나 어리석은 일인가? 아무 쓸모없는 것을 배우기 위해 삶에서 가장 중요한 것을 다 희생하는 것이다.

그러니 한국인들은 '허당'의 삶을 살고 있다고 할 수 있다. 열심히는 사는 것 같은데 지나고 보면 남는 게 없다. 이렇게 되니까 한국인들은 먹고 입고 치장하는 것 같은 지극히 본능적인 것에만 매달리는 것이다. 그러는 사이 사회는 아주 조야해지고 야해진다. 겉은 매우 화려해져 빛나는 것 같지만 속은 당최 알맹이가 없다. 그래서 모두들 사는 게 사는 게 아니라고 한다.

다시 반복하지만 이 모든 것은 현대 한국인에게 적합한 문화를 만들어내지 못한 결과이다. 이런 식으로 계속 가면 한국인들은 계속해서 이렇게 비참하게 살 것이다. 좀 더 정확하게 말하면 본인들은 자신들이 불행하다는 사실도 모른 채 계속해서 이렇게 살 것이라는 것이다. 무엇인가 잘못된 것 같은 느낌을 받기는 하지만 도대체 무엇을 어디서부터 해결해야할지 전혀 감이 서질 않는다. 그냥 긴가민가(其然가 未然가)하면서 하루하루 본능에 충실하게 살다가 죽을 때가 되면 어디로 어떻게 가는지 모르고 속절없이 가는 것이다. 이것이 대충 본 한국인의 일생 아닌가 싶다.

소결 내 생각에 이 정도의 설명이면 한국인들이 지금 처한 정신적인 문제를 알 수 있지 않을까 싶다. 이 이외에도 얼마든지 많은 영역에서 잘못된 모습을 이야기할 수 있지만 그 결론은 다 같다. 한국인들이 새롭게 변한 시대에 맞게 새로운 문화를 만들어내지 못했다는 것이다. 그러한 새로운 문화의 부재는 한국인으로 하여금 즉물적, 혹은 물질적인 삶을 살게 해 무문화 혹은 몰문화 시대에 함몰되게 된 것이다.

그러나 한국은 나름대로 저력이 있는 나라라 물질적인 면에서는 대단한 성공을 거두었다. 지금 한국인들이 잘 하는 것은 대부분 물질이나 본능과 관계된 것이다. 예를 들어 한국 역사상 최초로 전 세계로 수출한 우리 문화인 한류는 정신적인 것이 아니라 지극히 본능에 충실한 것이다. 그 외적인 화려함에 말을 잊을 정도이다. 그러나 그 한류에는 높은 정신이나 새로운 문화, 바람직한 가치관에 관한 고려가 없다. 어찌 보면 날탕이라 해도 과언이 아니다. 한류 같은 한국의 새로운 문화가 겉모습은 화려하지만 속은 공허한 된 것은 모두 한국 사회의 무문화 현상에서 비롯된 것이다. 이 사정은 이 정도의 설명이면 충분히 묘사되었다고 생각하는데 이제 결론 격으로 이런 상황을 풀려면 대체 어떻게 해야 하는지에 대해 보기로 하자.

4 결론 - 그러면 우리는 어떻게 해야 이 상황에서 벗어날 수 있을까?

지금까지의 설명으로 우리는 한국인들이 얼마나 문화적으로 수준이 떨어지는 삶을 살고 있는지 확인할 수 있었다. 한국 사회는 외양으로는 엄청나게 발전했지만 속은 공허하고 더 나아가서 증오와 화만 들끓는 사회가 되었다. 그래서 일상생활 속에서도 언제 어디서 문제가 발생할지 몰라 조바심하고 살아야 한다. 차를 몰 때에는 몰상식한 운전자가 많아 노상 걱정이 되어 욕을 달고 산다. 요즘 한국 사회에서 문제 시 되는 보복 운전은 사람의 생명을 빼앗아갈 수 있을 정도로 범죄의 수준이 되지 않았는가? 또 버스나 지하철을 타면 큰 소리로 전화 받는 사람들의 몰상식적인 태도 때문에 스트레스 수준이 확 올라간다.

이렇게 작은 데에서도 우리는 안심하고 살지 못한다. 거대 수준도 마찬가지이다. 국회의원들의 생긴 꼬락서니나 하는 짓들을 보면 도대체 어떻게 저런 사람이 국회의원을 할 수 있을까 하면서 울화가 치밀고, 북한이 하는 짓을 보면 너무나도 반인륜적이고 비상식적이라 아예 비난할 생각마저 들지 않는다. 일상적인 낮은 수준에서부터 국가 같은 상위 수준까지 한국은 온통 문제로만 뒤덮여 있는 느낌이다.

이런 문제를 가지고 의식 있는 동료들과 이야기를 해보면 모두 이 한심한 한국에 대해 큰 걱정을 한다. 그런데 눈을 돌려 다른 나라들을 보면 거기도 한국과 그리 다르지 않다는 것을 발견한다. 유럽이나 아랍에서 연일 터져 나오는 테러 사건이라든가 남미 국가에서 수만 명의 국민이 사라져 피살된다거나 중국을 비롯한 개발도상국이나 후진국에서 보이는 부패 등등을 살펴보면 지구상에서 정상적인 나라를 찾는 일이 어렵게 되었다.

그래서 이렇게 거대한 시각에서 보면 한국에 대한 생각이 조금 달라진다. 외국을 제 집처럼 드나드는 어떤 국제 문제 전문가는 자신이 전 세계를 많이 다녀보았지만 한국은 그래도 사람이 살만한 몇몇 나라 중의 하나라고 말하는 것이 그것이다. 나도 그의 의견에 동의한다. 내가 이런 사실을 밝히는 것은 한국인들이 쓸데없이 자신을 자책하는 과오를 범하지 말자는 것이다. 한국을 비판하는 사람들의 이야기를 들어보면 흡사 한국만 아주 몹쓸 나라처럼 말하는데 그것은 결코 사실이 아니라는 것이다.

그러나 세상이 이처럼 온통 잘못 돌아가도 우리는 자기 나라인 한국을 더 좋은 나라로 만들 책임이 있다. 이와 관련해서 내가 항상 안타깝게 생각하는 것은 한국인은 갖고 있는 저력을 제대로 발휘하지 못하고 있다는 것이다. 한국은 엄청난 저력을 가지고 최빈국, 그러니까 전 세계에서 가장 가난한 나라에서 오늘날 같은 부국으로 성장했다. 이는 전 인류 역사에서 찾아보기 힘든 기적이라 했다.

그런데 이것은 대체로 물질에만 해당한다. 한국은 물질적인 발전만 기적을 이루었지 정신문화 부분에서는 그다지 성공하지 못했다. 오히려 퇴보했다는 느낌을 받는데 퇴보했다기보다는 정체 내지는 지체되었다고 하는 게 맞을 것이다. 조금 더 정확하게 말하면, 정신문화도 조금씩 발전은 했는데 물질문화의 발전 속도를 따라가지 못한 것이라고 할 수 있을 것이다. 그런데 정신과 관련된 문화가 퇴보한 것처럼 보이는 것은 정신문화 수준은 발전하지 못했는데 갑자기 부가 많이 생겨나게 되자 정신이 그것을 주체하지 못하고 갈팡질팡 하게 된 때문 아닐까 한다.

이전에는 다 같이 못 살았기 때문에 부의 분배가 불평등할 것도 없었다. 그러나 지금은 부는 엄청나게 축척했는데 그것을 관리하고 정의롭게 분배할 수 있는 문화를 만들어내지 못해 사회 문화가 더 악독해진 것처럼 보일 수 있다.

그러면 과연 우리는 이 문화 없는 혹은 문화가 천박한 한국 사회를 바꾸기 위해 무엇을 어떻게 해야 할까? 우리가 여기서 바꾸고자 하는 것은 한국의 사회 문화이다. 이 사회 문화가 바로 잡히지 않는 한 한국인들은 편안하게 살 수 없다. 사실 바로 잡는다고 하는 것은 어폐가 있다. 아무 문제도 없는 문화를 만들어낸다는 것은 허구이기 때문이다. 사정이 그러하니 우리가 할 수 있는 것은 사회 문화를 조금 더 좋게, 아니면 심각한 문제는 없게 만드는 차선책만이 가능할 것이다. 이 세상에 문제

없는 사회는 있을 수 없다. 다 문제를 갖고 있지만 좋은 사회는 전체적으로 건강한 문화를 가진 사회를 말한다. 대부분의 구성원이 그저 사회에서 제시하는 대로 살면 편안하게 되는 그런 사회를 말하는 것이다.

그런 사회를 가능하게 하는 문화를 어떻게 하면 만들어낼 수 있을까? 이것은 너무나도 큰 문제라 한 사람의 능력으로 해결할 수 있는 것이 아니다. 그보다는 다양한 전공을 가진 탁월한 사람들이 모여 아무 제한 없이 거침없이 몇 날이고 논의해야 한다. 이 논의 방식에 대해서는 곧 다시 보겠다.

이들이 생각해야 할 주제는 이 '21세기에 사는 한국인들에게 어떤 문화가 있어야 좋은 사회, 즉 사람들이 편안하게 살 수 있는 사회가 될 것인가'에 대한 것이다. 지금처럼 비합리적이고 비생산적일 뿐만 아니라 사람들을 정신병적으로 몰고 가고 울화 아니면 우울증에 빠지게 하는 사회 문화를 어떻게 하면 지금보다는 조금이라도 더 좋게 만들 수 있는가에 대해 알아보자는 것이다.

문제 해결을 위한 하나의 제안 - 새로운 개념의 연구소(싱크탱크) 설립

이 작업을 위해서 여기서 나는 하나의 방안을 제시해보고자 한다. 이것은 많은 해결책 중의 하나에 불과하니 그저 참고용으로 보면 되겠다. 이 문제의 해결을 위해서는 많은 사람들이 좋은 환경에서 이야기를 나누어야 한다. 이런 작업을 할 할 때 가장 좋은 것은 새로운 개념의 연구소를 만드는 것이다. 그것도 국가가 만들면 제일 좋다.

과거의 싱크탱크 - 집현전과 규장각 나는 이 문제를 생각할 때마다 떠오르는 게 있는데 집현전과 규장각이 그것이다. 이 두 연구소는 세종과 정조 때 가장 큰 활약을 보였다. 그런데 세종과 정조가 어떤 임금인가? 조선에서 가장 정치를 잘한 사람으로 꼽히는 왕 아닌가? 이런 왕들은 당시 제일 좋은 두뇌들

경복궁 내의 집현전(현재는 수정전으로 되어 있다)

을 모아다 결집해 연구소를 만들고 온갖 지원을 아끼지 않았다. 지금 말로 하면 싱크탱크가 되겠다.

세종이나 정조 같은 성군들은 자기 옆에 이러한 최고의 브레인들을 두고 그들의 머리를 활용했다. 이 브레인들은 사안 마다 좋은 해결책을 왕에게 제시했을 것이다. 그러니 대단한 업적이 나올 수 있었던 것이다. 그런데 지금까지 한국 대통령들을 보면 대통령 측근에 그를 최고의 두뇌로 보좌할 수 있는 싱크탱크를 두지 않았다. 각 대통령 마다 많은 위원회나 단체를 만들었지만 그 단체들은 그저 관변 단체로만 머물고 창의적이고 실제적인 제안을 한 적은 별로 없는 것 같다(내가 박근혜 정권에서 문화융성위원회에서 위원으로 2년 동안 활동한 경험으로 보면 그렇게밖에는 보이지 않는다).

새로운 연구소는 새롭게 움직여야 - 권위주의와 간섭에서 자유로워야 만일 이런 연구소가 생긴다면 그 연구소는 기존의 것들과는 완전히 다른 질서로

움직여야 할 것이다. 앞에서도 누누이 이야기했지만 한국의 사회 문화에는 끼리끼리만 해먹는 그릇된 집단주의와 아래위를 지나치게 가르는 권위주의라는 고약한 문화가 집요하게 똬리를 틀고 있다.

우선 이런 나쁜 요소들이 이 연구소에는 절대로 틈입(闖入)되어서는 안 된다. 만일 이런 연구소마저 한국 사회의 고질적인 저질의 사회 문화가 장악한다면 그런 연구소는 바로 없애버리거나 처음부터 만들지 말아야 한다. 지금 한국에 있는 연구소들을 보면 과연 이런 저질적인 한국 문화에서 자유로운 곳이 얼마나 되는지 모르겠다. 아니 하나라도 있기나 한 건지 모르겠다.

따라서 이 연구소의 연구원들은 모든 제약에서 벗어나서 아주 자유롭게 행동할 수 있어야 한다. 그러려면 우선 정부 관료들의 간섭이 없어야 한다. 사실 이런 역할을 할 수 있는 연구소가 있기는 있었다. 지금은 한국학중앙연구원으로 바뀐 정신문화연구원이 그것이다. 박정희 대통령이 이 연구소를 만들 때 이런 의도 하에 추진했던 것으로 알고 있다. 한국의 전통문화를 새롭게 연구하고 우리 문화의 앞날을 제시할 수 있는 그런 국책 연구원으로서 말이다.

그러나 그 조직은 공무원들이 대부분 채우게 된다. 공무원들은 속성상 창조적인 일을 하기 힘들다. 그들의 능력이 떨어지는 게 아니라 관료 조직이란 원래 그럴 수밖에 없다. 게다가 한국의 공무원 조직은 여전히 조선의 관리 조직처럼 권위적이어서 위계질서가 강하다. 또 보신과 눈치만이 횡행한다. 그런 곳에서 어떻게 창조적인 일이 가능하겠는가?

따라서 문제는 자율이다. 어떤 조직이던 자율적으로 돌아가야 진정한 창조가 가능해진다. 인간은 억압을 당하면 창조와는 정 반대의 길로 간다. 그래서 예술가들은 억압을 가장 싫어하고 그런 억압이 생기면 바로 저항한다. 억압이 그들의 정신을 죽인다는 것을 잘 알기 때문이다. 예술가들이야말로 가장 자유로운 것을 좋아하는 사람이다. 그들이 관습적인 인간이 되면 그들은 예술가로서 존재할 필요가 없다. 그냥 평범하게 살아가면 된다.

그런데 또 문제는 그런 자유와 자율을 감당할 수 있는 사람이 과연 있느냐는 것이다. 한국 사회는 그 문화가 자유나 자율과는 거리가 멀어서 그렇게 사는 사람들이 별로 없다. 자율을 누리려면 대단한 책임감이 따른다. 마음대로 하라고 내버려 둔 게 아무것도 안 해도 된다는 것이 아니라 그 사람만의 창조성을 발휘하라는 것인데 그런 능력을 발휘하지 못할 사람은 이 집단에 포함되어서는 안 된다. 그런데 그런 사람이 한국에는 잘 보이지 않는다. 아니 숨어 있어 잘 발견되지 않을지도 모른다.

만일 이런 사람들이 모인다면 이 연구원들에게는 일정한 기일 내에 어떤 성과를 내라고 다그쳐서는 안 된다. 이 일은 건물을 짓는 것처럼 공기를 단축하기 위해 마구 몰아간다고 실적이 나오는 것이 아니다. 대학에서 하듯이 교수들에게 1년에 아무도 보지 않는 논문을 2~3편 씩 쓰라는 식으로 하면 안 된다. 이 작업은 인문 사회과학적인 작업이라 자연계나 공학 분야에서 하듯이 실험을 통해 논문이 쑥쑥 나올 수가 없다. 그리고 만일 아무 결과가 없더라도 용인해주어야 한다. 그것은 그 사람의 잘못이 아니라 그 사람을 뽑은 게 잘못이기 때문이다.

그런데 스스로를 통제할 수 있고 남에게 간섭 받기 싫어하는 자율적인 사람은 외부의 환경이 이렇게 주어지면 모든 것을 알아서 처리하게 되어 있다. 이런 사람들은 자존감이 높기 때문에 주위의 요건이 맞으면 스스로 자신의 창의성을 발휘하게 된다. 다른 사람이 옆에서 조장(助長)해주지 않아도 스스로 자신의 전 능력을 끌어낼 수 있다.

만일 이런 사람들이 여럿 모이면 그때 일어날 수 있는 시너지 효과는 상상을 불허할 것이다. 각각 다른 전공을 가진 매우 자율적이고 창의적인 사람들이 모여 어떤 사안에 대해 서로가 가진 다른 시각을 나누고 또 그것을 통합한다. 이러한 과정을 거쳐 나오는 결과물은 대단할 것이다. 이 결과물이 어떻게 나올지는 전혀 예측할 수 없다. 아마 평소에는 생각하지도 못할 기상천외한 해결책이 나올지도 모를 일이다.

이 연구소에서 할 일은 사안에 대해 세세한 해결책을 제시하는 것이 아니다. 그 일은 그 현안에 직접 관여하고 있는 사람들이 알아서 해야 가장 합당한 방안이 나올 것이다. 때문에 밖에서 세세하게 간섭하는 것은 좋지 않다. 어떤 조직의 바깥에 있는 사람들은 그 조직의 특성을 파악하는 데에 한계가 있을 수 있다. 이 연구소가 해야 할 일은 이런 각 조직이 갖고 있는 문제에 일일이 해결책을 제시하는 것이 아니라 사회 전체에 대한 큰 그림을 그려주고 그에 걸맞은 큰 가이드라인을 보여주는 것이다.

이 연구소는 가장 기본적인 문제를 다루어야 - 예를 들어 가치관 같은 문제 이것이 어떤 것이 될지는 정확하게 알 수 없지만 이 가이드라인이 성공적으로 주어지면 수많은 다양한 조직들은 그것을 원칙으로 삼아 그 조직에 맞는 기준을 만들어 개혁하는 일에 착수할 수 있을 것이다. 이 같은 연구소가 할 수 있는 일을 조금 다르게 표현하면, 각 조직이 자기들의 역량으로 가장 좋은 공동선을 만들어낼 수 있는 방법이 무엇인지에 대해 제시하는 것이라고 할 수 있다.

독자들의 이해를 돕기 위해 구체적인 예를 들어보자. 한국 사회가 겪고 있는 가장 큰 골칫거리 중의 하나가 교육 문제라는 것에 반대할 사람은 아마 없을 것이다. 나도 이전부터 이 교육 문제는 한국의 근본적인 사회 문화에 깊숙하게 뿌리박고 있기 때문에 한국의 사회 문화를 바꾸지 않으면 이 문제는 해결할 수 없다고 주장했다. 나는 앞에서 본 것처럼 한국의 교육을 가장 망치고 있는 요인 중의 하나는 '내 새끼 유일주의'라고 항상 주장했다.

그런데 이 이데올로기는 유교에 깊게 뿌리박고 있다. 따라서 이러한 유교적 가치관이 바뀌지 않는 한 교육 문제는 절대로 풀 수 없다. 나는 여전히 이 의견이 맞는다고 생각하는데 만일 이 의견에 동의한다면 이 가치관을 바꿀 방법을 생각하는 것이 이 연구소가 할 일이다. 그래서 사회적 분위기를 어떻게 바꿀 수 있는가를 강구하는 것이다. 그러니까 이 연구소는 이 같은 가장 기본적인 문제를 해결할 수 있는 방안을 모색하는 것을 목표로 해야 한다는 것이다. 그러면 연구소가 제시한 방안을 가지고 교육계에 있는 사람들이 각각의 현장에서 이것을 어떻게 응용해 구악을 고칠 수 있는지 그 구체적인 방법을 생각해낼 것이다.

이 연구소는 이런 구체적인 문제를 가지고 씨름할 때 그 문제에 정통한 사람들을 초치해 토론할 수 있는 장을 마련해야 할 것이다. 앞에서 든 교육의 문제를 예로 들면, 이 연구소에서는 교육계의 최고 전문가들을 모아 그들이 사생결단할 각오를 갖고 토론할 수 있는 장을 마련해 줄 수 있다는 것이다.

지금까지 우리는 이런 중대한 문제에 대해 대처하는 방식이 지나치게 미온적이었고 적당주의적이었다. 한 마디로 말해 대충했다는 것이다. 그저 전문가, 특히 교수 몇 사람이 모여 세미나 하는 식으로 자신의 논문을 읽는 것으로 끝내거나 관리들 몇 사람이 머리를 짜내 겉만 번지르르한 보고서를 내는 것으로 대신했다는 것이다.

그렇게 해서 내놓은 교육 정책은 노상 핵심은 찌르지 못하고 주변만 맴돌았다. 그래서 정책이 정권마다 바뀌어 문제가 전혀 해결되지 않았다 이 교육 문제는 너무 막중해서 그렇게 적당히 해가지고는 절대로 풀리지 않는다. 아니 죽을힘을 다해 풀려고 해도 풀릴 둥 말 둥한데 그처럼 '처삼촌 산소 벌초하듯이' 해가지고는 아예 승산이 없다.

이런 난제를 풀기 위해서는 적어도 다음처럼은 해야 한다. 이렇게 해도 이 문제는 풀리지 않을 확률이 높지만 말이다. 교육 문제는 그만큼 어려운 과제이다. 그러면 어찌 하라는 것인가? 일단 이 문제에 정말로 관심 있는 사람들이 모여야 한다(이런 사람들을 잘 뽑는 것부터 여간 큰 문제가 아니지만). 그 다음 이 사람들이 편하게 논의할 수 있는 공간이 있어야 하는데 이 공간은 좀 격리되어 있어야 한다. 세간의 관심에서 떠나 이 문제에만 집중하기 위해 세상과 조금 격리되자는 이야기이다.

끝장 볼 때까지 만나고 토론해야　그런 다음 이런 공간에 이 사람들을 다 풀어놓고 어떤 것도 숨기지 말고 시쳇말로 '계급장 떼고' 막장 토론을 해야 한다. 이때 이 사람들은 외부로부터 어떤 부담이나 압력도 느끼지 말아야 하며 시간에도 쫓기지 말아야 한다. 하루 이틀 동안 있으면서 조금만 토론하다 가려면 아예 오지 않는 것이 낫다. 요즘 세상이 워낙 바쁘게 돌아가니까 바쁜 사람이 많은데 본인이 바쁘다고 생각하는 사람은 오지 않는 것이 낫다. 그러나 바쁘다고 하면 이 교육 문제보다 시급한 일이 어디 있는가? 지금까지 이 급한 일 미뤄놓고 다 자기 이익만 좇다 이 문제가 계속해서 커진 것 아니겠는가?

어떻든 이런 의견에 동의하는 사람들이 몇 날이고 자유롭게 토론하면서 지내야 한다. 때로는 게임을 할 수도 있고 술도 마실 수 있고 자기 책을 볼 수도 있다. 그렇게 자유롭게 있되 관심은 항상 이 주제에만 두어야 한다. 그렇게 지내다 조금이라도 성과가 있으면 일단 그 모임을 파한다. 그러나 파하기 전에 반드시 다음 계획을 세워야 한다. 참가비만 받고 빠져나간 다음 다 잊어버리는 그런 모임이 아니라 후속 모임을 어떻게 할지 정해 놓고 헤어지라는 것이다.

그러면 이 사람들은 그 문제를 가지고 다시 만날 때까지 계속해서 혼자서 씨름할 것이다. 그러다 일정한 시간이 지난 뒤 다시 만나 또 집중 토론을 한다. 이런 식으로 새로운 안이 나올 때까지 이야기하고 또 이야기하면 지금까지 하던 것과는 차원이 다른 해결책이 나올 수 있지 않을까 하는 바람을 가져본다.

이런 식으로 토론하는 문화는 지금까지는 없던 일이다. 우리들은 다들 바쁘다는 핑계를 대던지, 아니면 관심이 없다는 핑계로 우리 사회가 직면한 큰 문제에 대해 부분적으로 외면하고 살았다. 그 결과 이 사회는 물질적으로는 엄청난 발전을 했지만 정신적, 혹은 비물질적 영역에서는 그다지 발전을 이루지 못했다. 그리고 국민들은 자신들이 만든 감옥에서 힘들어죽겠다고 허덕이는 형국이 되었다.

이 문제는 앞에서 말한 것처럼 최고의 전문가들이 전심전력을 다해 풀려고 노력해야 한다. 그렇게 해야 아주 조금씩이나마 진보가 생기고 변화가 생길 수 있다. 이 연구소가 바로 이런 장을 마련할 수 있을 것이다. 이런 모임을 조직하고 잘 굴러가게 만드는 것은 대단히 힘든 일이다. 우선 사람들을 잘 뽑아야 한다. 그리고 그 사람들이 각각의 자리에서 제 역량을 발휘할 수 있게 운영의 묘를 잘 살려야 한다. 논의하는 자리에서도 그 논의가 건설적인 방향으로 흘러갈 수 있게 좌중을 잘 이끌어야 한다. 한국인들은 특히 토론에 약하기 때문에 그런 사람들을 데리고 심층적인 토론을 하려면 상당한 기술이 필요할 것이다.

한국인들은 능력은 분명 출중한데 그것들이 잘 발휘되지 않는 느낌을 많이 받는다. 이것은 앞에서 말한 것처럼 사회 문화에 문제가 있기 때문인데 이런 것을 다 감안해 토론을 잘 이끌 수 있는 방안도 계발해야 할 것이다. 마지막으로 이렇게 해서 나온 결과들이 이 사회에서 곧바로 응용될 수 있게 종합하는 일도 이 연구소에서 해야 할 것이다. 이 작업도 결코 쉬운 것은 아니다. 과연 한국에 이런 일을 잘 할 수 있는 사람이 있을까 하는 의구심이 들지만 아직 시작도 하지 않았으니 그것은 모를 일이라고 할 수밖에 없겠다.

그런데 이런 연구소가 과연 가능할까? 지금까지 내가 말한 것은 대단히 이상적인 이야기이다. 현실에서는 거의 불가능할 수도 있는 계획이다. 이처럼 내 주장이 이상적이라는 데에 나도 동의한다. 그리고 한국처럼 사람들이 권위주의 문화나 자기집단 유일주의 문화에 젖어 있는 나라에서 이런 대단히 민주적인 집단이 나올 수 있을까 하는 데에도 의구심이 드는 게 사실이다. 게다가 한국 정부가 이런 일을 할 수 있을까 하는 데까지 가면 더 말을 잃게 된다. 관료들의 보신주의나 새로운 일은 절대로 안 하려는 정신으로는 결코 이런 일을 벌일 수 없기 때문이다. 한국 정부에서 이런 일이 일어나려면 대통령의 투철한 의지가 아니면 안 된다. 대통령이 확실한 뜻을 갖고 밀어 붙여도 될까 말까 한 일인데 그런 대통령이 과연 있을까 하는 데에도 큰 의문을 품게 된다.

이처럼 이 일은 어디를 보아도 성공할 가망성이 없는 것처럼 보인다. 그러나 앞에서 말한 대로 하지 않으면 한국이 처한 문화적 위기는 넘어갈 수 없다. 아니, 지금처럼 계속해서 갈 수는 있다. '지금처럼'이라는 것은 국민 한 사람 한 사람이 한 없이 괴로워하고 서로를 괴롭히고 쓸데없는 데에 재정을 막대하게 낭비하는 등 온갖 사회적 적폐가 있는 채로 사회가 흘러가는 것을 말한다.

그저 이렇게 사는 것이 우리의 삶이라고 생각하고 지금 상태로 사는 것이 괜찮다면 이렇게 살아도 된다. 그러나 그렇게 하기에는 한국인들의 역량이 아깝다. 사실 여기까지 오는 것도 기적이었지만 여기서 한 단계 버전업을 하지 못하고 그냥 꿇어앉는다면 지금까지 한 일이 너무 아깝다. 억울하고 아쉽기 짝이 없다. 문화적으로만 좋은 나라가 되면 한국은 전 세계의 모범국가가 될 수 있는데 그게 아쉽다는 것이다.

내가 그동안 공부해서 알아낸 한국 문화의 저력이나 매력은 전 세계인들에게 많은 것을 줄 수 있는 요소가 대단히 많다. 나는 그 가능성을 한국의 전통 예술이나 종교 등 많은 부문에서 확실하게 목도했다. 한국 문화가 갖고 있는 이 잠재가능성이 살아난다면 한국은 정말로 좋은 나라가 될 수 있다는 확신이 있는데 그것을 성취하려면 지금 이 단계를 확실하게 넘어서야 한다.

국민의 집단적 지성에 불을 붙이기만 한다면 그야말로 큰 성공! 다시 말하지만 나는 여기에서 이 연구소가 모든 해결책을 제시할 것이라고 말하는 것이 아니다. 이 연구소는 하나의 동기를 제공하는 데에 그칠 것이다. 다른 말로 하면 불쏘시개나 마중물 같은 역할을 한다고나 할까? 큰 불을 일으키기 위해서는 반드시 불쏘시개가 있어야 하고 펌프의 밑에 있는 물을 끌어올리려면 소량의 마중물이 있어야 한다. 이처럼 이 연구소는 한국인들의 잠재능력을 끌어올리는 역할을 해야 할 것이다. 다시 말해 한국인들이 갖고 있는 비상한 잠재적 지성에 불을 붙여 깨어나게 하는 것이라는 것이다.

이 연구소는 그 역할까지만 하면 된다. 한국인의 잠재력에 불만 붙이면 그 다음은 그 잠재력이 알아서 한다. 한국인들은 엄청난 힘을 잠재적으로 갖고 있는데 이걸 깨우기가 힘들다. 근자에 이 힘이 부분적이지만 깨어난 적이 있었는데 2002년 월드컵 응원이 그것이다. 이제는 그런 원초적인 각성이 아니라 문화적으로 또 지성적으로 큰 각성이 있어야 한다. 한 번 터져야 한다. 아무리 어려워도 이 일을 이뤄야 한다. 그렇지 않으면 한국은 지금 이 고비를 넘어가지 못한다.

이 일은 어떻게 생각하면 쉽고 어떻게 생각하면 어렵다. 먼저 쉽다고 한 것은 한국인의 이 잠재적인 집단적 지성이 깨어나기만 하면 이 일은 반드시 이루어진다는 의미에서 그렇다고 한 것이다. 그 정도로 그 힘은 엄청나다. 불가능할 것 같은 일을 가능케 만든다. 그러나 이 일이 어렵다는 것은 그런 집단적 지성을 깨우는 일은 실로 어렵기 때문이다. 어느 정도로 어려운가 하면 이런 일은 하늘이 돕지 않으면 안 된다는 의미에서 그렇다. 하늘까지 나서야 한다는 것이다. 그러나 하늘이 돕게 만들려면 인간이 먼저 움직여야 한다. 물론 여기서 하늘이란 저 위에 있는 아무것도 아닌 허공이 아니라 어떤 큰 기운을 말한다고 보면 되겠다.

새 문화 수립을 위해 우리 모두 나서야　정말 마지막인데, 이런 연구소가 만들어지려면 돈이 문제다. 정부가 만들면 재정 문제는 많이 해결되겠지만 내가 보기에 한국 정부는 이런 것을 만들기에는 역량이 부족하다. 돈은 있겠지만 정부는 이런 연구소의 설립에 관심이 없을 것이고 설혹 만든다 하더라도 공권력으로 참견할 것이 분명하니 이런 연구소가 설 자리가 없다.

그렇다면 다음 주인공은 기업이다. 아주 건전한 상식을 가진 CEO가 있다면 이런 사업을 지원하려고 할지 모른다. 그런데 과연 그런 대단한 CEO가 있을지는 단언할 수 없다. 구체적으로 말해 이런 연구소는 재단법인으로 가야할 테니 법인을 세우면 기업의 입장에서는 손해 볼 일은 없을 것이다. 만일 이것도 가능하지 않다면 그 다음은 무엇일까?

정말 마지막으로, 개개인으로부터 소액을 모아 법인을 만드는 일도 가능할 것이다. 사실 이 방법이 제일 좋은 것이다. 하나하나의 작은 손이 모여 큰 손을 만드는 것이니 말이다. 이렇게 많은 사람들이 참여하는 것이 가장 좋겠지만 현재 한국의 민도로는 연구소 만들자는 데에 사람들이 돈을 기부할 것 같지는 않다. 이 일의 화급성을 아는 사람이 매우 적기 때문이다.

한국인들은 허구한 날 한국은 정치만 잘 되면 다 잘 될 거라고 믿는데 이것은 문제를 깊이 파악하지 못한 단견이다. 문제는 문화다. 문화가 바뀌어야 정치가 바뀌고 경제도 바뀐다. 그런데 문화는 스스로 바뀌지 않는다. 소프트웨어에는 정치력과 경제력 같은 하드웨어가 있어야 한다. 이 정치력과 경제력이 동원되어야 문화가 바뀌는 법이다. 앞으로 우리는 이 두 가지를 다 갖고 갈 묘안을 짜야 한다. 시간은 그리 많지 않다. 이 일은 이루기가 힘들기 때문에 어서 시작을 해야 한다. 누군가는 시작을 해서 사람들의 뜻을 모아야 한다.

책을 끝내며

이렇게 해서 한국 문화를 내 나름대로 진단하는 긴 여정이 끝났다. 본문의 내용이 길었지만 내가 이 책에서 주장하고자 하는 바는 아주 간단하다. 본론에서 누누이 밝힌 대로 지금 한국 사회는 새로운 가치관 혹은 새로운 문화의 창출이 절대적으로 필요하다는 것이다. 지금까지는 한국인들이 조상으로부터 물려받은 옛 가치관을 가지고 버틸 수 있었지만 이제 그것 가지고는 결코 도약할 수 없다.

한국은 그동안 경제적으로 눈부시게 성공하고 민주주의의 면에서도 상당히 큰 진전을 이룩했지만 여기까지만이라는 것이다. 한국은 그게 비약이든 도약이든 여기서 한 단계를 뛰어넘어야 한다. 그렇지 않으면 지금 이대로 주저앉을 수도 있다. 주저앉아 지금처럼 힘든 나날을 보내면서 한국인들은 계속해서 힘들어할 것이다. 그렇지 않은가? 한국인들은 이렇게 찬란한 업적을 이루었건만 행복해 하는 사람들을 만나기가 힘들다. 한국인들은 아주 작은 일이 생겨도 화부터 내고 모든 것을 남의 탓으로 돌린다(나도 예외는 아니다!). 그래서 온순하고 양심적인 한국인들을 만나기가 아주 어렵다.

가슴이 아파 다시 거론하는 것조차 싫지만 세월호 사건만 보아도 그렇다. 내 눈에 이 사고의 주범은 우리끼리 다 봐주고 잘못된 것도 눈감고 넘어가는 '내(內)집단 유일주의'이다. 해운회사이고 그것을 단속하는 해경이고 다 같은 통속이었다. 다들 서로 '형님 동생' 하면서 패거리를 만들어 제멋대로 한 것이다. 여객선 운항에는 분명 확실한 규칙이 있다. 이것을 지켰더라면 결코 저런 전대미문의 사건은 나지 않았을 것이다. 모두가 한 통속이 되어 아는 사람끼리 서로 적당히 봐주는 정실주의가 이 규칙을 지키지 않아도 되게 만들었다. 그런 것들이 계속 쌓여 저렇게 어이 없는 사건을 만들어낸 것이다.

그럼 한국인들은 모두 이처럼 가망이 없는 사람들일까? 그렇지 않다. 국내에서는 이렇게 엉망인 한국인들도 국제관례를 따라야 하는 일에는 그렇지 않기 때문이다. 예를 들어보자. 같은 운송업 중에 항공 분야는 한국인들도 규칙을 잘 지키는 분야이다. 이유는 간단하다. 국제적인 관례를 따르지 않으면 운항이 심하게 규제를 받기 때문이다. 그래서 지키지 않을 도리가 없다. 그런 까닭으로 생각되는데 한국 국적의 비행기들은 매우 안전하다(게다가 아주 친절하기까지 하다!). 한국인들도 자신들의 적당주의나 패거리주의가 통하지 않는 국제 사회로 나가면 이처럼 아주 잘 한다.

그런데 나라 안으로 오면 이게 안 된다. 서로서로 다 봐주고 끼리끼리 다 해먹는 옛 가치관에 따라 행동하기 때문이다. 그러니 한국인들은 누구든 철저하게 지극히 자기중심주의로만 살고 있다. 모두가 작은 승냥이가 되어 자신에게 어떤 해가 있을지 노심초사하면서 남들을 노려보고 있다. 그래서 작은 사건, 이를 테면 경미한 자동차 접촉만 있어도 성부터 내는 것이다. 그러니 편안한 사람들이 없다. 국민 전체가 흡사 우울증에 걸린 것 같다. 한 마디로 행복한 사람을 찾기가 힘들다.

이런 것은 한국 사회의 모든 분야에 통용된다. 정치계, 제계, 법조계, 교육계, 스포츠계, 연예계 등등 이런 구태의연한 모습이 통하지 않는 곳이 없다. 그래서 어느 곳도 새로운 기운이 없고 칙칙하기만 하다. 사정이 그러하니 도대체 좋은 사람 찾기가 힘들다. 앞에서 든 예를 통해서 보면 한국 사회가 당면한 문제는 사람의 문제가 아니라 문화의 문제라는 것을 알 수 있다. 같은 사람이지만 문화가 달라짐에 따라 그 행동거지가 달라지게 된다. 그래서 나는 평소에 만나는 사람이나 학생들에게 공연히 자신들이 못났다고 하면서 자학하지 말고 이 문제를 문화적으로 보자고 제안하곤 했다.

적지 않은 한국인들이 이 세상에서 자신의 나라가 제일 못나고 나쁘다고 하면서—가령 '헬조선'이라고 하면서—스스로를 내려깎는데 이것은 바람직하지 못한 자학적인 태도이다. 우리 사회가 이렇게 된 것은 한국인들이 못된 인간이기 때문에 그런 것이 아니라 우리가 좋은 문화를 만들어내지 못했기 때문이다. 그러니 문화만 새롭게 만들면 한국 사회는 얼마든지 거듭날 수 있다.

이 관점에서 보면 지금 한국 사회가 직면한 가장 큰 문제는 구태의연한 유교적인 가치관을 영특하게 대체할 가치관이 없다는 데에 있다고 할 수 있다. 새로운 가치관이란 간단한 것이다. 특정한 집단이 패거리 지어서 권한을 독점하려 하지 말고 일상생활 속에서는 좀 더 이성적으로 행동하고 남들을 배려하는 것을 습관화 하고, 자신의 이해도 중요하지만 항상 사회 전체를 염두에 두고 행동할 수 있게 하는 가치관이 그것이다. 내 생각에 한국인들이 이런 가치관을 창출할 수 있는 새로운 문화를 만들어내지 못한다면 한국인들은 계속해서 이렇게 매일 매일을 허덕이면서 힘들게 살 것이다.

이런 사실을 알아도 한국인들이 당면하고 있는 문제를 풀 동 말 동 한데 더 큰 문제는 대부분의 한국인들이 이 사실을 모른다는 데에 있다. 이것은 지식분자들도 마찬가지이다. 이들을 포함해서 한국인들은 제도만 바꾸고 정치가만 잘 하면 한국 사회가 잘 돌아가 자신들이 행복해질 거라고 생각한다. 그런데 이것은 미봉책에 불과하다. 제도 같은 겉으로 드러나는 문제만 고치면 모든 문제가 다 해결될 것이라고 믿는 것은 단견이라 할 수 있다.

이것을 비유해서 말하면, 어떤 사람이 속병이 단단히 들어 속이 다 썩어 가고 있는데 그것을 고칠 생각은 안 하고 겉에 난 상처에만 연고를 바르는 것과 같다고 하겠다. 상처에 연고를 바르면 임시적으로는 치유가 되는 것처럼 보일 테지만 곧 다른 데가 곪아 터질 것이다. 그러니 근본적인 치료와는 거리가 먼 것이다.

한국 사회, 그리고 한국인들은 속병이 단단히 들었다. 조선말부터 병이 깊게 들었는데 한 번도 제대로 진단한 적이 없다. 진단을 안 했으니 당연히 치료를 받을 수 없었고 그 상태로 지금까지 왔다. 그런데 한국 문화나 한국인들은 저력이 있어 지금 같은 엄청난 물질적인 성장을 했다. 그러나 아무리 물질적으로 성공했어도 정신을 제대로 치유 받은 적이 없으니 한국인들의 마음은 계속해서 아프다. 도대체 어떻게 해야 할지를 모른다.

이 난국을 타개할 방법은 새로운 가치관의 창출이라고 거듭 말했지만 나는 안다. 내가 제안하는 것이 거의 불가능한 일이라는 것임을. 문제는 이런 것이다. 한국인들은 자신이 처한 문제가 무엇인지도 모르는 것이 큰 문제라고 했다. 그러나 설혹 만의 하나, 이 문제를 아는 한국인들이 있어 해결을 도모하자고 했을 때 과연 그게 가능하겠느냐는 것이다.

이러한 새로운 가치관을 만들자고 했을 때 가장 먼저 던질 수 있는 질문은 대체 누가 그 일을 할 수 있겠느냐는 것이다. 이 질문에는 나도 답하는 일이 불가능하다. 왜냐하면 사회 전체가 지금 과거의 구태의연한 가치관에 물들어 있는데 누가 그것을 고칠 수 있다는 말인가? 고치려고 하는 사람도 그 퇴색한 가치관에 젖어 있을 터인데 어떻게 고칠 수 있느냐는 것이다. 고치려는 주체나 고침을 당하는 객체나 모두 옛 가치관이나 문화에 함몰되어 있는데 누가 어떻게 무엇을 고칠 수 있느냐는 것이다.

독자들의 이해를 돕기 위해 예를 들어 설명한다면, 흔히들 사람들은 우리 사회가 잘 되려면 교육이 바뀌어야 한다고 말한다. 그것은 맞는 말이다. 교육만 바뀌면 세상이 다 바뀔 수 있다. 그러나 한 번만 생각해보면 그 생각이 얼마나 공허한지 알 수 있다. 좋은 교육을 하려면 좋은 교사가 있어야 한다. 교사가 없는 교육은 있을 수 없다.

그런데 여기서 '그 좋은 교사는 누가 어떻게 교육시킬 수 있을까?'라는 의문이 금세 떠오른다. 현재 좋은 교육이 안 되고 있으니 좋은 교사가 있을 리가 없다. 따라서 좋은 교사를 만들 수 있는 교사가 없으니 이 계획은 처음부터 실현에 옮길 수 없는 것이다. 새로운 가치관의 창출도 꼭 같은 처지에 있다. 새로운 가치관에 대해 아는 사람이 없으니 그것을 교육시킬 수 없는 것이다. 이렇듯 사람의 마음을 바꾸는 일은 매우 힘들다.

이 일이 이렇게 힘들더라도 할 수 있는 일이 전혀 없는 것은 아니다. 새로운 문화 혹은 새로운 가치관의 창출이 거의 불가능하다고는 해도 우리들은 우리가 당면한 문제가 무엇인지 사람들에게 알려줄 수는 있다. 우리가 어떤 문제를 해결하려 할 때 가장 먼저 해야 하는 일은 원인을 정확하게 아는 일이다. 원인을 정확하게 알면 언젠가는 그 문제를 해결할 수 있는 날이 올 수 있지만 원인을 정확하게 모르면 해결책은 영원히 나오지 않는다. 사람들이 원인을 모르니 해결책을 제시해봐야 이해하지 못하기 때문이다.

지금 대부분의 한국인들은 자신들이 처한 사태의 원인을 잘 알지 못한다. 그래서 수십 년 동안 허덕이고 허둥대고 있는 것이다. 이런 상황에서 우리가 해야 할 일은 이 책의 본론에서 본 것처럼 한국 사회의 문제점을 더 쉽고 상세하게 밝혀 더 많은 한국인들의 공감을 사야 할 것이다. 이런 공감대가 넓어지다가 어느 시점에서 임계점에 닿으면 이전에는 누구도 생각하지 못한 해결책이 나올 수도 있을 것이다.

앞에서 나는 한국인의 집단적 지성에 불을 붙이면 이 어려운 문제에 대한 해결책이 나올지도 모른다고 했다. 사람들의 집단적 지성은 깨어나기는 힘들지만 깨어나기만 하면 엄청난 힘을 발휘한다. 그 작은 예가 2002년 월드컵 때의 붉은 악마 응원이라고 본문에서 밝혔다.

이 지성에 불이 붙게 하는 일은 대단히 힘든 일이다. 수많은 시행착오와 노력이 없으면 될 수 없는 일이다. 그러나 그 지성만 깨어난다면 우리에게는 엄청난 기회의 문이 열린다. 지금 우리가 할 수 있는 일은 그 일이니 그 일에 매진하는 것 외에 다른 일이 없겠다. 이 책은 바로 그런 일이 생길 수 있게끔 미력이나마 힘을 보탠 것이다. 언제 한국인의 집단적 지성이 깨어날지 모르지만 그런 날이 오기를 학수고대 하면서 이 책을 마치도록 하자.

후기

I

지난(2016년) 10월 중순께 이 책의 원고를 편집하고 있던 출판사의 이준 이사가 내게 이메일을 하나 보냈다. 당시는 최순실 사건은 이미 터졌고 차은택이 등장하기 시작하던 때였다. 그 내용은 이들이 농단한 국정, 그중에서도 특히 문화계의 압살 현장에 대한 내 견해를 이번 책에 실으면 시의에 적절하지 않겠느냐는 것이었다. 그때 나는 그의 제의를 일단 거절했다. 사건의 전모가 아직 밝혀지기 전이어서 무엇이라고 말할 단계가 아니라고 생각했을 뿐만 아니라 책은 잡지와 달리 현안을 다루는 것이 적절하지 않다고 여긴 때문이었다. 잡지는 그때만 보고 말지만 책은 계속해서 보는 것이니 잠깐 반짝하고 마는 그런 사안을 다루면 나중에 구태의연하게 되어 책의 격이 떨어질 수 있다고 생각한 것이다.

그런데 시간이 흐르면서 사건의 전모가 서서히 밝혀지는 것을 보니 그 엄청남에 입이 다물어지지 않았다. 대한민국이 두세 명의 지극히 미성숙하고 파렴치한 인간들 때문에 이렇게 휘청거리기는 처음일 거라는 생각이 들어 나도 무언가 말을 해야겠다는 염(念)이 강하게 들었다. 그래서 이렇게 후기처럼 글을 남겨야겠다는 생각을 한 것인데 이런 결정을 하게 된 더 즉(即)한 이유는 다른 데 있었다. 내가 이번 사건의 주인공, 즉 박근혜, 최순실, 차은택을 다 만나본 경험이 있기 때문이었다. 나는 세상과 그리 가깝게 지내지 않기 때문에 세상에 무슨 일이 터지면 그

주인공들이 대부분 나와 면식이 없는 사람들인 경우가 많았는데 이번에는 어찌 된 일인지 반대의 일이 벌어졌다.

이 사람들과의 인연은 이랬다. 우선 박근혜와의 인연이다. 한 10년도 더 된 것 같은데 어느 날 평소에 알고 지내던 광주요(廣州窯)의 황 이사로부터 연락이 왔다. 내용은 '자신이 박근혜 의원(당시는 국회의원)을 알고 있는데 그가 한국 문화에 대해 관심이 많다. 따라서 최 교수와 같이 만나 이야기하면 좋지 않겠는가' 하는 것이었다. 정치계 인사와 학계의 인사가 만나 같은 주제를 가지고 이야기하면 무엇인가 새롭고 좋은 것이 나올지도 모른다는 생각이었던 것 같았다.

그 제의에 나는 반대할 이유가 없었다. 평소에 나는 문화의 정립은 정치가 개입하지 않으면 안 된다는 생각을 갖고 있었기 때문에 이런 제의가 외려 반가웠다. 게다가 상대는 박정희 전 대통령의 여식 아닌가? 그 하나만으로도 만나고 싶은 생각이 컸다. 나 같은 필부가 그런 유명인을 어떻게 만날 수 있겠는가 하는 생각 때문이었다. 또 사람의 인연은 어떻게 될지 알 수 없으니 일단 만나보고 가능성을 타진해봐야겠다는 생각도 있었다. 만나보고 서로 성정이나 관심이 맞지 않으면 갈라서면 되는 것이고 다행히 그것들이 부합되면 같이 갈 수도 있을 거라는 극히 단순한 생각이었다.

어떻든 약속을 정했는데 지금 기억으로는 압구정에 있는 현대백화점에서 만난 것 같은데 확실히는 모르겠다. 그곳에서 일단 만나서 박근혜의 사무실로 가기로 한 것이다. 약속한 날 그 장소에 가보니 어떤 여자와 남자가 나왔던 것으로 기억되는데 이번 사건이 터지고 보니 그 여자가 바로 최순실이었던 것이다. 내가 왜 이 여자를 기억하는가 하면 그는 국회의원 보좌관답지 않게 시정 바닥에서 흔히 만날 수 있는 아줌마의 외모를 갖고 있었기 때문이었다. 그때 나는 속으로 '무슨 아줌마가 국회의원 보좌관을 할까? 집에 가서 살림이나 하면 맞을 것 같은데' 하면서 의아해 했던 기억이 난다(집 살림하는 것을 폄하하는 것이 아니라 사람마다 자기에게 맞는 자리가 있다는 의미에서 이렇게 말한 것이다).

그렇게 그들을 만난 나는 그들이 이끄는 대로 지금 '강남 을지병원 사거리'라 불리는 곳 근처에 있는 박 씨의 개인 사무실로 안내되었다. 그때 나는 '아니 국회의원이 국회에 있는 사무실을 이용하지 않고 바깥에다가 왜 이런 사적인 사무실을 만들었대? 이런 사무실 유지하려면 돈이 많이 들 텐데…' 하는 생각이 들었지만 그것은 내 소관이 아니라 더 이상 생각하지 않았다. 그때 그곳에는 이른바 박 씨의 문고리 3인방이라고 불리는 사람 중에 한 사람이 있었다. 이 세 사람 가운데 다른 사람도 있었는지 모르지만 나는 이 한 사람만큼은 정확히 기억한다. 그 사람의 이름까지 정확히 기억하고 있지만 굳이 발설할 필요는 없겠다(그러나 그의 인상이 꽤 점잖았다는 기억은 아직도 생생하다). 요즘 TV로 그 사람 얼굴을 보니 인상이 많이 바뀐 것을 알 수 있었다. 또 그 사무실에서 실장이라는 사람과도 인사를 했는데 그가 정윤회가 아니었나 하는 생각을 해보지만 확실한 것은 모르겠다. 그때 인사한 그 사람에 대한 인상은 아직까지 내게 남아 있는데 그가 누군지 정확히 기억이 안 나니 그에 대해서는 말을 아끼는 것이 낫겠다는 생각이다.

그때 나는 그 사무실에서 박근혜와 회의도 했고 따로 내 동료들과 회의를 해서 그 결과를 박 씨에게 알려주는 등 그를 3~4 차례 정도 만났던 것 같다. 당시 박 씨에 대한 내 인상은 대단히 부드러우면서 강한 사람이라는 것이었다. 다시 말해 지금처럼 유약한 그런 이미지는 전혀 느낄 수 없었다. 그 뒤에 나는 사람들에게 박 씨에 대해 설명하면서 '박근혜 의원은 속에 돌덩이 하나를 가진 사람 같다'는 표현을 많이 했다. 그만큼 강하다는 것이다. 이 인상이 최순실 사태 이후로 보이는 그의 인상과 잘 어울리지 않아 이상한데 자세한 것은 아직 판단을 내릴 수 없다. 어쨌든 그와의 만남은 아주 짧았기 때문에 더 이상의 설명을 하지 않는 것이 낫겠다.

회고해 보면 그의 문화적 식견도 낮지는 않았던 것으로 기억된다. 그때 최순실이 했던 말이 아직도 기억난다. '박 의원님은 한국 문화에 관심이 많아 정치에 입문하기 전에 여주에 있는 고달사지(고달사가 있던 터)에도 혼자 가시고 했다'는 것이 그것이다. 사실 이 고달사지 같은 곳은 답사 코스 중에서도 고급 코스에 속한다. 이곳은 절터이기 때문에 남아 있는 것이 별로 없어 전문가가 아니면 가봐야 건질 것이 없다. 그리고 이런 답사지는 오로지 그것 하나만 보러 가기 위해 가는 곳이라 초보자들은 여간해서 가지 않는다. 초보자들은 여러 유적이 있는 곳을 택해 한 번에 많은 것을 보는 것을 선호하기 때문이다. 나 역시 이곳은 가보지 않았기 때문에 이 말을 듣고 몇 년 뒤에 호기심이 생겨 이곳을 가본 적이 있다. 이렇게 보면 내가 이곳에 가게 된 것은 최순실로부터 들은 이야기 때문인데 그래서 나는 그의 그 말을 정확히 기억한다.

앞에서 말한 대로 나는 그렇게 몇 차례 박 씨 일행들을 만났는데 그때 나는 더 이상 그 만남을 지속할 수 없다는 생각이 들었다. 그 전적인 이유는 최순실 때문이었다. 한 마디로 그 치는 저질이었다. 도무지 상대할 수가 없었다. 처음에는 나를 교수로서 우대하는 것 같더니 곧 보좌관처럼 부려먹을 태세로 태도를 바꿔었다. 나는 나름대로 순수한 자세로 '정치가인 박근혜 당신과 학계에 있는 내가 우리 문화를 진작시킬 방안에 대해 동등하게 이야기해봅시다'라는 생각을 가지고 임했는데 시간이 갈수록 나를 대하는 태도가 저자 거리에 있는 일개 서생 정도로 생각하는 것 같았다. 예를 들면 이런 것이다. 박근혜가 어디 유세를 가면 어떤 슬로건을 갖고 가면 좋은지와 같은 지엽적인 것을 만들어달라고 하는 것 따위가 그것이다. 그러나 이런 것은 보좌관들이 하는 일이지 내가 할일은 아닌 것이다. 나는 그와 동등한 입장에서 한국문화대계라는 큰 일을 짜는 일을 하려고 했는데 그는 이 일에 그다지 관심이 없는 것 같았다.

그래서 나는 그들과의 연락을 단절시켜버렸다. 순수한 의도가 먹히지 않으니 더 이상 만날 필요가 없었던 것이다. 그들과 단(斷)하면서 그때 가졌던 생각이 아직도 난다. '여보, 박근혜 씨! 당신은 어찌 저런 인간을 데리고 일을 하시오?' 또 '당신 이미지와 최의 이미지는 전혀 안 맞는데 왜 그런 사람을 데리고 일하는지 모르겠소' 따위의 생각이 그것이다. 어떻든 그것으로 그와의 인연은 끝나고 말았다.

아니, 그와의 인연이 완전히 끝난 것은 아니었다. 왜냐하면 2013년에 문화융성위원회의 위원이 되면서 다시 그를 만났으니 말이다. 임명장을 받을 때 그를 지근거리에서 본 것이 그것이다. 그러나 그 뒤의 위원회 활동은 이 책의 본문에서 말한 것처럼 지리멸렬한 것이어서 그 뒤에는 그를 만나기는커녕 위원회 자체가 별 괄목할 만한 활동을 하지 않았다. 따라서 언급할 거리는 되지 못하겠다.

어떻든 앞에서 언급한 10여 년 전의 사건 이후로 나는 최순실이란 존재에 대해서 전혀 생각하지 않고 있었는데 이번 사건이 터지면서 까마득한 기억이 되살아났다. 그런데 또 새로운 인물로 차은택이라는 친구가 부상을 했다. 가만히 생각해보니 이 친구의 행적이 또 나와 겹치는데가 있었다. 그래서 관심이 조금 쏠렸는데 그것은 다른 것이 아니라 문화융성위원회에서 활동한 전력이다. 나는 이번 사건이 터지고 나서야 그가 정확하게 언제 문화융성위원회의 위원이 된 줄을 알았다. 내가 그를 위원회에서 처음 본 것은 이 책의 앞부분에서 소개한 위원회 주최로 2015년 1월에 있었던 1박 2일 워크숍에서였다. 그것도 그와 내내 같이 있었던 것은 아니고 이틀째 되는 날 원주에 있는 박경리 문학공원에서 가졌던 세미나 현장에서 그를 처음으로 보았다. 그러니까 토지문학관에서 1박을 하고 그 다음 날 아침 원주 시내에 있는 박경리 문학공원에 갔는데 그때 느닷없이 차은택이 나타나더니 피피티를 틀어놓고 무엇인가에 대해 발표를 했던 기억이 난다.

나는 그때에도 그가 문화융성위원인 줄 몰랐다. 그저 영상에 밝은 어떤 친구가 와서 발표를 한다는 정도로만 전해 들었을 뿐이었다. 그래서 그가 무엇을 발표했는지는 전혀 기억이 나지 않는다. 그저 현란한 피피티 영상을 가지고 와서 무엇인가 설명했다는 기억밖에는 나지 않는다. 그리고 그는 곧 떠난 것 같았고 그래서 점심하는 자리에서는 그를 볼 수 없었다. 그리곤 그에 대한 생각은 완전히 사라졌는데 이번 사건이 터지면서 그가 문화융성위원이었다는 사실과 언제 그 일이 벌어졌는지를 알게 되었다.

발표에 따르면 그는 가수 설운도 씨와 함께 2014년 8월에 문화융성위원회의 위원이 되었다. 그러나 나는 그때 이런 소식을 전혀 알지 못했다. 그 뒤로 위원회 회의가 있어 나가보면 그 바쁜 설운도 씨는 꼬박 나와 대중가요 가수, 특히 트로트 가수들의 열악한 사정에 대해 열변을 토했다(그때 나는 설운도 씨를 통해 트로트 가수들이 방송에 나갈 수 있는 기회는 '가요무대'와 '전국노래자랑' 같은 프로그램밖에 없다는 것을 처음 알았다). 회의 때마다 그를 만나는 바람에 나는 설운도 씨와 꽤 친하게 되었다. 또 원주에서 했던 워크숍에도 그가 왔기 때문에 1박 2일 동안 그와 많은 이야기를 나눌 수 있었다. 그때 그가 말하길, 자기가 이른바 '행사'를 뛰면 출연료를 많이 챙길 수 있는데 그걸 다 마다하고 가수들의 권익을 위해 이 회의에 왔다고 하면서 대중음악계의 침체된 분위기를 전하던 기억이 아직도 생생하게 난다.

이처럼 설운도 씨와는 회의를 자주 했지만 그와 함께 위원이 된 차은택은 위원회 회의에서 한 번도 본 적이 없었다. 아마 차은택은 이때부터 자신의 먹거리를 찾아 분주했기 때문에 아무 권한이 없는 문화융성위원회 회의에는 나오지 않은 것 아닌가 하는 생각이 든다. 또 어림짐작에 이때부터 융성위원회의 힘이 빠진 것 아닌가 하는 생각도 든다. 왜냐하면 이 위원회가 만들어진 초기에는 대통령도 만나고 나름대로 활동을 하려고 적극적인 행동을 했는데 갈수록 위원회의 힘이 빠지는 것을 느낄 수 있었기 때문이다. 그래서 세간에서는 문화융성위원회가 아니라 '문화웅성위원회', 즉 문화를 융성하게 만드는 모임이 아니라 문화에 대해 웅성거리다 끝나는 맥 빠진 모임이라는 질타가 있었던 것이 기억이 난다.

Ⅱ

이상이 이번 사건과 관련된 사람과 얽힌 나의 개인적인 행적인데 사실 이런 사실을 밝히는 것은 중요한 것이 아니다. 내가 이 후기에서 말하고 싶은 것은 이런 전대미문의 초유의 국정농단 사태 역시 구태의연한 문화에서 비롯되었다는 것을 밝히고 싶었기 때문이다. 나는 이번에 벌어진 사태를 보면서 이 엄청난 문제를 풀기 위해서는 다시 한 번 새로운 문화의 출현이 절실하다는 생각을 지울 길이 없었다. 이번 사태를 두고 사람들은 그 문제의 뿌리를 제왕적 대통령이나 무책임제 대통령에 두는 것 같다. 쉽게 말해 한국은 너무나 강한 권한이 대통령에게 몰리게되어 이런 일이 발생한다는 것이다. 이번 사건은 전임 대통령들 때 있었던 것과는 성격이 조금 다르지만 모든 대통령들이 임기 말년에 측근들이 자행한 농단으로 나라가 결딴난 점은 똑같다 하겠다(물론 박근혜의 경우는 전대미문에다가 그 괴이한 정도가 상상을 불허하지만). 이것을 고치기 위해 사람들은 이원집정제니 뭐니 하는 새로운 제도를 도입해야 한다고하는데 이것은 사물의 본질을 보지 못한 처사에 불과하다.

한국에서 이런 대통령의 모습, 즉 모든 권한이 대통령에 몰리는 현상이 생기게 된 이유는 아주 간단하다. 한국 사회는 기본적으로 유교적 가부장제에 뿌리박고 있기 때문이다. 이 점에 대해서는 앞에서 누누이 피력했다. 내용의 전개를 위해 다시금 아주 간단하게 보면, 유교적 가부장제의 특징이 무엇인가? 가부장에게 절대 권력을 주는 것이다. 그 외의 사람들은 그의 권위를 넘보아서는 안 되고 그에게 무조건 복종해야 한다. 그가 아무리 잘못을 저질러도 거의 대부분의 경우에 무조건 눈감아주고 넘어가야 한다. 이 점은 전통 사회에서 아버지들이 했던 일을 생각하면 된다. 전근대 시대에는 아버지가 아무리 바람을 많이 피우고 주사를 있는 힘껏 부려도, 또 돈을 벌어오지 않아도 그는 가부장이기 때문에 면책이 되었다. 현대 한국 사회는 그 정도까지는 아니지만 여전히 이런 식의 가치관이 전 사회에 만연되어 있다. 한국에서는 어떤 조직을 보던지 대부분 이렇게 돌아가는 것을 알 수 있다. 사실 이런 문화가 가장 부정적으로 꽃을 피운 곳은 북한이다. 유교의 가부장제가 갖고 있는 나쁜 점만 남은 곳이 바로 북한이라는 것이다.

네덜란드의 저명한 사회심리학자인 홉스테드에 따르면 한 나라의 정치 체제는 그 나라의 가족제도의 연장에 불과하다. 정치 체제는 그대로 가족제도의 복제판이라는 것이다. 나는 이 이론에 적극 동의한다. 한국의 정치 체제를 보면 너무나도 유교적인 가부장제 모습이 많이 보이기 때문이다. 정치인들 사회에는 강한 파벌이 형성되는데 거기에는 가부장에 해당되는 인물이 반드시 있다. 동교동계니 상도동계니 하는 게 다 그런 것이고 그 파벌에는 가신(家臣)이라는 존재가 있다. 이 말은 이 파벌들이 하나의 가족임을 뜻한다. 그래서 그 안에 있는 사람들을 두고 '집의 신하'라는 의미에서 가신이라고 하는 것이다.

우리는 이러한 가족적 파벌 정치의 폐해에 대해 잘 알고 있고 이 제도 때문에 숱하게 고생을 했다. 이 때문에 한국 사회에는 정치인들이 자기 주군에만 복종하고 나라 전체가 어떻게 되가는가에 대해서는 관심 없는 그런 정치가 여전히 횡행하고 있다. 그래서 좌파고 우파고, 보수고 진보고 그런 것에 관계없이 그네들에게는 자파(自派)만이 존재한다고 했다. 자기파만이 무조건 옳은 것이고 다른 파는 무조건 틀리다고 생각하는 것이 그것이다.

이런 조폭 조직 같은 정치는 어떻게 바꿀 수 있을까? 이를 위해서는 제도 개선도 있어야 하겠지만 무엇보다도 유교적 가부장제를 대치할 만한 새로운 문화가 나와야 한다. 그렇지 않고서는 이 나라의 정치 체제는 절대로 바뀌지 않는다. 제도 개선은 임시방편은 될 수 있지만 근본적인 치유책은 되지 못한다. 이 모든 것의 뿌리가 유교적 가부장제에 있기 때문에 뿌리에 손을 대야 한다는 것이다. 지금 사람들은 개헌을 해야 한다고 하지만 설혹 개헌하는 데에 성공해서 4년제 중임 대통령제나 이원 내각제 같은 제도가 실현되더라도 제왕적 대통령제는 결코 없어지지 않을 것이다. 한국인들의 뇌리에는 권력이 한 사람에게만 집중되는 것이 너무나도 익숙하기 때문에 다른 것을 받아들이지 못한다. 머리로는 이원 내각제 같은 제도가 좋다고 생각하지만 몸이 거부한다. 그런데 정치란 머리보다는 몸으로 하는 것이다. 몸에 배인 것은 머리로 아무리 제거하려 해도 거의 불가능하다. 관습이란 무섭기 때문이다.

이 유교적 가부장제를 한국인의 뇌리에서 걷어내는 일은 엄청나게 거대한 일이다. 전근대사회의 낡은 문화를 걷어내는 작업이기 때문이다. 이 일은 결코 한 사람의 영웅이 할 수 있는 일이 아니다. 그럼 어떻게 하면 좋을까? 내가 제시하는 묘안은 앞에서 강력하게 주장했던 것처럼 진정한 의미에서의 연구소를 건립하는 일이다. 여기에서 최고의 전문가들이 모여 격의 없이 논의를 해야 한다. 이 방법이나 과정에 대해서는 본문에서 이미 소상히 밝혔으니 여기서는 생략하기로 한다.

III

이렇게 생각하던 중 나의 생각과 비슷한 생각을 피력한 이가 있어 잠깐 소개하는 것으로 이 후기를 마쳐야겠다. 주인공은 『무궁화꽃이 피었습니다』부터 최근의 『싸드』라는 베스트셀러 소설을 써서 장안의 지가를 높였던 김진명 작가이다. 이 작가의 작품에 대해서도 할 말이 많지만 모두 생략하고 그가 한 언론에 나와서 한 말만 소개하기로 하자. 그는 TV조선의 한 시사 프로그램에 나와 대통령 후보감들에 대해 평을 하던 중 나의 시선을 끄는 발언을 했다. 사회자(박종진)가 안철수 의원이 대통령이 되려면 어떤 일을 해야 되는가 하고 묻자 김 작가는 내가 이 책에서 주장한 것과 매우 비슷한 견해를 밝혀 내 귀를 의심케 했다.

김 작가에 따르면 안철수 의원이 대통령이 되려면 천억이 훨씬 넘는 자신의 재산을 연구소 만드는 데에 써야 할 것이라는 것이다. 그 이야기를 듣는 순간 나는 내 귀를 의심했는데 김 작가가 말한 이유는 상당히 타당했다. 그가 보기에 한국의 대선 후보들은 너무나 비전문적이라는 것이다. 대통령이 되려면 각 방면에 확실한 정책을 내놓아야 하는데 이 후보들이 내놓는 것은 제대로 연구가 되지 않은 것이 많다는 것이다. 그래서 노상 정책이 바뀌거나 사라진다는 것인데 앞으로 대통령 후보들은 전문가들을 동원해 확실한 근거가 있는 정책을 제시하야 한다는 것이다. 그 말을 듣고 보니 지금까지 대통령 후보들이 내놓는 공약이라는 게 제대로 검증이 안 된 선심성 공약이 너무 많았다. 그저 몇몇 비서들이 그동안 사람들의 입에 회자되었던 것들을 모아 조금 손질해서 다른 후보의 안과 약간만 다르게 안을 제시하는 경우가 많았다는 것이다. 김 작가는 안철수 후보에게 당신은 재력이 되니 그런 주먹구구 정책 제시에서 벗어나 전문적인 연구가 된 방안을 제시하라는 것이었다.

여기서 김 작가가 말하는 것은 정치 분야에 한한 것이라 내가 생각하는 사회문화와는 조금 차이가 있지만 그 근본적인 발상은 같은 것이다. 정치든 사회든 그 문화를 바꾸려면 연구부터 하자는 것이 그것이다. 사람들은 이러한 전문적인 연구의 중요성을 잘 인정하지 않지만 제대로 눈 뜬 사람이라면 이 견해에 동의할 것으로 믿는다. 나는 그동안 이런 연구소가 필요하다는 것을 기회가 있을 때 마다 주장했지만 그 반향이 전혀 없었는데 비록 분야는 다를지언정 거의 같은 생각을 하는 사람이 있다는 것이 극도로 반가워 마지막에 소개해 본다.

한국
문화의
몰락

대반전을 위한
마지막 고언

지은이 | 최준식

펴낸이 | 최병식

펴낸날 | 2016년 12월 29일

펴낸곳 | 주류성출판사

주소 | 서울특별시 서초구 강남대로 435(서초동 1305-5) 주류성빌딩 15층

전화 | 02-3481-1024(대표전화) 팩스 | 02-3482-0656

홈페이지 | www.juluesung.co.kr

값 16,000원

ISBN 978-89-6246-298-2 03300

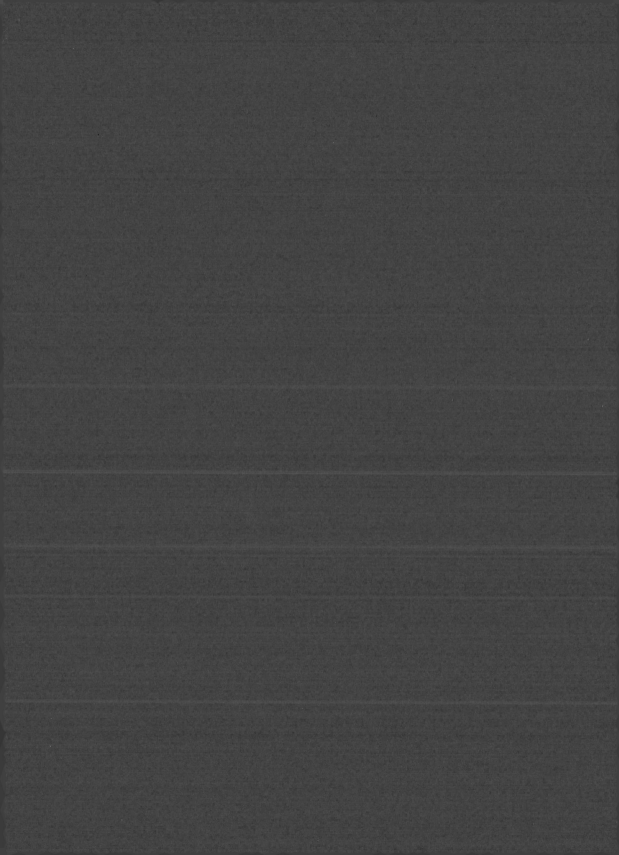